2022 개정 교육과정에 맞춰
백점 사회는 이렇게 바뀌었어요.

2022 교육과정 주요 변화	백점 사회

자기주도학습 강조

학생 스스로 공부 계획을 세워 실천하고 평가
할 수 있도록 자기주도성을 키웁니다.

하루 4쪽 학습 구성

하루 4쪽 학습으로 학생 스스로 계획을 세우고
학습을 관리할 수 있습니다.

기초 소양 교육 강화

미래 변화에 대응하기 위해 필요한 역량으로
언어 소양, 수리 소양, 디지털 소양 교육을
강화합니다.

어휘와 문해력 학습 제공

과목별 교과 어휘 학습과 디지털 문해력
학습으로 언어 소양과 디지털 소양 역량을
키웁니다.

언어 소양

텍스트의 맥락을 이해하여 글쓰기 등으로
표현하고 소통하는 능력

수리 소양

다양한 상황에서 수학적 정보를 이해하고
해석하며 활용하는 능력

디지털 소양

디지털 도구를 사용하여 정보를 수집하고
분석하여 문제를 해결하는 능력

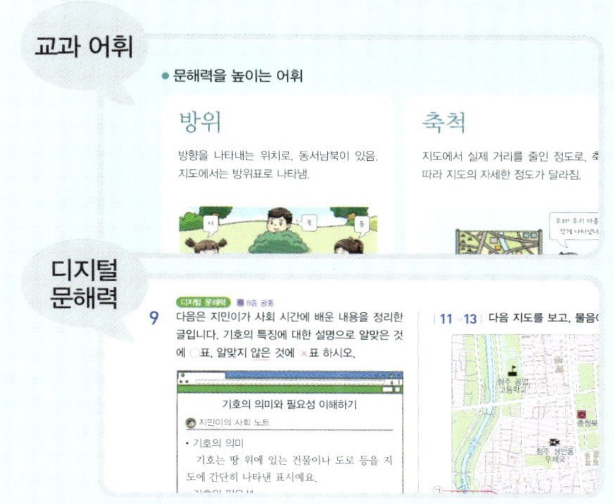

평가 방식 다양화

학생들의 학습 성취도에 따라 개인별 맞춤형
평가 및 서술형 평가를 확대합니다.

수행 평가 및 수준별 단원 평가 제공

다양한 서술형 유형 및 수행 평가 비중을 확대
하였습니다.

맞춤형 평가에 대비하여 수준별 단원 평가를
단원별 A단계, B단계로 제공합니다.

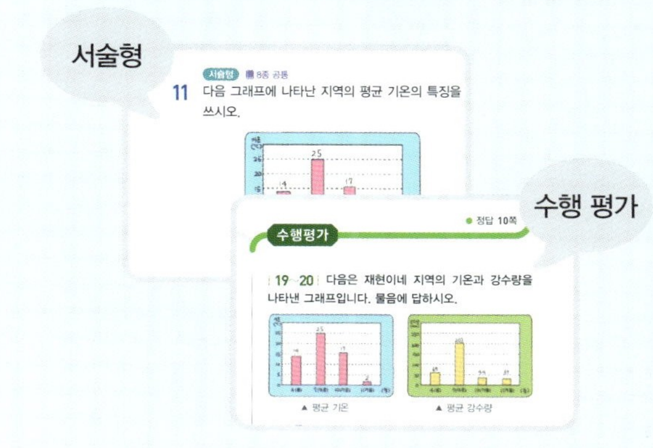

2회 (12~15쪽)
지도에서 위치 표현하기
월 일

3회 (16~19쪽)
기호와 범례 알아보기
월 일

4회 (20~23쪽)
축척 알아보기
월 일

7회 (32~35쪽)
우리 지역의 위치와 지형
월 일

6회 (28~31쪽)
다양한 지도 살펴보기
월 일

5회 (24~27쪽)
등고선 알아보기
월 일

3회 (58~61쪽)
우리 지역의 국가유산 조사하기
월 일

4회 (62~65쪽)
박물관, 기념관, 유적지 알아보기
월 일

5회 (66~69쪽)
박물관, 기념관, 유적지 체험하기
월 일

평가북
단원 평가
월 일

7회 (74~77쪽)
마무리 평가
월 일

6회 (70~73쪽)
우리 지역의 역사 보존하기
월 일

7회 (104~107쪽)
지역 간 교류의 사례
월 일

8회 (108~111쪽)
마무리 평가
월 일

평가북
단원 평가
월 일

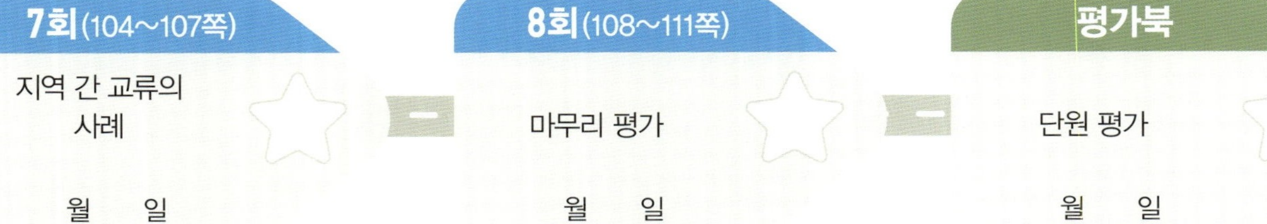

백점 사회 4·1 학습 진도표

이용 방법

- 계획한 날짜를 쓰기
- 학습을 끝낸 후 색칠하기

1. 지도로 만나는 우리 지역

1회 (8~11쪽)

지도의 의미와
기본 요소

월   일

10회 (44~47쪽)

마무리 평가

월   일

9회 (40~43쪽)

우리 지역의
지리 정보 조사하기

월   일

8회 (36~39쪽)

우리 지역의 특징
알아보기

월   일

2. 우리 지역의 국가유산

평가북

단원 평가

월   일

1회 (50~53쪽)

국가유산의
의미와 종류

월   일

2회 (54~57쪽)

국가유산의
가치

월   일

3. 경제활동과 지역 간 교류

3회 (88~91쪽)

합리적 선택의
방법

월   일

2회 (84~87쪽)

합리적 선택의
필요성

월   일

1회 (80~83쪽)

경제활동과
선택의 문제

월   일

4회 (92~95쪽)

생산과 소비의
의미

월   일

5회 (96~99쪽)

지역에서 이루어지는
생산과 소비

월   일

6회 (100~103쪽)

지역 간에 교류가
일어나는 까닭

월   일

백점 사회와
내 교과서 비교하기

활용 방법

❶ 오늘 공부할 단원과 내용을 찾습니다.

❷ 내가 배우는 교과서의 출판사명에서 공부할 내용에 해당하는 쪽수를 찾습니다.

❸ 찾은 쪽수와 해당하는 백점 사회는 몇 쪽인지 확인합니다.

단원명		1. 지도로 만나는 우리 지역		2. 우리 지역의 국가유산		3. 경제활동과 지역 간 교류	
주제명		(1) 우리 지역을 나타낸 지도	(2) 우리 지역의 지리 정보	(1) 우리 지역의 다양한 국가유산	(2) 우리 지역의 역사	(1) 경제활동과 합리적 선택	(2) 지역 간 교류와 상호 의존
백점 사회 쪽수		8~31	32~43	50~61	62~73	80~91	92~107
교과서별 쪽수	동아출판	10~31	32~47	56~73	74~91	100~117	118~135
	미래엔	12~31	32~47	58~73	74~93	104~121	122~137
	비상교육	8~31	32~51	58~77	78~97	104~119	120~143
	지학사	8~31	32~49	56~73	74~93	100~119	120~137
	아이스크림 미디어	12~33	34~49	60~77	78~95	106~123	124~141
	천재교과서 (김정인)	10~31	32~49	56~75	76~95	102~115	116~135
	천재교과서 (박기범)	12~33	34~51	60~77	78~97	106~121	122~139
	YBM	10~31	32~47	56~75	76~93	102~119	120~133

백점

사회 4·1

개념북

구성과 특징

(개념 학습 + 문제 학습)

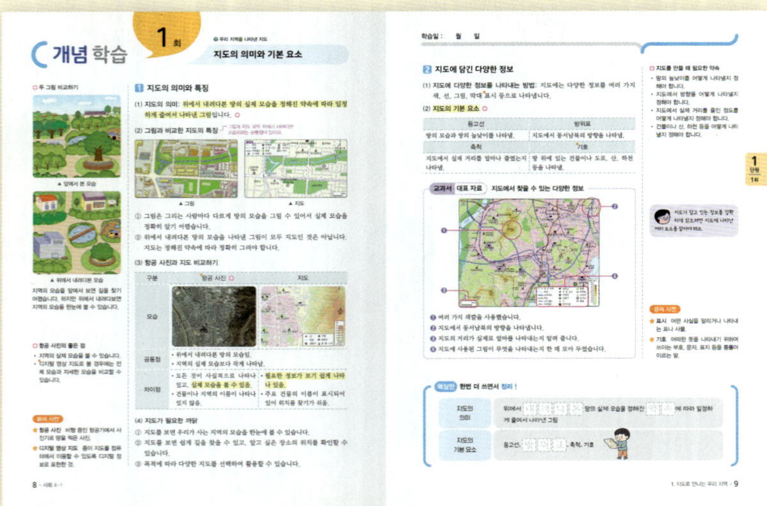

| **개념 학습** | 핵심 개념을 학습한 후 핵심 문장 쓰기를 통해 개념을 쉽게 이해할 수 있습니다.

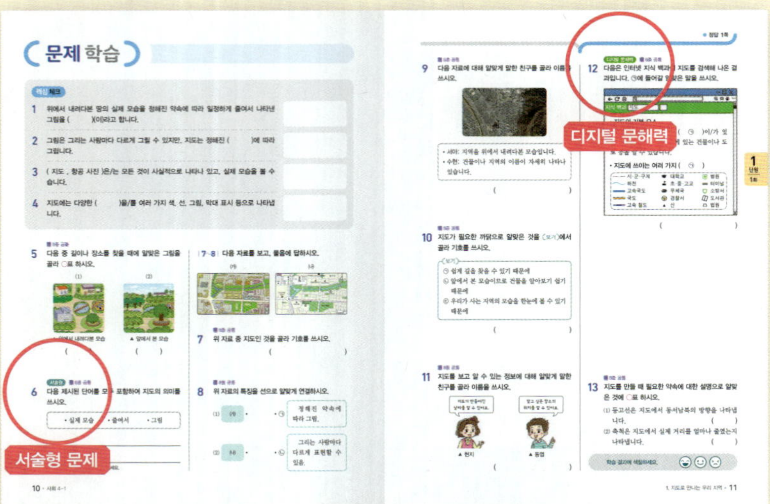

| **문제 학습** | 핵심 체크 문제와 서술형 문제 등 다양한 유형의 문제를 통해 실력을 쌓을 수 있습니다.

디지털 문해력: 디지털 매체 소재를 활용한 문제

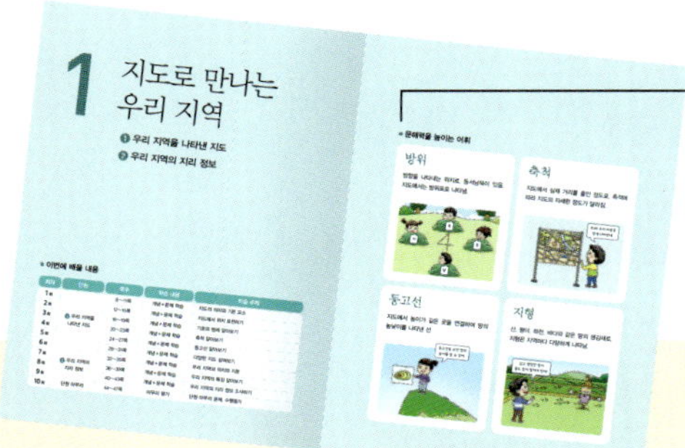

문해력을 높이는 어휘
교과서 어휘의 뜻과 그림 속
이야기를 통해 문해력 향상

맞춤형 평가 대비
수준별 단원 평가

(마무리 평가)

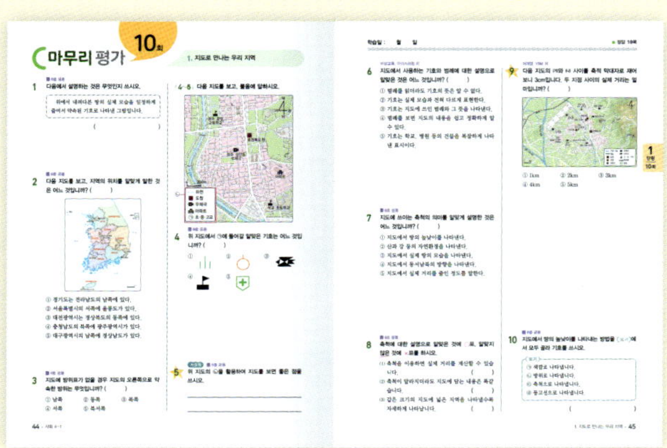

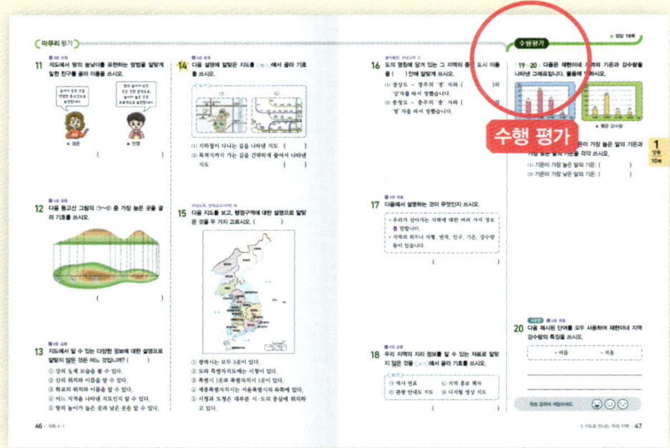

한 단원을 마무리하며 실력을 점검할 수 있습니다.
수행 평가: 학교 수행 평가에 대비할 수 있는 문제

단원 핵심 개념

단원 핵심 개념을 정리하고, 배운 내용을 확인할 수
있습니다.

단원 평가 A단계, B단계

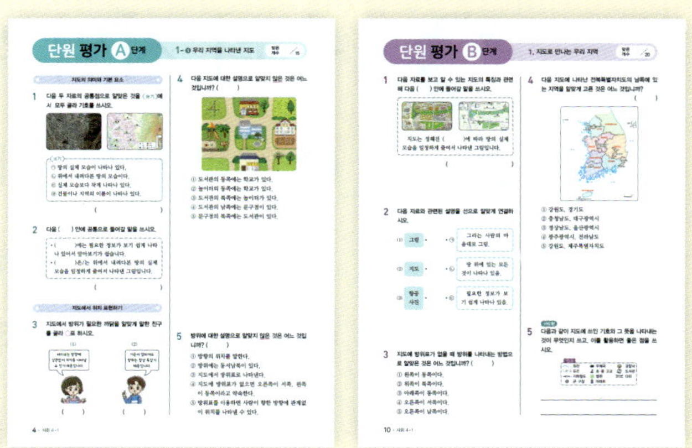

단원별 학습 성취도를 확인하고, 학교 단원 평가에 대
비할 수 있도록 수준별로 A단계, B단계로 구성하였습
니다.

| 백점 사회 |

차 례

1 지도로 만나는 우리 지역　　6쪽

❶ 우리 지역을 나타낸 지도

　1~6회　개념 학습 / 문제 학습　　8쪽

❷ 우리 지역의 지리 정보

　7~9회　개념 학습 / 문제 학습　　32쪽

　10회　마무리 평가　　44쪽

2 우리 지역의 국가유산　　48쪽

❶ 우리 지역의 다양한 국가유산

　1~3회　개념 학습 / 문제 학습　　50쪽

❷ 우리 지역의 역사

　4~6회　개념 학습 / 문제 학습　　62쪽

　7회　마무리 평가　　74쪽

3 경제활동과 지역 간 교류　　　78쪽

① 경제활동과 합리적 선택

　1~3회　개념 학습 / 문제 학습　　　80쪽

② 지역 간 교류와 상호 의존

　4~7회　개념 학습 / 문제 학습　　　92쪽

　8회　마무리 평가　　　108쪽

용어 퍼즐　1학기 용어 되돌아 보기　　　112쪽

1 지도로 만나는 우리 지역

❶ 우리 지역을 나타낸 지도

❷ 우리 지역의 지리 정보

● **이번에 배울 내용**

회차	단원	쪽수	학습 내용	학습 주제
1회		8~11쪽	개념+문제 학습	지도의 의미와 기본 요소
2회		12~15쪽	개념+문제 학습	지도에서 위치 표현하기
3회	❶ 우리 지역을 나타낸 지도	16~19쪽	개념+문제 학습	기호와 범례 알아보기
4회		20~23쪽	개념+문제 학습	축척 알아보기
5회		24~27쪽	개념+문제 학습	등고선 알아보기
6회		28~31쪽	개념+문제 학습	다양한 지도 살펴보기
7회	❷ 우리 지역의 지리 정보	32~35쪽	개념+문제 학습	우리 지역의 위치와 지형
8회		36~39쪽	개념+문제 학습	우리 지역의 특징 알아보기
9회		40~43쪽	개념+문제 학습	우리 지역의 지리 정보 조사하기
10회	단원 마무리	44~47쪽	마무리 평가	단원 마무리 문제, 수행평가

방위

방향을 나타내는 위치로, 동서남북이 있음.
지도에서는 방위표로 나타냄.

축척

지도에서 실제 거리를 줄인 정도로, 축척에
따라 지도의 자세한 정도가 달라짐.

등고선

지도에서 높이가 같은 곳을 연결하여 땅의
높낮이를 나타낸 선

지형

산, 평야, 하천, 바다와 같은 땅의 생김새로,
지형은 지역마다 다양하게 나타남.

지도의 의미와 기본 요소

두 그림 비교하기

▲ 앞에서 본 모습

▲ 위에서 내려다본 모습

지역의 모습을 앞에서 보면 길을 찾기 어렵습니다. 하지만 위에서 내려다보면 지역의 모습을 한눈에 볼 수 있습니다.

항공 사진의 좋은 점

· 지역의 실제 모습을 볼 수 있습니다.
· 디지털 영상 지도로 볼 경우에는 전체 모습과 자세한 모습을 비교할 수 있습니다.

용어 사전

★ **항공 사진**　비행 중인 항공기에서 사진기로 땅을 찍은 사진.
★ **디지털 영상 지도**　종이 지도를 컴퓨터에서 이용할 수 있도록 디지털 정보로 표현한 것.

---

1 지도의 의미와 특징

(1) 지도의 의미: 위에서 내려다본 땅의 실제 모습을 정해진 약속에 따라 일정하게 줄여서 나타낸 그림입니다.

(2) 그림과 비교한 지도의 특징　┌ 그림과 지도 모두 위에서 내려다본 모습이라는 공통점이 있어요.

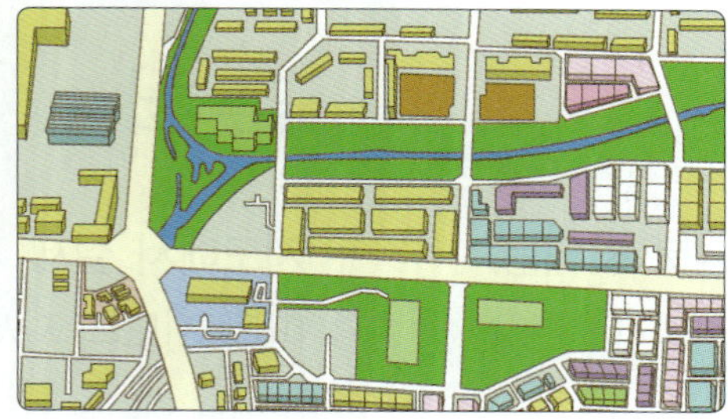

▲ 그림

▲ 지도

① 그림은 그리는 사람마다 다르게 땅의 모습을 그릴 수 있어서 실제 모습을 정확히 알기 어렵습니다.
② 위에서 내려다본 땅의 모습을 나타낸 그림이 모두 지도인 것은 아닙니다. 지도는 정해진 약속에 따라 정확히 그려야 합니다.

(3) 항공 사진과 지도 비교하기

구분	항공 사진	지도
모습		
공통점	· 위에서 내려다본 땅의 모습임. · 지역의 실제 모습보다 작게 나타남.	
차이점	· 모든 것이 사실적으로 나타나 있고, 실제 모습을 볼 수 있음. · 건물이나 지역의 이름이 나타나 있지 않음.	· 필요한 정보가 보기 쉽게 나타나 있음. · 주요 건물의 이름이 표시되어 있어 위치를 찾기가 쉬움.

(4) 지도가 필요한 까닭

① 지도를 보면 우리가 사는 지역의 모습을 한눈에 볼 수 있습니다.
② 지도를 보면 쉽게 길을 찾을 수 있고, 알고 싶은 장소의 위치를 확인할 수 있습니다.
③ 목적에 따라 다양한 지도를 선택하여 활용할 수 있습니다.

2 지도에 담긴 다양한 정보

(1) **지도에 다양한 정보를 나타내는 방법**: 지도에는 다양한 정보를 여러 가지 색, 선, 그림, 막대 *표시 등으로 나타냅니다.

(2) **지도의 기본 요소** ➕

등고선	방위표
땅의 모습과 땅의 높낮이를 나타냄.	지도에서 동서남북의 방향을 나타냄.
축척	*기호
지도에서 실제 거리를 얼마나 줄였는지 나타냄.	땅 위에 있는 건물이나 도로, 산, 하천 등을 나타냄.

교과서 대표 자료 | 지도에서 찾을 수 있는 다양한 정보

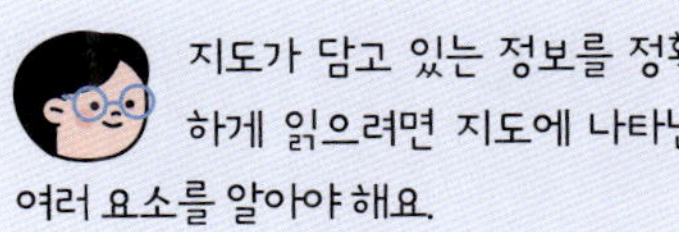

❶ 여러 가지 색깔을 사용했습니다.

❷ 지도에서 동서남북의 방향을 나타냅니다.

❸ 지도의 거리가 실제로 얼마를 나타내는지 알려 줍니다.

❹ 지도에 사용된 그림이 무엇을 나타내는지 한 데 모아 두었습니다.

➕ **지도를 만들 때 필요한 약속**

· 땅의 높낮이를 어떻게 나타낼지 정해야 합니다.

· 지도에서 방향을 어떻게 나타낼지 정해야 합니다.

· 지도에서 실제 거리를 줄인 정도를 어떻게 나타낼지 정해야 합니다.

· 건물이나 산, 하천 등을 어떻게 나타낼지 정해야 합니다.

지도가 담고 있는 정보를 정확하게 읽으려면 지도에 나타난 여러 요소를 알아야 해요.

용어 사전

★ **표시** 어떤 사실을 알리거나 나타내는 표나 사물.

★ **기호** 어떠한 뜻을 나타내기 위하여 쓰이는 부호, 문자, 표지 등을 통틀어 이르는 말.

핵심만 한번 더 쓰면서 정리 !

지도의 의미	위에서 `내` `려` `다` `본` 땅의 실제 모습을 정해진 `약` `속` 에 따라 일정하게 줄여서 나타낸 그림
지도의 기본 요소	등고선, `방` `위` `표` , 축척, 기호

핵심 체크

1 위에서 내려다본 땅의 실제 모습을 정해진 약속에 따라 일정하게 줄여서 나타낸 그림을 ( )(이)라고 합니다.

2 그림은 그리는 사람마다 다르게 그릴 수 있지만, 지도는 정해진 ( )에 따라 그립니다.

3 (지도 , 항공 사진)은/는 모든 것이 사실적으로 나타나 있고, 실제 모습을 볼 수 습니다.

4 지도에는 다양한 ( )을/를 여러 가지 색, 선, 그림, 막대 표시 등으로 나타냅 니다.

📖 8종 공통

5 다음 중 길이나 장소를 찾을 때에 알맞은 그림을 골라 ◯표 하시오.

(1)

(2)

▲ 위에서 내려다본 모습　　　▲ 앞에서 본 모습

( )　　　　( )

서술형　📖 8종 공통

6 다음 제시된 단어를 모두 포함하여 지도의 의미를 쓰시오.

> • 실제 모습　　• 줄여서　　• 그림

____

____

도움말 지도의 모습을 떠올려 보세요.

|7~8| 다음 자료를 보고, 물음에 답하시오.

(가)　　　　　　　　(나)

📖 8종 공통

7 위 자료 중 지도인 것을 골라 기호를 쓰시오.

( )

📖 8종 공통

8 위 자료의 특징을 선으로 알맞게 연결하시오.

(1) (가) •　　• ㉠ 정해진 약속에 따라 그림.

(2) (나) •　　• ㉡ 그리는 사람마다 다르게 표현할 수 있음.

📖 8종 공통

9 다음 자료에 대해 알맞게 말한 친구를 골라 이름을 쓰시오.

> • 서아: 지역을 위에서 내려다본 모습입니다.
> • 수현: 건물이나 지역의 이름이 자세히 나타나 있습니다.

(   )

📖 8종 공통

10 지도가 필요한 까닭으로 알맞은 것을 (보기)에서 골라 기호를 쓰시오.

> (보기)
> ㉠ 쉽게 길을 찾을 수 있기 때문에
> ㉡ 앞에서 본 모습이므로 건물을 알아보기 쉽기 때문에
> ㉢ 우리가 사는 지역의 모습을 한눈에 볼 수 있기 때문에

(   )

📖 8종 공통

11 지도를 보고 알 수 있는 정보에 대해 알맞게 말한 친구를 골라 이름을 쓰시오.

(   )

디지털 문해력 📖 8종 공통

12 다음은 인터넷 지식 백과에 지도를 검색해 나온 결과입니다. ㉠에 들어갈 알맞은 말을 쓰시오.

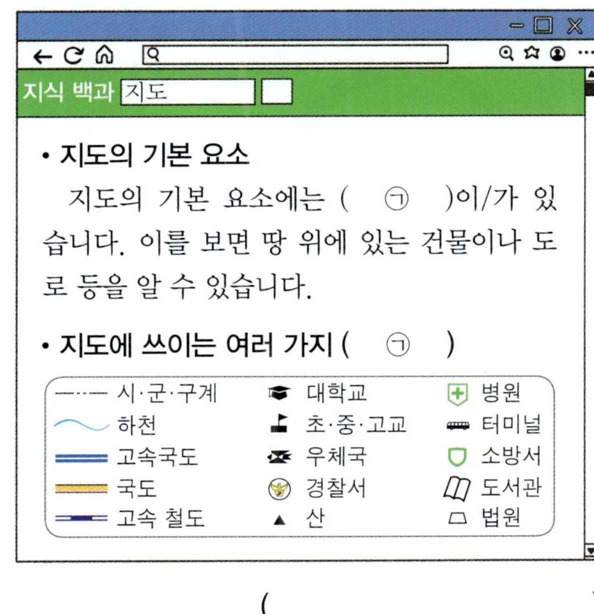

(   )

📖 8종 공통

13 지도를 만들 때 필요한 약속에 대한 설명으로 알맞은 것에 ◯표 하시오.

(1) 등고선은 지도에서 동서남북의 방향을 나타냅니다. (   )

(2) 축척은 지도에서 실제 거리를 얼마나 줄였는지 나타냅니다. (   )

학습 결과에 색칠하세요.   

1 단원 / 1회

C 개념 학습   **2**회

지도에서 위치 표현하기

➕ *나침반으로 방향 찾기

빨간 바늘과 '북'을 일치시킨 후 나침반이 가리키는 방위를 읽습니다.

1 방위를 이용하여 위치 표현하기

(1) **방위의 의미**: *방향을 나타내는 위치로, 동서남북이 있습니다.* ➕

(2) **방위를 나타내는 방법**

① 방위에는 동서남북이 있고, 지도에서는 방위표로 나타냅니다. ➕

② 지도에 방위표가 없으면 지도의 위쪽이 북쪽, 아래쪽이 남쪽, 오른쪽이 동쪽, 왼쪽이 서쪽이라고 약속합니다.

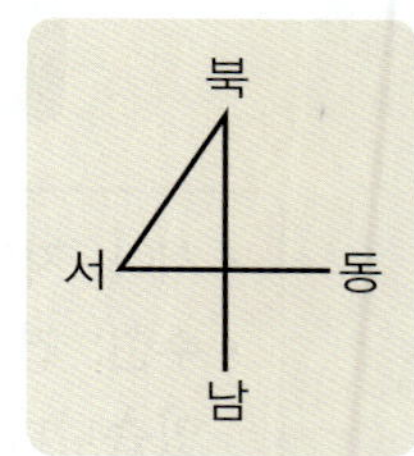

▲ 4방위표

➕ 8방위표

8방위는 동, 서, 남, 북 외에도 북동, 남동, 남서, 북서 방향으로 위치를 나타내는 방법입니다. 바람이 불어오는 방향, 별자리의 위치 등을 나타낼 때 쓰입니다.

교과서 대표 자료   장소의 위치를 표현하기

└ 지도에서 위치를 나타낼 때는 먼저 기준을 정하고 방위표에 따라 장소의 위치를 표현해야 해요.

❶ **도서관을 기준으로**
- 도서관의 동쪽에는 학교가 있습니다.
- 도서관의 서쪽에는 놀이터가 있습니다.
- 도서관의 남쪽에는 문구점이 있습니다.
- 도서관의 북쪽에는 소방서가 있습니다.

❷ **문구점을 기준으로**
- 문구점의 북쪽에는 도서관과 소방서가 있습니다.

❸ **놀이터를 기준으로**
- 놀이터의 동쪽에는 도서관과 학교가 있습니다.

❹ **학교를 기준으로**
- 학교의 서쪽에는 도서관과 놀이터가 있습니다.

용어 사전

★ **방향** 무엇이 나아가거나 향하는 쪽.

★ **위치** 무엇이 어디에 있는가를 나타낸 것.

★ **나침반** 회전하는 침으로 방향을 알려 주는 기구.

(3) 방위가 필요한 까닭

① 어디를 바라보고 있느냐에 따라 오른쪽, 왼쪽과 같은 방향이 달라질 수 있기 때문입니다.

② 방위를 사용하면 사람이나 건물의 방향에 관계없이 위치를 나타낼 수 있기 때문입니다.

➋ 방위표를 이용하여 지도 읽기 ➕

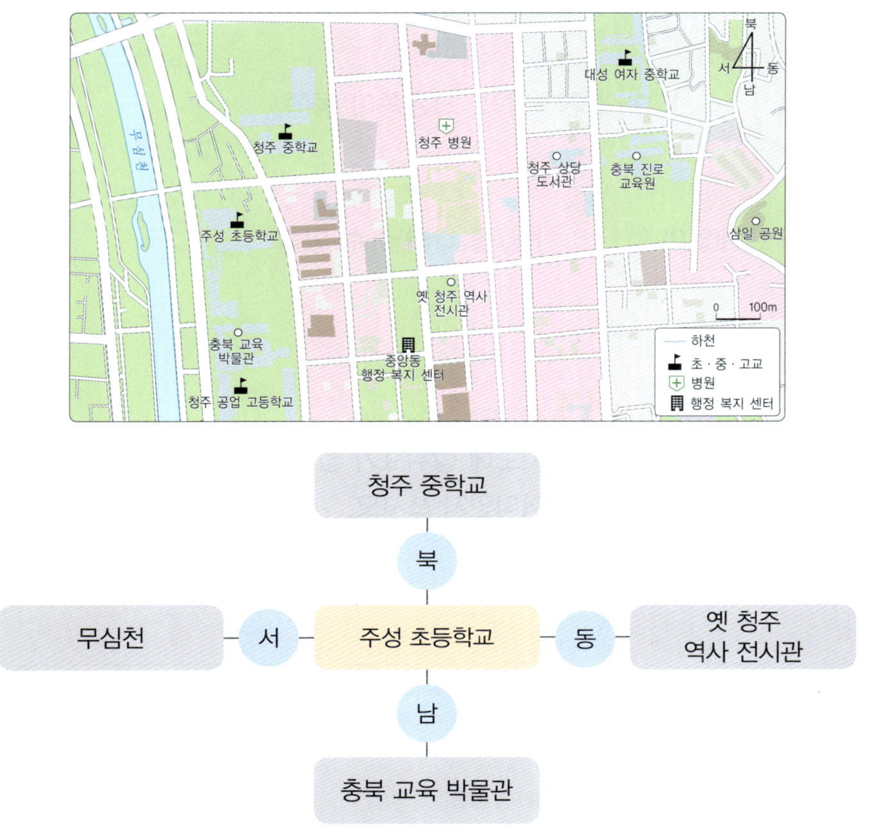

청주 중학교 ― 북 ― 주성 초등학교

무심천 ― 서 ― 주성 초등학교 ― 동 ― 옛 청주 역사 전시관

주성 초등학교 ― 남 ― 충북 교육 박물관

① 청주 병원을 기준으로 청주 중학교는 서쪽에 있습니다.

② 충북 교육 박물관을 기준으로 남쪽에는 청주 공업 고등학교가 있습니다.

➕ **우리 지역의 위치를 방위로 나타내기**

- 강원특별자치도는 경상북도의 북쪽에 있습니다.
- 전북특별자치도는 대구광역시의 서쪽에 있습니다.
- 광주광역시는 충청남도의 남쪽에 있습니다.
- 제주특별자치도는 경기도의 남쪽에 있습니다.
- 부산광역시의 북쪽에는 울산광역시가 있습니다.

핵심만 **한번 더 쓰면서 정리 !**

방위의 의미	방향을 나타내는 위치로, 동 서 남 북 이 있음.
방위가 필요한 까닭	방위를 사용하면 사람이나 건물의 방 향 에 관계없이 위치를 나타낼 수 있음.

핵심 체크

1 ( )은/는 방향을 나타내는 위치로, 동서남북이 있습니다.

2 방위는 지도에서 ( )(으)로 나타냅니다.

3 지도에 방위표가 없으면 지도의 위쪽이 ( ), 아래쪽이 남쪽, 오른쪽이 동쪽, 왼쪽이 서쪽입니다.

4 방위를 사용하면 사람이나 건물의 방향과 관계없이 ( )을/를 나타낼 수 있습니다.

📖 8종 공통

5 다음 ( ) 안에 공통으로 들어갈 말은 어느 것입니까? ( )

> ( )은/는 방향을 나타내는 위치로,
> ( )에는 동서남북이 있습니다.

① 기호 　　② 등고선 　　③ 방위
④ 범례 　　⑤ 축척

📖 8종 공통

6 다음 방위표의 ( ) 안에 들어갈 알맞은 말을 쓰시오.

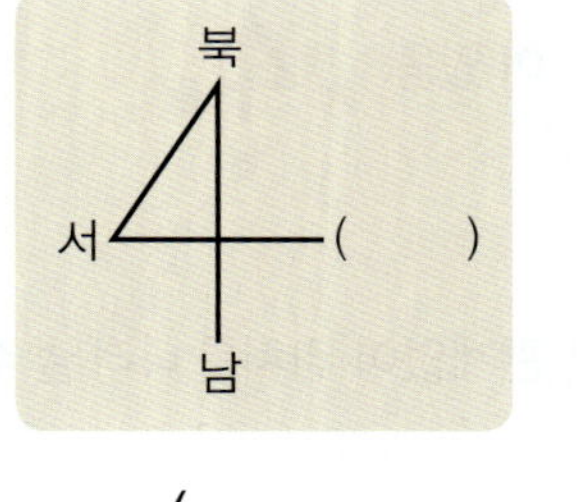

( )

서술형 📖 8종 공통

7 지도에 방위표가 없을 때 서쪽을 나타내는 방향은 어디인지 쓰시오.

____

____

도움말 방위에는 동서남북이 있어요.

📖 8종 공통

8 다음 그림 지도에 대한 설명으로 알맞은 것에 ◯표 하시오.

⑴ 도서관은 문구점의 동쪽에 있습니다. ( )
⑵ 소방서는 도서관의 북쪽에 있습니다. ( )

■ 8종 공통

9 방위가 필요한 까닭을 알맞게 말한 친구를 골라 ○표 하시오.

(1)

(2)

( )　　　　　　( )

미래엔, 아이스크림 외

10 다음 ( ) 안에 들어갈 알맞은 말을 쓰시오.

> ( )은/는 회전하는 침으로 방향을 알려 주는 기구입니다.

( )

디지털 문해력 **아이스크림, 지학사 외**

11 다음은 학급 인터넷 게시판에 올라온 글입니다. 현장 체험 학습 장소를 지도에서 골라 쓰시오.

이번 체험 학습 장소는 주성 초등학교의 남쪽에 있고, 청주 공업 고등학교의 북쪽에 있습니다.

( )

| 12~13 | 다음 지도를 보고, 물음에 답하시오.

비상교육, 천재교과서(박) 외

12 다음 ( ) 안에 들어갈 알맞은 지역을 〈보기〉에서 모두 골라 기호를 쓰시오.

> 전북특별자치도의 남쪽에는 ( )가 있습니다.

〈보기〉
㉠ 경상북도　　　　㉡ 전라남도
㉢ 대전광역시　　　　㉣ 제주특별자치도

( )

비상교육, 천재교과서(박) 외

13 위 지도를 보고 ㉠, ㉡에 들어갈 알맞은 방위를 쓰시오.

> 강원특별자치도는 경상북도의 (㉠)쪽에 있고, 경기도의 (㉡)쪽에 있습니다.

㉠ ( ), ㉡ ( )

학습 결과에 색칠하세요.   

개념 학습

기호와 범례 알아보기

➕ 기호가 만들어진 과정

- 실제 모습을 본떠서 만듭니다. ㉠ 산, 밭, 학교, 다리 등

▲ '학교' 기호가 만들어진 과정

- 의미를 약속하여 *상징적으로 표현하여 만듭니다. ㉠ 구청, 우체국, 소방서, 공장 등

▲ '소방서' 기호가 만들어진 과정

➕ 지도에서 사용하는 기호

- 모든 지도에 동일한 기호가 사용되지는 않습니다. 지도마다 쓰이는 기호가 다를 수 있습니다.
- 여러 나라가 함께 쓰는 *공통 기호도 있고, 나라마다 다르게 쓰는 기호도 있습니다.

용어 사전

- ★ **상징**　일정한 모양을 가지지 않은 것을 구체적인 형태로 나타낸 표시.
- ★ **공통**　둘 또는 그 이상의 여럿 사이에 두루 통하고 관계됨.

---

1 기호의 필요성 이해하기

(1) 같은 지역을 나타낸 지도 비교하기

실제 모습을 그림으로 그린 지도	약속된 기호로 나타낸 지도
어떤 건물을 어디에 나타냈는지 알아보기 어려움.	필요한 정보만 제시되어 있어 지도를 읽기 쉬움.

(2) 지도에서 기호가 필요한 까닭: 땅 위의 정보를 지도에 나타내려면 약속된 기호를 사용하는 것이 편리하기 때문입니다.

2 기호의 의미와 특징

(1) 기호의 의미: 땅의 모습을 지도에 간단히 나타낸 표시입니다. ➕

(2) 기호를 사용하면 좋은 점

① 지도를 그릴 때 쉽고 간단히 정보를 표현할 수 있습니다.

② 지도에서 원하는 장소를 쉽게 찾을 수 있습니다.

(3) 지도에서 사용하는 다양한 기호 ➕

③ 범례의 의미와 필요성 이해하기

(1) *범례의 의미: 지도에 쓰인 기호와 그 뜻을 한곳에 모아 놓은 것입니다.

(2) 지도에서 범례가 필요한 까닭 ⊕

① 지도에 있는 모든 기호를 외울 수 없기 때문입니다.

② 지도마다 쓰이는 기호가 다를 수 있기 때문입니다.

③ 지도에서 나타내는 정보를 쉽고 정확하게 알 수 있기 때문입니다.

교과서 대표 자료　기호와 범례를 이용하여 지도 읽기

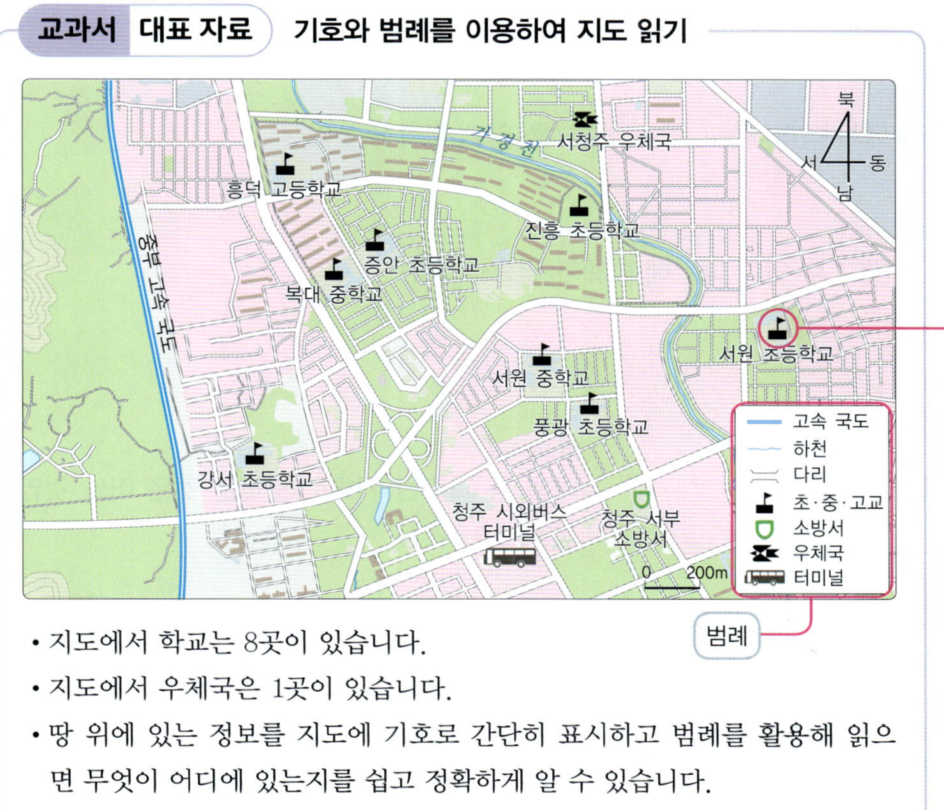

- 지도에서 학교는 8곳이 있습니다.
- 지도에서 우체국은 1곳이 있습니다.
- 땅 위에 있는 정보를 지도에 기호로 간단히 표시하고 범례를 활용해 읽으면 무엇이 어디에 있는지를 쉽고 정확하게 알 수 있습니다.

⊕ 기호와 범례

지도에서 기호와 범례를 보면 가고자 하는 곳의 위치를 쉽게 찾을 수 있습니다.

1 단원 / 3회

용어 사전

★ **범례** 책의 첫머리에 그 책의 내용이나 쓰는 방법에 관한 참고 사항을 설명한 글.

핵심만 한번 더 쓰면서 정리 !

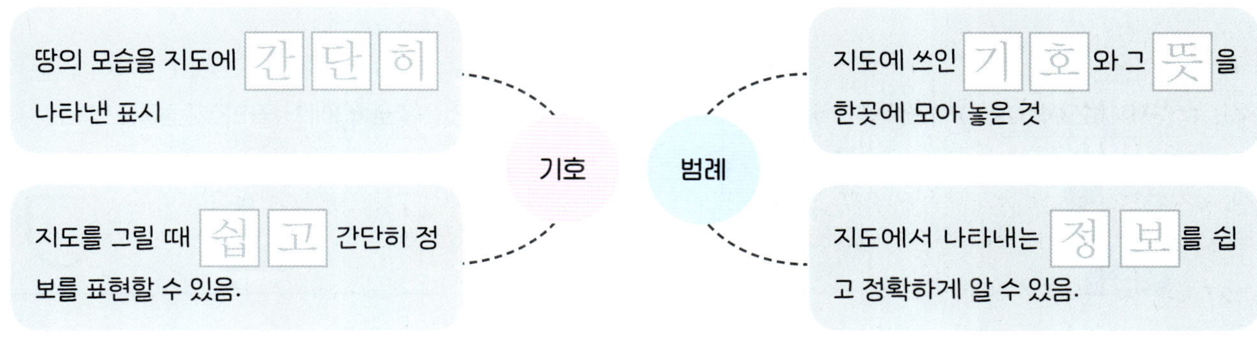

핵심 체크

1 (   )은/는 땅의 모습을 지도에 간단히 나타낸 표시입니다.

2 지도에 쓰인 기호와 그 뜻을 한곳에 모아 놓은 것을 (   )(이)라고 합니다.

3 범례를 활용하여 지도를 보면 지도에서 나타내는 (   )을/를 쉽고 정확하게 알 수 있습니다.

4 지도마다 쓰이는 기호가 (같을 , 다를) 수 있기 때문에 범례가 필요합니다.

8종 공통

5 다음 ㉠, ㉡에 들어갈 알맞은 말을 쓰시오.

> (㉠)은/는 땅의 모습을 지도에 간단히 나타낸 표시입니다. (㉡)은/는 지도에 쓰인 (㉠)와/과 그 뜻을 한곳에 모아 놓은 것입니다.

㉠ (   ), ㉡ (   )

8종 공통

6 약속된 기호로 나타낸 지도에 대해 알맞게 설명한 친구를 골라 ○표 하시오.

(1)

(   )　　(   )

8종 공통

7 다음 중 과수원 기호로 알맞은 것은 어느 것입니까? (   )

①   ②   ③

④   ⑤

비상교육, 아이스크림 외

8 의미를 약속하여 상징적으로 표현하여 만든 기호가 <u>아닌</u> 것을 〈보기〉에서 골라 기호를 쓰시오.

(보기)
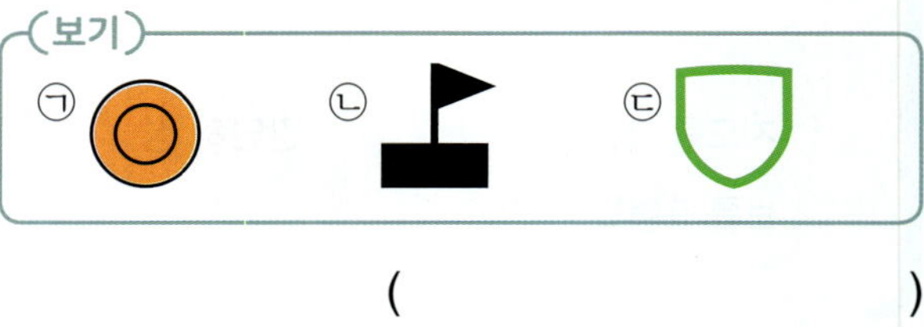

(   )

1 단원

3회

디지털 문해력 📖 8종 공통

9 다음은 지민이가 사회 시간에 배운 내용을 정리한 글입니다. 기호의 특징에 대한 설명으로 알맞은 것에 ○표, 알맞지 <u>않은</u> 것에 ×표 하시오.

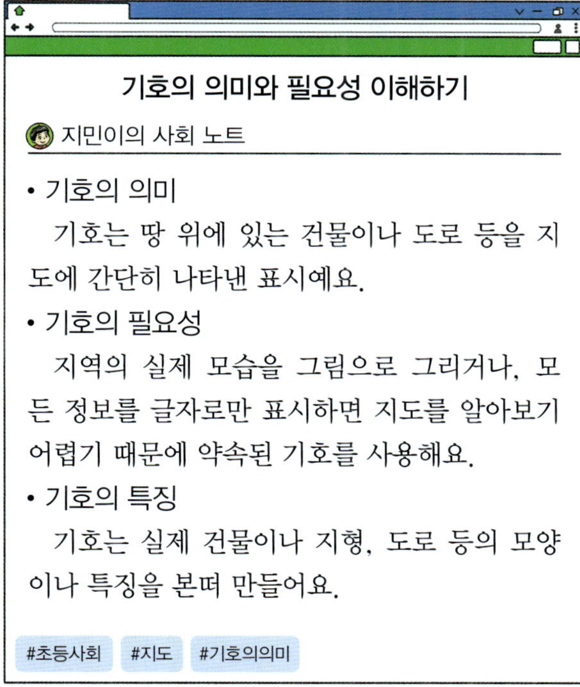

(1) 기호를 사용하면 건물이나 시설의 위치를 찾기 어렵습니다. ( )

(2) 기호를 사용하면 지도에 쉽고 간단히 정보를 나타낼 수 있습니다. ( )

📖 8종 공통

10 다음 지도에서 학교는 모두 몇 곳이 있는지 쓰시오.

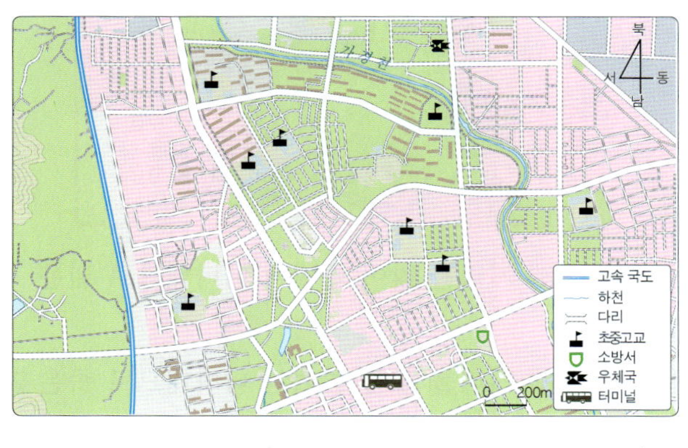

( )곳

|11~13| 다음 지도를 보고, 물음에 답하시오.

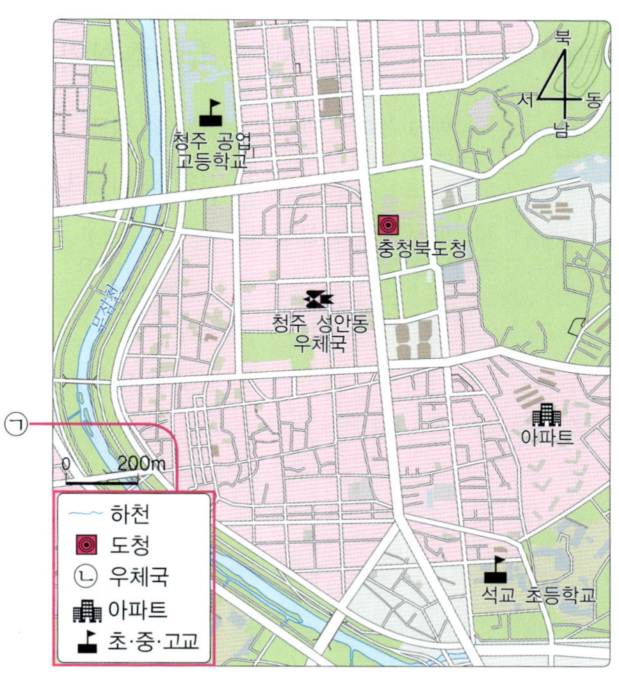

📖 8종 공통

11 위 지도의 ㉠을 무엇이라고 하는지 쓰시오.

( )

서술형 📖 8종 공통

12 위 지도에서 ㉠이 필요한 까닭을 쓰시오.

____

____

도움말 지도를 볼 때 ㉠을 보면 좋은 점이 무엇일지 생각해 보세요.

📖 8종 공통

13 위 지도의 ㉡에 들어갈 알맞은 기호는 어느 것입니까? ( )

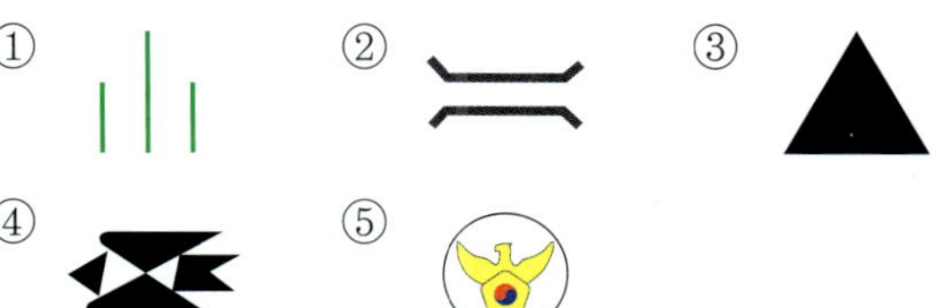
① ② ③
④ ⑤

학습 결과에 색칠하세요.

개념 학습 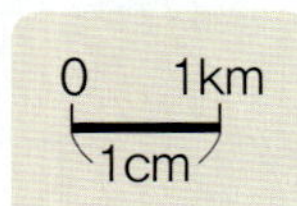 **4**회

축척 알아보기

➕ **지도에서 축척이 나타내는 실제 거리**

0 ____ 200m	지도에서 1cm의 실제 거리는 200m임.
0 ____ 500m	지도에서 1cm의 실제 거리는 500m임.

1 축척의 의미와 쓰임새

(1) *축척의 의미: 지도에서 실제 거리를 줄인 정도를 말합니다.

(2) **축척을 나타내는 방법**

0 ____ 1km / 1cm

실제 거리 1km를 지도에서는 1cm로 줄여서 나타냈다는 의미입니다. ➕

(3) **지도에서 축척의 쓰임새 알아보기**

① 축척에 따라 지도의 자세한 정도가 달라집니다.

② 실제 거리를 많이 줄인 지도는 넓은 지역을 *간략하게 보여 주고, 실제 거리를 조금 줄인 지도는 좁은 지역을 자세하게 보여 줍니다. ➕

➕ **디지털 영상 지도로 우리 지역 살펴보기**

- 지도를 확대하면 좁은 지역이 자세하게 보입니다.
- 지도를 축소하면 넓은 지역이 간략하게 보입니다.

(**교과서 대표 자료**) **축척에 따른 지도의 모습**

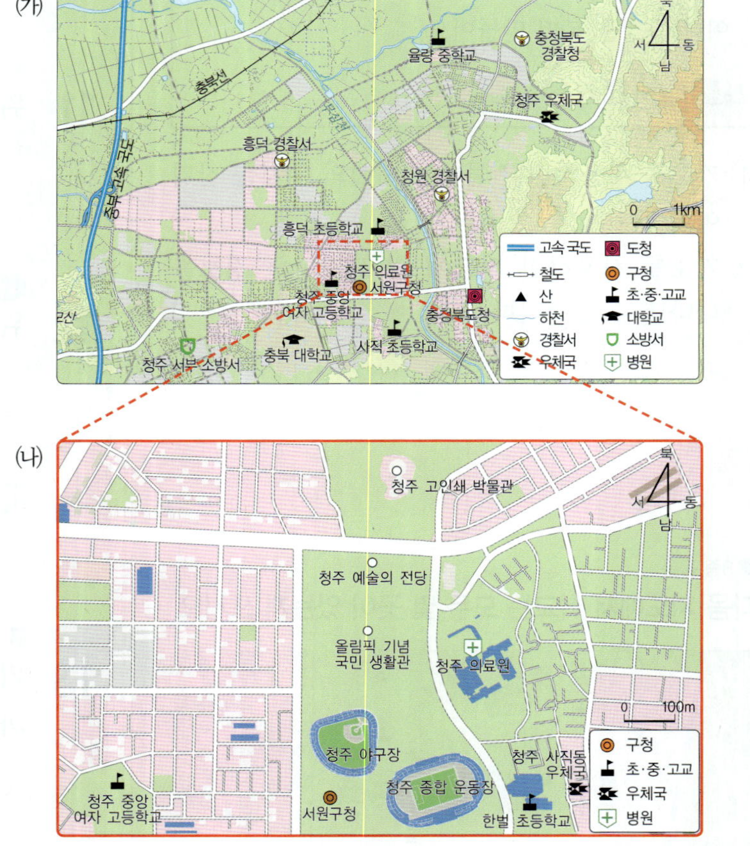

- (가) 지도는 (나) 지도에 비해 실제 거리를 많이 줄여서 나타내므로 넓은 지역을 간략하게 볼 수 있습니다.
- (나) 지도는 (가) 지도에 비해 실제 거리를 조금 줄여서 나타내므로 좁은 지역을 자세하게 볼 수 있습니다.

(**용어 사전**)

★ **축척** 지도에서의 거리와 실제 거리의 비율로, 지도에서 실제 거리를 얼마나 줄였는지 나타내는 것.

★ **간략** 간단하고 짤막함.

2 지도에 나타난 두 지점 사이의 실제 거리 구하기

(1) 축척 막대자로 지도 위의 거리 *측정하기

① 축척 막대자를 사용하면 지도에 있는 두 *지점 사이의 거리를 쉽게 알 수 있습니다. ➕

② 축척 막대자로 지도에 있는 두 지점 사이의 거리를 잰 뒤, 축척 막대자에 표시된 실제 거리를 확인합니다.

(2) 축척 막대자를 이용하여 실제 거리 구하기

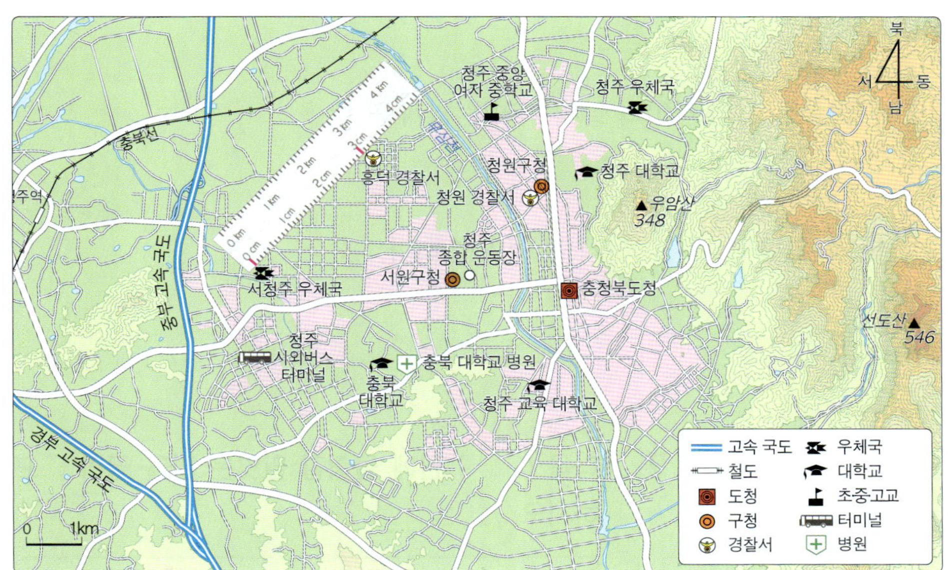

① 지도의 축척을 보면 지도에서 1㎝가 실제 거리로 1㎞라는 것을 알 수 있습니다.

② 서청주 우체국에서 홍덕 경찰서 사이의 거리를 축척 막대자로 재었을 때 3㎝입니다.

③ 서청주 우체국에서 홍덕 경찰서 사이의 실제 거리는 3㎞라는 것을 알 수 있습니다.

➕ **축척 막대자**

• 축척 막대자는 지도상의 거리와 실제 거리를 함께 표시한 자입니다.

• 축척 막대자로 지도 위에 있는 두 지점의 거리를 재면 실제 거리를 알 수 있습니다.

---

1 단원 4회

용어 사전

★ **측정** 도구나 장치를 이용하여 물건의 길이, 무게, 부피 등을 재는 것.

★ **지점** 땅 위의 일정한 점.

핵심만 한번 더 쓰면서 **정리 !**

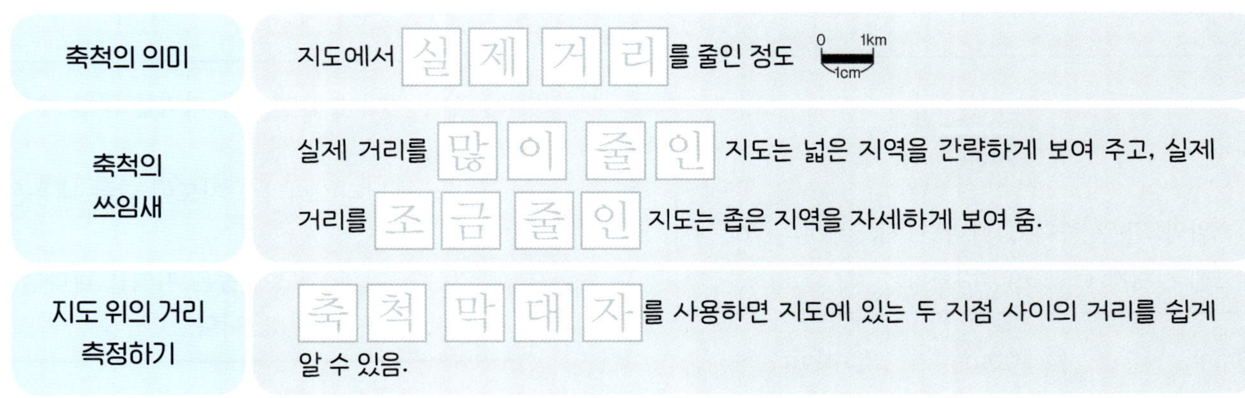

축척의 의미	지도에서 실 제 거 리 를 줄인 정도
축척의 쓰임새	실제 거리를 많 이 줄 인 지도는 넓은 지역을 간략하게 보여 주고, 실제 거리를 조 금 줄 인 지도는 좁은 지역을 자세하게 보여 줌.
지도 위의 거리 측정하기	축 척 막 대 자 를 사용하면 지도에 있는 두 지점 사이의 거리를 쉽게 알 수 있음.

핵심 체크

1 (   )은/는 지도에서 실제 거리를 줄인 정도를 말합니다.

2 축척에 따라 지도의 (   ) 정도가 달라집니다.

3 축척 (   )을/를 사용하면 지도에 있는 두 지점 사이의 실제 거리를 쉽게 알 수 있습니다.

4 실제 거리를 많이 줄여서 나타내면 넓은 지역을 (   )하게 볼 수 있습니다.

📖 8종 공통

5 다음 (   ) 안에 공통으로 들어갈 말을 쓰시오.

> 지도에서 실제 거리를 얼마나 줄였는지 나타내는 것을 (   )(이)라고 합니다. (   )에 따라 지도의 자세한 정도가 달라집니다.

(   )

📖 8종 공통

6 다음 (   ) 안에 들어갈 알맞은 숫자는 어느 것입니까? (   )

0   5km
├─────┤
1cm

> 위와 같은 축척이 나타난 지도에서의 1cm는 실제 거리가 (   )입니다.

① 5cm   ② 100m   ③ 1km
④ 5km   ⑤ 10km

📖 8종 공통

7 다음 (   ) 안에 들어갈 알맞은 말을 골라 ○표 하시오.

> 축척은 많이 줄일수록 넓은 지역을 (자세히 , 간략하게) 보는 데 알맞습니다.

📖 8종 공통

8 축척에 대한 설명으로 알맞지 <u>않은</u> 것을 (보기)에서 골라 기호를 쓰시오.

> (보기)
> ㉠ 축척을 이용하면 실제 거리를 구할 수 있습니다.
> ㉡ 축척이 달라지더라도 지도에 담는 내용은 똑같습니다.
> ㉢ 같은 크기의 지도에 좁은 지역을 나타낼수록 자세하게 볼 수 있습니다.

(   )

| 9~10 | **다음 지도를 보고, 물음에 답하시오.**

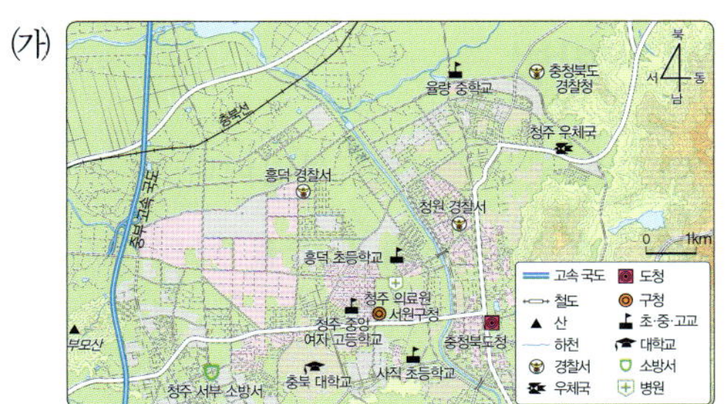

(가)

(나)

아이스크림, 천재교과서(김) 외

9 위 (가), (나) 지도 중 넓은 지역을 간략하게 보여 주는 것을 골라 기호를 쓰시오.

(   )

아이스크림, 천재교과서(김) 외

10 위 지도 중 서아에게 필요한 지도를 골라 기호를 쓰시오.

(   )

📖 8종 공통

11 다음 (   ) 안에 들어갈 알맞은 말을 골라 ○표 하시오.

⑴ 실제 거리를 (많이 , 조금) 줄인 지도는 넓은 지역을 간략하게 보여 줍니다.

⑵ 실제 거리를 (많이 , 조금) 줄인 지도는 좁은 지역을 자세하게 보여 줍니다.

서술형   📖 8종 공통

12 다음 그림에 제시된 물건의 이름을 쓰고, 지도를 볼 때 이것을 사용하면 좋은 점을 쓰시오.

| 0cm | 1 | 2 | 3 | 4 |
| 0km | 1 | 2 | 3 | 4 |

____

____

도움말   제시된 물건을 지도에서 어떻게 사용하면 좋을지 떠올려 보세요.

디지털 문해력   📖 8종 공통

13 다음은 이수네 반 친구들의 대화 내용입니다. 지도에 대해 **잘못** 말한 친구를 골라 이름을 쓰시오.

(   )

학습 결과에 색칠하세요.     

개념 학습 **5**회

등고선 알아보기

➕ 등고선 모형 만들기

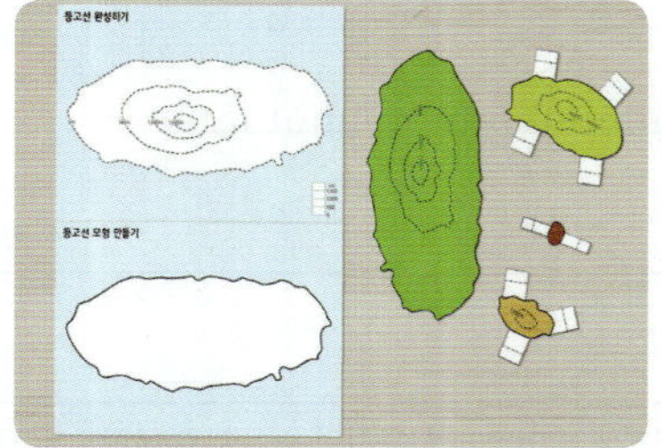

① 종이판을 모두 뜯습니다.

② 종이판의 다리를 접습니다.

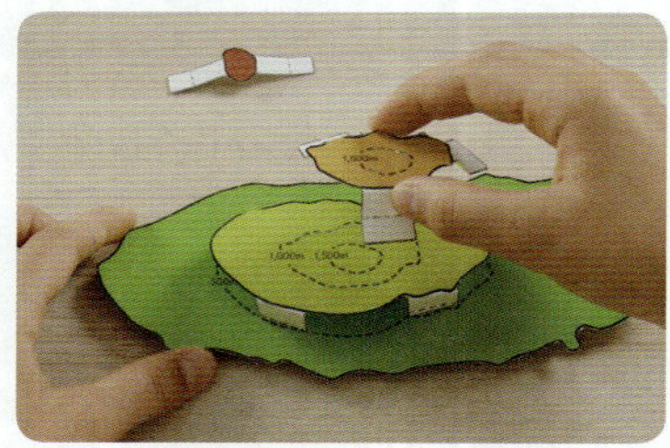

③ 순서에 맞게 등고선을 끼웁니다.

④ 여러 방향에서 땅의 높낮이를 살펴봅니다.

✳ **평평하다** 바닥이 고르고 판판함.

✳ **높낮이** 높음과 낮음, 또는 높고 낮은 정도.

---

1 지도에서 땅의 높낮이를 나타내는 방법

(1) **등고선의 의미**: 지도에서 땅의 높이가 같은 곳을 연결한 선입니다.

(2) **등고선의 필요성**: 평면인 지도에 *평평하지 않은 땅의 모습을 나타내기 위해서는 등고선이 필요합니다.

(3) **땅의 *높낮이를 나타내는 방법**

등고선을 사용하여 나타내기	등고선에 적힌 숫자가 작을수록 땅의 높이가 낮은 곳이며, 숫자가 클수록 땅의 높이가 높은 곳임.
색깔을 사용하여 나타내기	땅의 높이가 낮은 곳은 초록색으로, 땅의 높이가 높아질수록 진한 갈색으로 표현함.

2 등고선의 모습과 특징 ➕

(1) 등고선의 모습 살펴보기

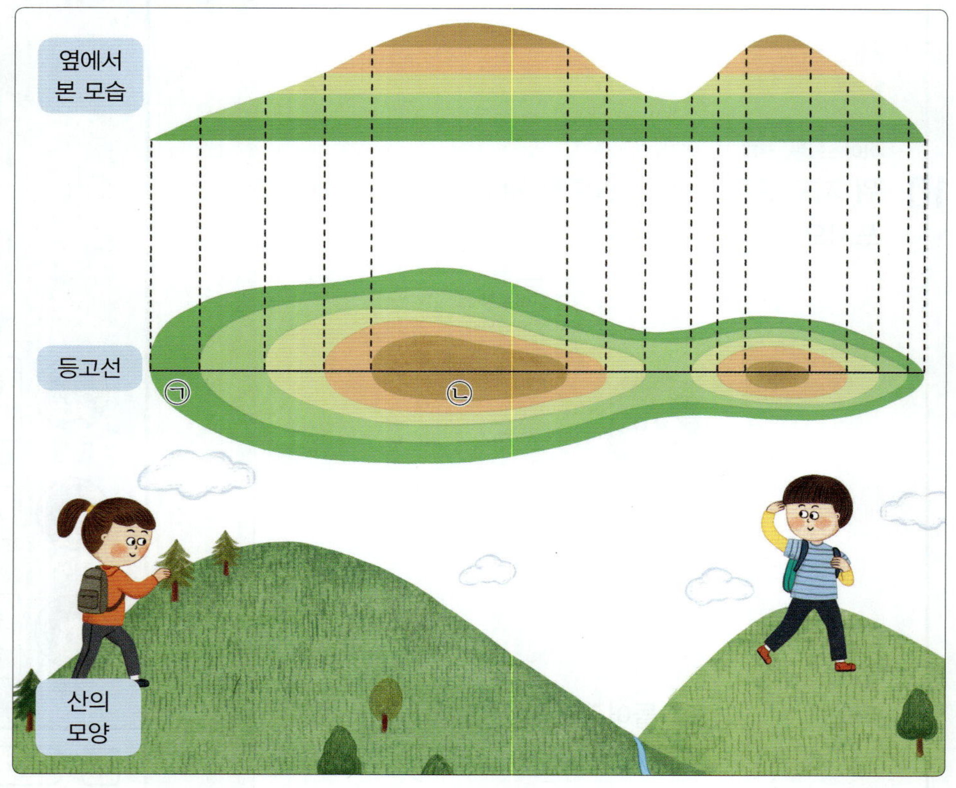

① 옆에서 본 모습과 등고선을 보면 평평하지 않은 땅을 어떻게 지도에 나타냈는지 알 수 있습니다.

② 등고선 그림에서 ㉠에서 ㉡으로 갈수록 땅의 높이가 높아집니다.

③ 등고선 그림에서 ㉠은 초록색으로, ㉡은 갈색으로 표현했습니다.

(2) 등고선으로 알 수 있는 것

① 지도에서 등고선을 보면 땅의 높낮이뿐만 아니라 땅이 *경사진 정도도 알 수 있습니다.

② 등고선의 간격이 넓을수록 땅이 *완만하고, 등고선의 간격이 좁을수록 땅이 가파릅니다.

교과서　대표 자료　　**지도에서 땅의 높낮이 나타내기**

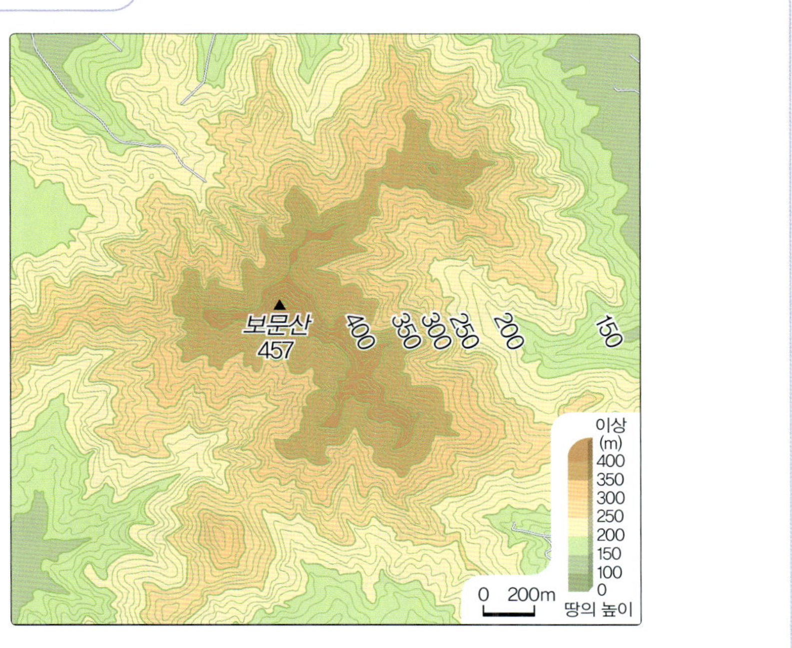

- 땅의 높이에 따라 다른 색을 칠했습니다.
- 기호와 같이 있는 숫자는 산의 높이를 뜻합니다.
- 같은 등고선으로 이어진 곳은 높이가 같습니다.
- 등고선의 간격이 좁을수록 경사가 급하고, 등고선의 간격이 넓을수록 경사가 완만합니다.

용어 사전

★ **경사**　비슷듬히 기울어진 정도.

★ **완만**　경사가 급하지 않음.

핵심만　**한번 더 쓰면서 정리 !**

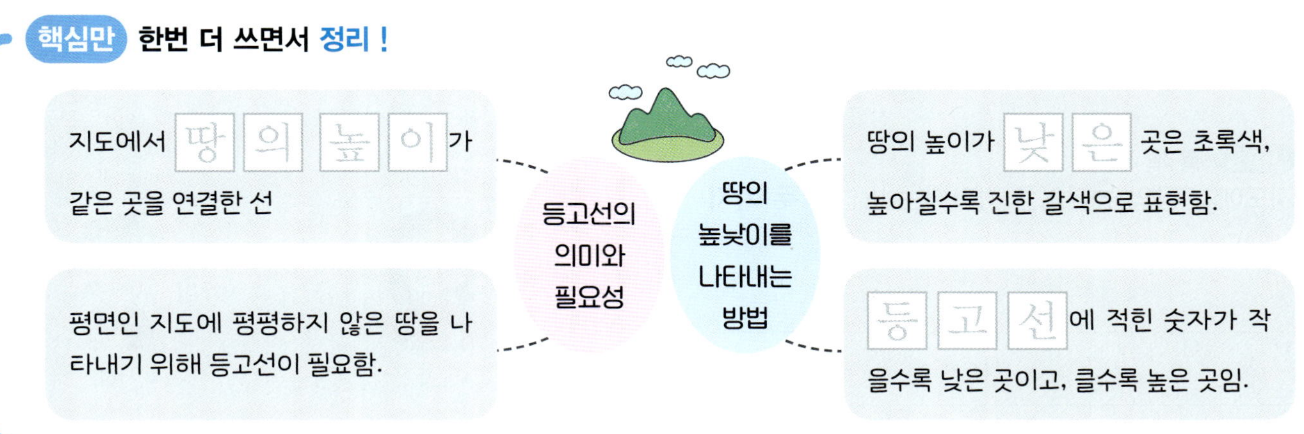

지도에서 [땅][의][높][이]가 같은 곳을 연결한 선

평면인 지도에 평평하지 않은 땅을 나타내기 위해 등고선이 필요함.

등고선의 의미와 필요성

땅의 높낮이를 나타내는 방법

땅의 높이가 [낮][은] 곳은 초록색, 높아질수록 진한 갈색으로 표현함.

[등][고][선]에 적힌 숫자가 작을수록 낮은 곳이고, 클수록 높은 곳임.

핵심 체크

1 지도를 그릴 때에는 (   )와/과 색깔을 사용하여 땅의 높낮이를 나타냅니다.

2 등고선은 지도에서 땅의 (   )이/가 같은 곳을 연결한 선입니다.

3 등고선에 적힌 숫자가 작을수록 땅의 높이가 (낮은, 높은) 곳입니다.

4 땅의 높이가 낮은 곳은 초록색으로, 땅의 높이가 높아질수록 진한 (   )(으)로 표현합니다.

📖 8종 공통

5 등고선에 대한 설명으로 알맞지 <u>않은</u> 것을 〔보기〕 에서 골라 기호를 쓰시오.

〔보기〕
㉠ 지도에서 높이가 같은 곳을 연결한 선입니다.
㉡ 평면인 지도에 땅의 높낮이를 나타내는 방법 입니다.
㉢ 등고선에 적힌 숫자가 작을수록 땅의 높이가 높은 곳입니다.

(   )

서술형 📖 8종 공통

6 지도에서 땅의 높낮이를 나타내는 방법을 두 가지 쓰시오.

____

도움말 지도에서 높은 곳과 낮은 곳을 어떻게 표현했는지 생각해 보세요.

📖 8종 공통

7 다음 (   ) 안에 들어갈 알맞은 말을 골라 ◯표 하시오.

> 지도에서 땅의 높이가 낮은 곳은 초록색으로, 땅의 높이가 높아질수록 (연한 , 진한) 갈색으 로 표현합니다.

📖 8종 공통

8 지도에서 땅의 높낮이를 나타내는 방법에 대해 알 맞게 말한 친구를 골라 이름을 쓰시오.

▲ 은유   ▲ 서하

(   )

| 9~10 | 다음 그림을 보고 물음에 답하시오.

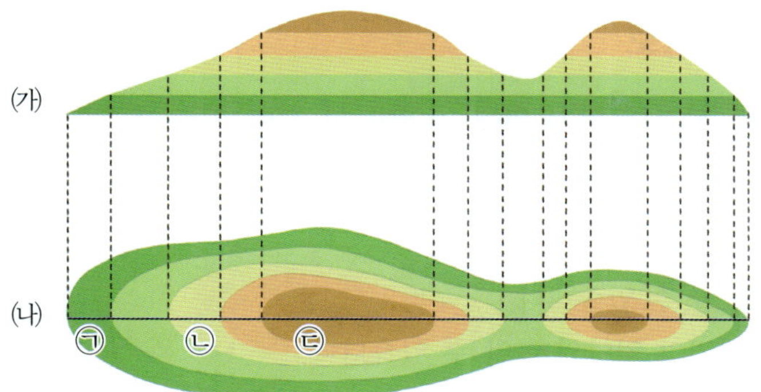

아이스크림, 천재교과서(김) 외

9 위 (가), (나) 그림 중 산을 위에서 내려다본 모습을 골라 기호를 쓰시오.

( )

아이스크림, 천재교과서(김) 외

10 위 (나) 그림의 ㉠~㉢ 중 가장 높은 곳을 골라 기호를 쓰시오.

( )

■ 8종 공통

11 지도에 나타난 색깔에 대한 설명으로 알맞은 것에 ○표, 알맞지 않은 것에 ✕표 하시오.

(1) 땅의 높이가 높아질수록 갈색이 연해집니다.

( )

(2) 땅의 높이가 낮은 곳은 초록색으로, 높은 곳은 갈색으로 표시합니다. ( )

디지털 문해력 ■ 8종 공통

12 다음은 선호가 등고선에 대해 태블릿 피시에 정리한 내용입니다. 알맞지 **않은** 내용을 골라 기호를 쓰시오.

㉠ 보문산의 높이는 457m입니다.
㉡ 초록색으로 칠해진 부분이 가장 높은 곳입니다.
㉢ 같은 등고선으로 이어진 곳은 높이가 같습니다.
㉣ 등고선을 보면 땅이 경사진 정도를 알 수 있습니다.

( )

동아출판, 비상교육 외

13 다음 글의 (가), (나)에 들어갈 알맞은 말을 선으로 연결하시오.

> 등고선을 보면 땅의 높낮이뿐만 아니라 땅의 경사진 정도도 알 수 있습니다. 등고선의 간격이 ((가)) 완만하고, 등고선의 간격이 ((나)) 가파릅니다.

(1) (가) •　　　　　• ㉠ 넓을수록

(2) (나) •　　　　　• ㉡ 좁을수록

학습 결과에 색칠하세요.   

개념 학습  6회

다양한 지도 살펴보기

- 지도에 제시된 약속을 잘 읽고 이해하면 지도에 담긴 지역의 다양한 정보를 얻을 수 있습니다.
- 그래서 우리는 지도를 '본다'고도 하지만, '읽는다'고도 합니다.

1 지도에 담긴 다양한 정보

(1) 실제 생활에서 지도를 잘 사용하기 위해 읽어야 할 정보: 방위표, 기호와 범례, 축척, 등고선 등을 읽어야 합니다. ➕

(2) 지도를 보고 알 수 있는 것

① 내가 사는 곳의 위치를 알 수 있습니다.

② 지도에서 1㎝는 실제 거리가 얼마인지 알 수 있습니다.

③ 산이나 바다가 있는 방향을 알 수 있습니다.

④ 고속 국도와 고속 철도가 지나는 길을 알 수 있습니다.

> **교과서 대표 자료** 지도에서 찾을 수 있는 다양한 정보
>
> 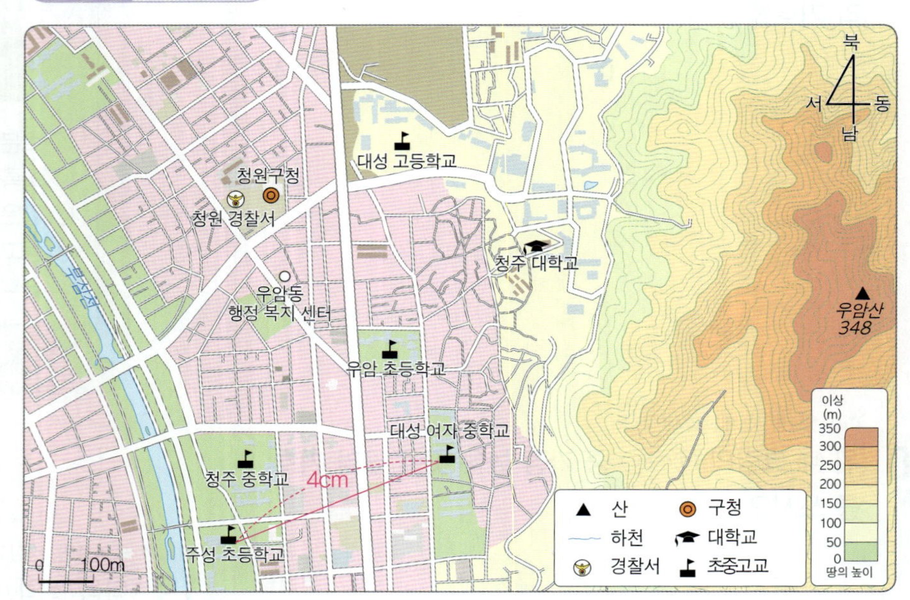
>
>
> - 지도에는 학교가 5개 있고, 대학교가 1개 있습니다.
> - 지도에서 1㎝는 실제 거리로 100m입니다.
> - 주성 초등학교에서 대성 여자 중학교까지의 실제 거리는 400m입니다.
> - 지도에서는 우암산이 제일 높은 곳으로, 348m입니다.
> - 우암동 행정 복지 센터를 기준으로 청주 대학교는 동쪽에 있습니다.

- ★ **고속 국도** 주요 도시를 잇는 자동차 전용의 고속 교통용 국도.
- ★ **고속 철도** 시속 약 200km 이상으로 운행되는 철도.

2 일상생활에서 이용하는 다양한 지도

(1) 실생활에서 활용하는 지도

① 우리는 생활 속에서 다양한 지도를 사용하고 있습니다.

② 상황이나 목적에 알맞은 지도를 사용하면 일상생활에 도움이 됩니다.

(2) 생활 속에서 사용하는 지도 ⊕

구분	모습	특징
약도	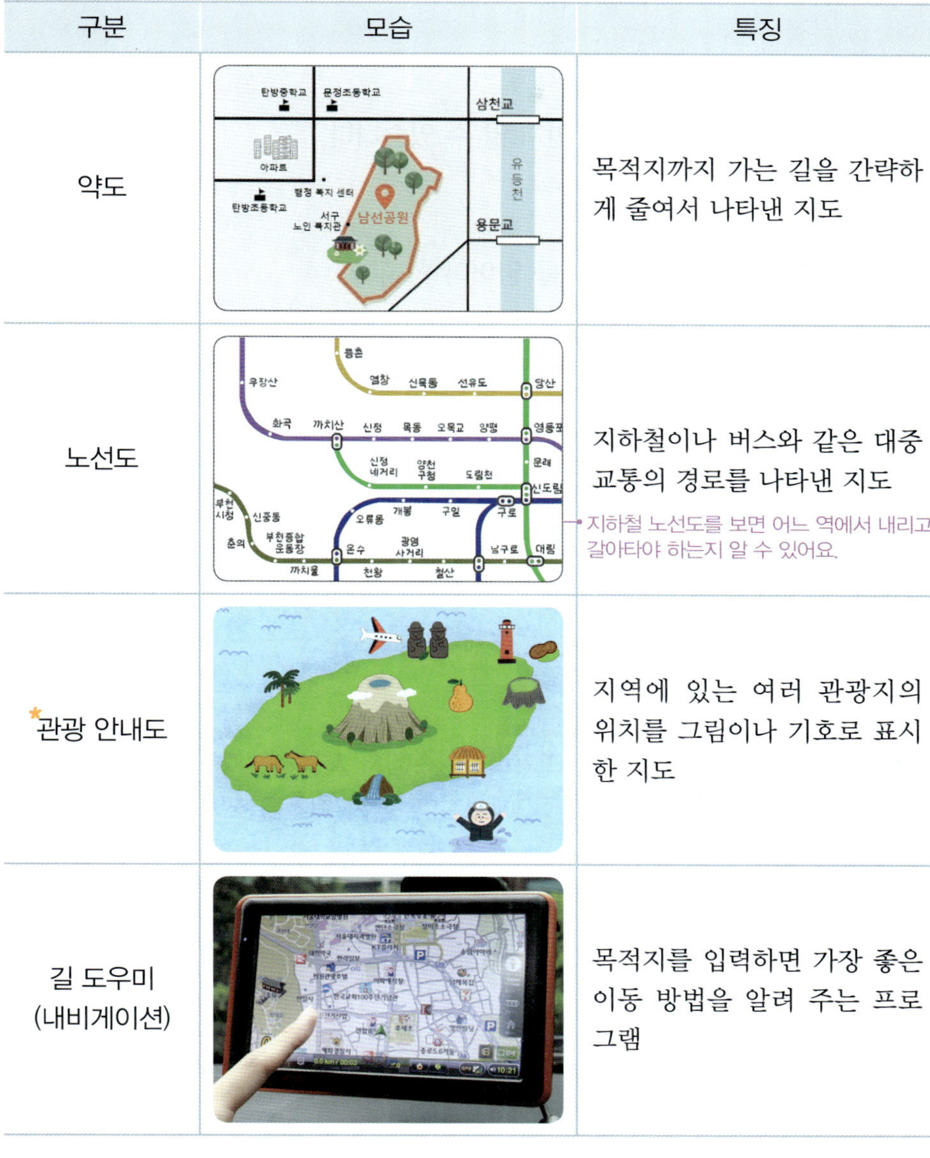	목적지까지 가는 길을 간략하게 줄여서 나타낸 지도
노선도		지하철이나 버스와 같은 대중교통의 경로를 나타낸 지도 → 지하철 노선도를 보면 어느 역에서 내리고 갈아타야 하는지 알 수 있어요.
*관광 안내도		지역에 있는 여러 관광지의 위치를 그림이나 기호로 표시한 지도
길 도우미 (내비게이션)		목적지를 입력하면 가장 좋은 이동 방법을 알려 주는 프로그램

⊕ 일상생활에서 볼 수 있는 여러 가지 지도

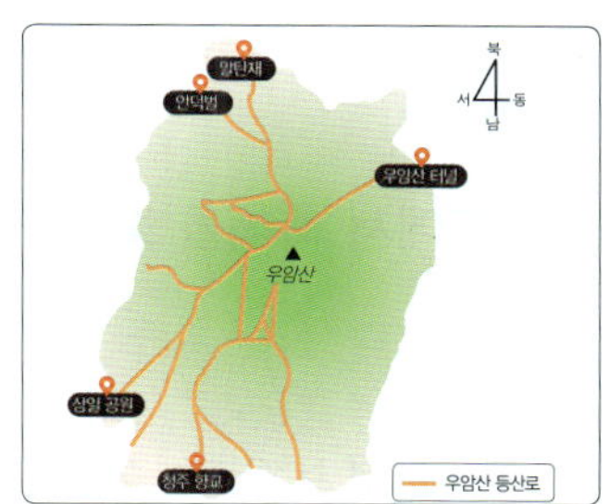

▲ 등산 안내도

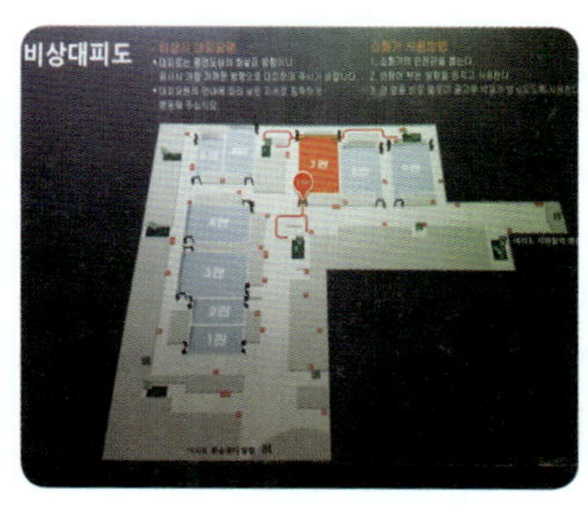

▲ 비상 대피도

등산 안내도, 비상 *대피도, 일기 예보 지도 등이 있습니다.

1 단원 / 6회

★ **관광** 다른 지역이나 다른 나라에 가서 그곳의 풍경이나 문화 등을 구경하는 것.

★ **대피도** 비상 상황에서 대피하는 길을 쉽게 찾아볼 수 있도록 만든 지도.

핵심만 한번 더 쓰면서 **정리 !**

지도의 다양한 정보	방 위 표 , 기호와 범례, 축 척 , 등고선 등을 읽어야 함. 
생활 속에서 사용하는 지도	• 우리는 생활 속에서 다 양 한 지 도 를 사용함. • 약 도 , 노선도, 관광 안 내 도 , 길 도우미(내비게이션) 등이 있음.

핵심 체크

1 지도에서 축척을 보면 지도의 1㎝는 실제 (　　　)이/가 얼마인지 알 수 있습니다.

2 지도에서 방위표, 기호와 범례, 축척, 등고선 등의 (　　　)을/를 읽어야 합니다.

3 관광 (　　　)은/는 지역에 있는 여러 관광지의 위치를 그림이나 기호로 표시한 지도입니다.

4 (　　　)은/는 지하철이나 버스가 지나가는 길을 나타낸 지도입니다.

📖 8종 공통

5 다음 (　　　) 안에 공통으로 들어갈 말을 쓰시오.

> • 생활에서 지도를 잘 사용하기 위해 (　　　), 기호와 범례, 축척, 등고선 등을 읽어야 합니다.
> • 지도에서 (　　　)을/를 보면 산이 있는 방향을 알 수 있습니다.

(　　　　　　　　)

📖 8종 공통

6 지도를 보고 알 수 있는 내용이 <u>아닌</u> 것은 어느 것입니까? (　　　)

① 산의 이름
② 학교의 이름
③ 도청의 위치
④ 기차역의 위치
⑤ 우리 지역의 인구

📖 8종 공통

7 우리가 생활 속에서 사용하는 지도로 알맞은 것을 〔보기〕에서 모두 골라 기호를 쓰시오.

〔보기〕
㉠ 그림일기　　㉡ 항공 사진
㉢ 버스 노선도　㉣ 박물관 약도

(　　　　　　　　)

비상교육, 지학사 외

8 다음에서 설명하는 것은 무엇인지 쓰시오.

목적지를 입력하면 가장 좋은 이동 방법을 알려 주는 프로그램으로, 내비게이션이라고도 함.

(　　　　　　　　)

미래엔, YBM 외

9 다음 ( ) 안에 들어갈 알맞은 말을 쓰시오.

> • 연지: 아빠, 이번 부산 여행에서 무엇을 하면 좋을까요?
> • 아빠: 그러게. 부산 지역 ( ) 안내도를 보면서 여행 계획을 세워 볼까?

( )

| 10~11 | 다음 자료를 보고, 물음에 답하시오.

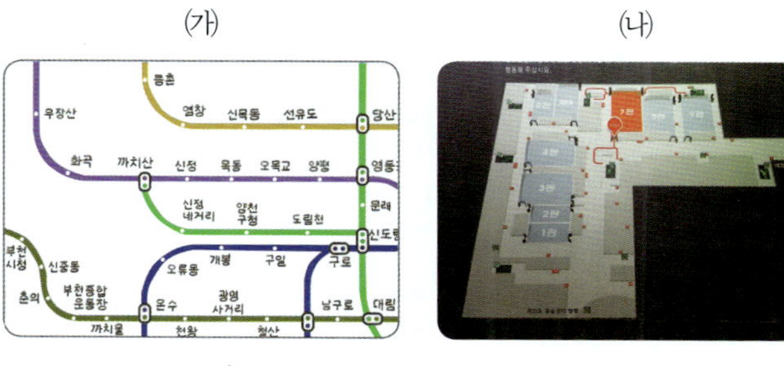

(가)   (나)

▲ 노선도   ▲ 비상 대피도

■ 8종 공통

10 위 (가), (나) 지도 중 대중교통을 탈 때 활용하기에 좋은 것을 골라 기호를 쓰시오.

( )

서술형 **미래엔, 천재교과서(김) 외**

11 위 (나) 지도의 의미를 간단히 쓰시오.

____

도움말 비상 대피도는 언제 사용하면 좋을지 생각해 보세요.

디지털 문해력 **아이스크림, 지학사 외**

12 다음 인터넷 게시물에 나타난 지도의 종류로 알맞은 것은 어느 것입니까? ( )

① 약도
② 길 도우미
③ 등산 안내도
④ 관광 안내도
⑤ 지하철 노선도

■ 8종 공통

13 다음 중 상황에 필요한 지도를 알맞게 사용한 친구를 골라 이름을 쓰시오.

( )

학습 결과에 색칠하세요.

개념 학습

우리 지역의 위치와 지형

➕ 우리나라 행정구역 *명칭의 유래

- 우리나라에서 사용하는 행정구역의 이름은 조선 시대에 정한 행정구역을 기본으로 하고 있습니다.
- 각 도의 명칭을 정할 때는 대부분 그 지역에서 중요한 도시의 이름을 따서 정했습니다.

충청도	충주 + 청주
경상도	경주 + 상주
전라도	전주 + 나주

➕ 우리나라의 행정구역

행정구역을 나타낸 지도를 이용하면 우리 지역의 위치와 우리 지역의 주변에는 어떤 지역들이 있는지 알 수 있습니다.

1 우리 지역의 위치 알아보기

(1) **행정구역의 의미**: 나라를 효율적으로 관리하려고 나눈 지역을 말합니다. ➕

(2) **우리나라의 행정구역** ➕

① 우리나라의 행정구역은 북한 지역을 제외하면 특별시 1곳, 특별자치시 1곳, 광역시 6곳, 도 6곳, 특별자치도 3곳으로 이루어져 있습니다.

② 특별시·특별자치시·광역시·도·특별자치도 등의 행정구역에는 시·군·구 등이 속해 있기도 합니다. └─ 특별시, 특별자치시, 광역시에는 시청이 있고, 도와 특별자치도에는 도청이 있습니다.

(3) **지도를 이용하여 우리 지역의 위치 찾기**

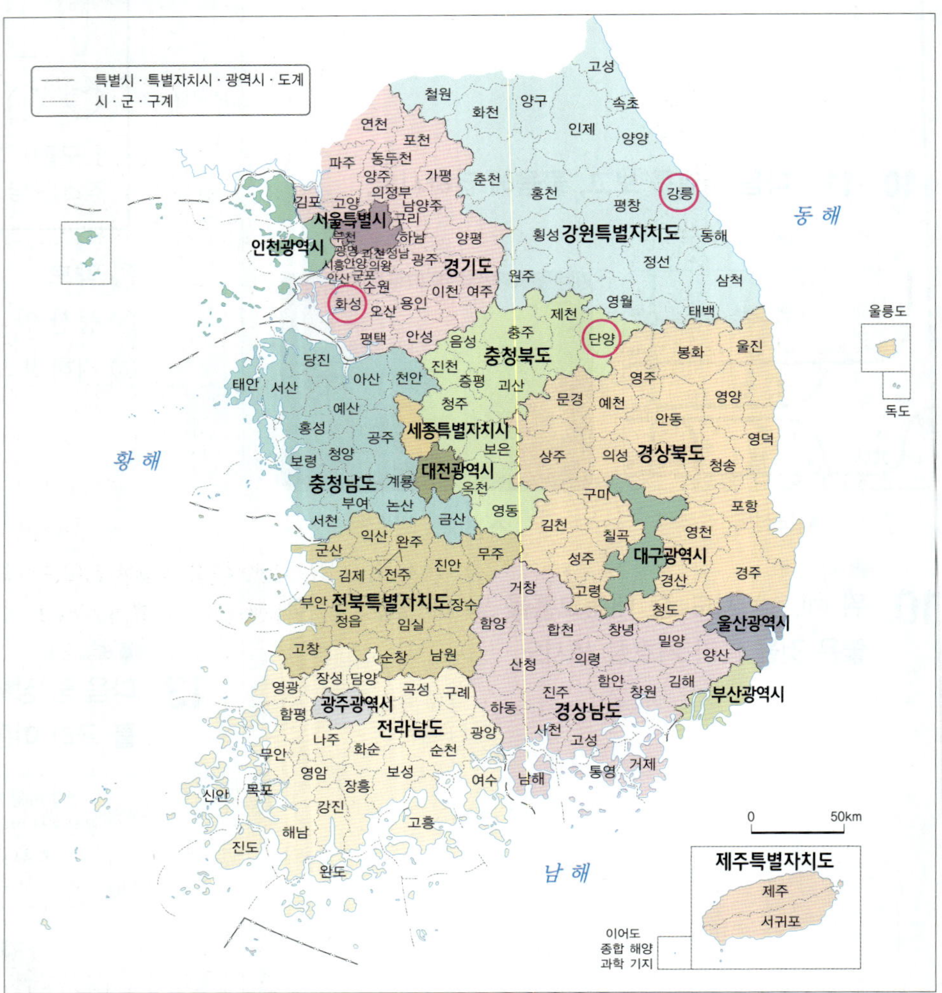

예) 우리 지역은 경기도 화성시입니다. 화성시는 안산시, 수원시, 오산시, 평택시 등과 *이웃해 있습니다.

예) 우리 지역은 강원특별자치도 강릉시입니다. 강원특별자치도는 경상북도의 북쪽에 있습니다.

예) 우리 지역은 충청북도 단양군입니다. 단양군은 충청북도 안에서 동쪽에 있고, 단양군의 서쪽에는 제천시가 있습니다.

용어 사전

* **이웃** 나란히 또는 가까이 있어서 경계가 서로 붙어 있음.
* **명칭** 사람이나 사물 등의 이름.

2 우리 지역의 지형 알아보기

(1) **지형의 의미**: 산, *평야, 하천, 바다와 같은 땅의 *생김새를 말합니다. ✚

▲ 산지

▲ 평야

▲ 바다

(2) **우리 지역의 지형**: 지형은 지역마다 다양하게 나타납니다. 평야가 넓게 펼쳐진 지역도 있고, 산이 많은 지역도 있습니다.

교과서　대표 자료　　디지털 영상 지도로 지형 살펴보기

• 국토 정보 플랫폼에서 디지털 영상 지도를 이용하여 우리 지역의 지형을 살펴볼 수 있습니다.
• 검색창에 우리 지역의 이름을 검색하고, 영상 지도를 이동하거나 확대·축소하면서 지형을 살펴봅니다.

✚ 여러 지역에서 볼 수 있는 다양한 지형

▲ 섬

▲ 하천

• 바다로 둘러싸인 땅을 섬이라고 합니다.
• 크고 작은 물줄기가 모여 이룬 것을 하천이라고 합니다.

용어 사전

★ **평야**　땅이 높아졌다가 낮아졌다가 하는 기복이 없는 넓고 평평한 땅.
★ **생김새**　생긴 모양새.

핵심만 한번 더 쓰면서 정리 !

우리 지역의 위치	• ☐행 ☐정 ☐구 ☐역 은 나라를 효율적으로 관리하려고 나눈 지역임. • 행정구역 지도를 이용하여 우리 지역이 어디에 있는지 알 수 있음.	
우리 지역의 지형	• ☐지 ☐형 은 산, 평야, 하천, 바다와 같은 땅의 ☐생 ☐김 ☐새 를 말함. • 지형은 지역마다 다양하게 나타남.	

핵심 체크

1 ( )은/는 나라를 효율적으로 관리하려고 나눈 지역입니다.

2 우리나라의 행정구역은 북한 지역을 제외하면 ( ), 광역시, 특별자치시, 특별자치도, 도로 이루어져 있습니다.

3 전라도는 ( )와/과 나주의 앞 글자를 따서 지역의 명칭을 정했습니다.

4 지형은 산, 평야, 하천, 바다와 같은 ( )의 생김새를 말합니다.

📖 8종 공통

5 오른쪽 지도와 같이 나라를 효율적으로 관리하려고 나눈 지역을 무엇이라고 하는지 쓰시오.

( )

천재교과서(박), YBM 외

7 각 지역에서 볼 수 있는 기관을 선으로 알맞게 연결하시오.

(1) 도, 특별자치도 ・ ・㉠ 도청

(2) 특별시, 특별자치시, 광역시 ・ ・㉡ 시청

📖 8종 공통

6 우리나라의 행정구역에 대한 설명으로 알맞은 것에 ○표, 알맞지 <u>않은</u> 것에 ×표 하시오.

(1) 특별시, 광역시, 특별자치시로만 구분합니다.

( )

(2) 행정구역에는 시·군·구 등이 속해 있기도 합니다. ( )

서술형 동아출판, 비상교육 외

8 충청도라는 명칭에 담긴 의미를 그 지역의 중심 도시 이름을 포함하여 쓰시오.

도움말 충청도에 있는 지역의 이름을 떠올려 보세요.

| **9~10** | 다음은 북한 지역을 제외한 우리나라의 행정 구역을 나타낸 지도입니다. 물음에 답하시오.

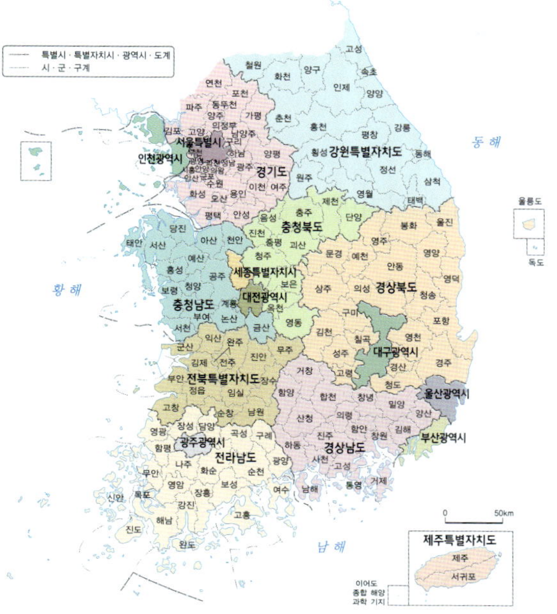

📖 8종 공통

9 위 지도에 나타난 지역 중 특별시는 모두 몇 곳이 있는지 쓰시오.

( )곳

📖 8종 공통

10 위 지도에 대해 알맞게 설명한 친구를 골라 이름을 쓰시오.

> · 승관: 특별자치도는 2곳이 있습니다.
> · 연우: 강원특별자치도는 경상북도의 북쪽에 있습니다.

( )

📖 8종 공통

11 다음 ( ) 안에 들어갈 알맞은 말을 쓰시오.

> ( )은/는 산, 평야, 하천, 바다와 같은 땅의 생김새를 말합니다.

( )

12 다음은 연지가 작성한 인터넷 게시물입니다. 밑줄 친 부분을 알맞게 고쳐 쓰시오.

( )

13 디지털 영상 지도로 지형을 살펴보고 알맞게 말한 친구를 골라 ◯표 하시오.

(1)   (2)

(   )   (   )

학습 결과에 색칠하세요.   😄 🙂 😣

개념 학습 8회

우리 지역의 특징 알아보기

1 우리 지역의 면적 알아보기

(1) **면적의 의미**: 어떤 장소가 *차지하는 넓이의 크기를 말합니다.

(2) **우리나라 여러 지역의 면적** ➕

① 지역마다 면적이 다릅니다.

② 우리 지역보다 면적이 넓은 지역도 있지만 좁은 지역도 있으며, 면적이 비슷한 지역도 있습니다.

2 우리 지역의 인구 알아보기

(1) **인구의 의미**: 일정한 지역에 사는 사람의 수를 말합니다.

(2) **우리나라 여러 지역의 인구** ➕

① 지역마다 인구가 다릅니다.

② 우리 지역보다 인구가 많은 지역도 있고, 인구가 적은 지역도 있습니다.

③ 지역의 인구는 출생이나 사망, 이사 등에 따라 늘어나기도 하고 줄어들기도 합니다.

교과서 대표 자료 지역별 면적과 인구 비교하기

구분	우리 지역	다른 지역
지역 이름	청주시	괴산군
면적	약 941㎢	약 842㎢
인구	약 85만 명	약 4만 명

- 청주시는 괴산군보다 면적이 넓습니다.
- 청주시는 괴산군보다 인구가 많습니다.
- 우리 지역과 다른 지역의 면적과 인구는 시·군·구청에서 발행하는 안내 책자나 지역 누리집의 소개 등을 참고하여 조사할 수 있습니다.

➕ **지역의 면적 변화**

- 바다를 육지로 바꾸는 *간척 사업을 통해 면적이 늘어나기도 합니다.
- 지역끼리 *통합되면서 면적이 바뀌기도 합니다.

➕ **지역의 면적과 인구의 관계**

- 지역의 면적이 넓다고 해서 인구가 반드시 많은 것은 아닙니다.
- 편의시설이 많거나 교통이 편리한 지역은 인구가 많습니다. 반면 산이 많은 지역은 인구가 적은 편입니다.

> 청주시와 괴산군은 같은 충청북도 안에 있지만 면적과 인구가 서로 달라요.

용어 사전

- ★ **차지** 사물이나 공간 등을 자기 몫으로 가짐.
- ★ **간척** 육지에 면한 바다나 호수의 일부를 둑으로 막고, 그 안의 물을 빼내어 육지로 만드는 일.
- ★ **통합** 둘 이상의 조직이나 기구 따위를 하나로 합침.

❸ 우리 지역의 기온과 강수량 알아보기 ➕

(1) **기온의 의미**: 공기의 *온도를 말합니다.

(2) **강수량의 의미**: 비, 눈, 우박, 안개 등이 일정 기간 동안 일정한 곳에 내린 물의 *총량을 말합니다.

(3) **우리나라의 기온과 강수량**: 우리나라는 대체로 여름에 기온이 높고 강수량이 많으며, 겨울에는 기온이 낮고 강수량이 적습니다. →같은 계절이라도 지역에 따라 기온과 강수량의 차이가 나기도 해요.

> **교과서 대표 자료** 지역의 기온과 강수량 확인하기

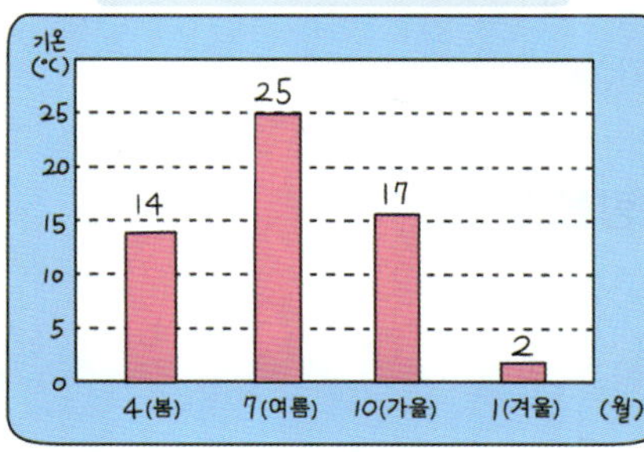

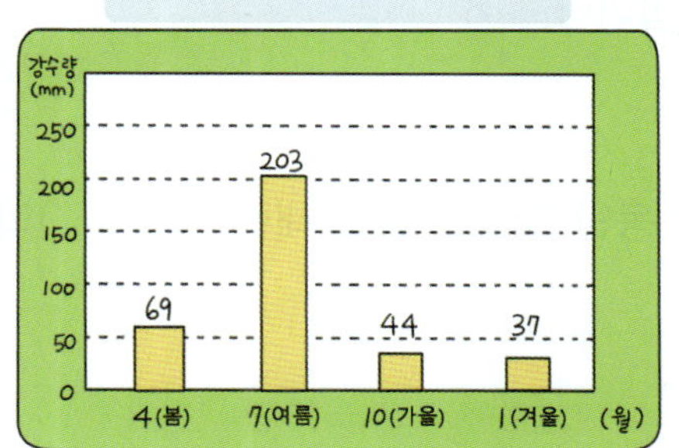

〈그래프 읽는 방법〉
❶ 그래프의 제목을 보고 그래프가 무엇을 나타내는지 확인해요.
❷ 그래프의 가로와 세로가 각각 무엇을 나타내는지 확인해요.
❸ 그래프에서 세로 눈금 한 칸의 크기가 얼마인지 확인해요.
❹ 각각의 막대가 나타내는 크기를 보고 원하는 정보를 확인해요.

- 우리 지역은 겨울에 기온이 가장 낮습니다.
- 우리 지역은 봄보다 여름에 기온이 더 높습니다.
- 우리 지역은 여름에 강수량이 가장 많습니다.
- 우리 지역은 겨울보다 봄에 강수량이 더 많습니다.

➕ **기상 자료 개방 포털**
- '기상 자료 개방 포털' 누리집에 들어가서 우리 지역의 기온과 강수량을 찾아볼 수 있습니다.
- 우리 지역의 계절별 기온과 강수량의 특징을 살펴봅니다.

1 단원 8회

그래프는 조사한 자료를 선, 막대, 그림 등으로 나타낸 것이에요. 그래프를 읽으면 조사한 자료의 내용을 한눈에 알아볼 수 있어요.

용어 사전
✶ **온도** 따뜻함과 차가움의 정도 또는 그것을 나타내는 수치.
✶ **총량** 전체의 양 또는 무게.

핵심만 한번 더 쓰면서 **정리 !**

면적은 어떤 장소가 차지하는 | 넓 | 이 | 의 크기를 말함.

인구는 일정한 지역에 사는 | 사 | 람 | 의 수를 말함.

우리 지역의 특징

기온은 공기의 | 온 | 도 | 를 말함.

강수량은 일정 기간 동안 일정한 곳에 내린 | 물 | 의 | 총 | 량 | 을 말함.

핵심 체크

1 면적은 어떤 장소가 차지하는 (　　　　)의 크기를 말합니다.

2 인구는 일정한 지역에 사는 (　　　　)의 수를 말합니다.

3 공기의 온도를 (　　　　)(이)라고 합니다.

4 비, 눈, 우박, 안개 등이 일정 기간 동안 일정한 곳에 내린 (　　　　)의 총량을 강수량이라고 합니다.

■ 8종 공통

5 다음 단어의 의미를 선으로 알맞게 연결하시오.

(1) 면적 • • ㉠ 일정한 지역에 사는 사람의 수

(2) 인구 • • ㉡ 어떤 장소가 차지하는 넓이의 크기

■ 8종 공통

6 지역의 면적과 인구의 관계에 대한 설명으로 알맞은 것에 ○표, 알맞지 <u>않은</u> 것에 ×표 하시오.

(1) 산이 많은 지역은 인구가 많은 편입니다. (　　)

(2) 지역의 면적이 넓을수록 인구가 많습니다. (　　)

(3) 편의시설이 많거나 교통이 편리한 지역은 인구가 많습니다. (　　)

| 7~8 | 다음은 지역의 면적과 인구를 비교한 표입니다. 물음에 답하시오.

지역 이름	청주시	괴산군
면적	약 941km²	약 842km²
인구	약 85만 명	약 4만 명

■ 8종 공통

7 위 자료와 관련해 (　　) 안에 들어갈 알맞은 말을 골라 ○표 하시오.

> 청주시는 괴산군보다 면적이 (넓습니다 , 좁습니다).

■ 8종 공통

8 위 자료를 보고 알맞게 말한 친구를 골라 이름을 쓰시오.

> • 지영: 청주시는 괴산군보다 인구가 적습니다.
> • 우진: 청주시와 괴산군은 인구가 서로 다릅니다.

(　　　　)

📖 8종 공통

9 다음 ( ) 안에 들어갈 알맞은 말을 골라 ○표 하시오.

> (기온 , 강수량)은 비, 눈, 우박, 안개 등이 일정 기간 동안 일정한 곳에 내린 물의 총량을 말합니다.

아이스크림, 지학사 외

10 다음 글의 ㉠, ㉡에 들어갈 알맞은 계절을 쓰시오.

> 우리나라는 대체로 (㉠)에 기온이 높고 강수량이 많으며, (㉡)에는 기온이 낮고 강수량이 적습니다.

㉠ ( ), ㉡ ( )

서술형   📖 8종 공통

11 다음 그래프에 나타난 지역의 평균 기온의 특징을 쓰시오.

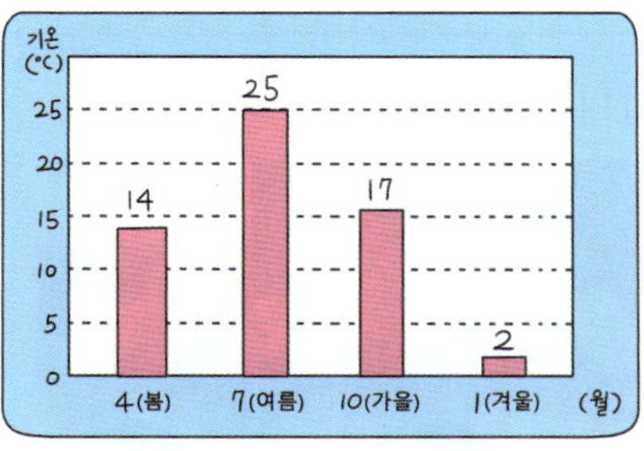

____

도움말 기온이 가장 높은 계절과 가장 낮은 계절을 찾아보세요.

디지털 문해력   📖 8종 공통

12 다음은 기상청 누리집에서 검색한 우리 지역의 강수량에 대한 설명입니다. 설명으로 알맞지 <u>않은</u> 것은 어느 것입니까? ( )

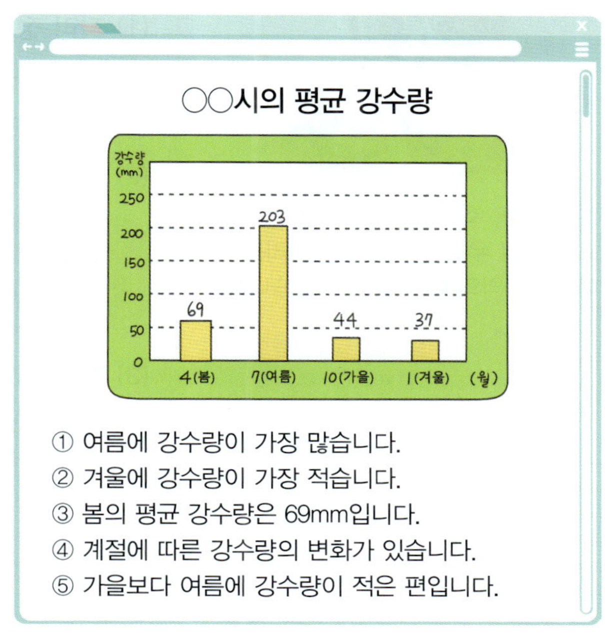

① 여름에 강수량이 가장 많습니다.
② 겨울에 강수량이 가장 적습니다.
③ 봄의 평균 강수량은 69mm입니다.
④ 계절에 따른 강수량의 변화가 있습니다.
⑤ 가을보다 여름에 강수량이 적은 편입니다.

비상교육, 천재교과서(김) 외

13 그래프를 읽는 방법에 대해 알맞게 설명한 것을 (보기)에서 모두 골라 기호를 쓰시오.

> (보기)
> ㉠ 가장 먼저 눈금 한 칸의 크기가 얼마인지 확인합니다.
> ㉡ 그래프의 가로와 세로가 각각 무엇을 나타내는지 확인합니다.
> ㉢ 각각의 막대가 나타내는 크기를 보고 원하는 정보를 확인합니다.

( )

학습 결과에 색칠하세요.   

개념 학습

➕ **홍보 자료에서 지리 정보 찾기**

홍보 책자, 축제 포스터, 관광 안내 지도 등에서 우리 지역의 자랑거리를 살펴보면 지역의 특성을 알 수 있습니다.

1 우리 지역의 지리 정보 조사하기

(1) 지리 정보의 의미

① 우리가 살아가는 지역에 대한 여러 가지 정보를 지리 정보라고 합니다.

② 지리 정보에는 위치, 지형, 면적, 인구, 기온, 강수량 등이 있습니다.

(2) 지리 정보 조사 과정

조사할 지리 정보 정하기 ➡ 지리 정보 조사하기 ➡ 조사 내용 정리 및 발표하기

(3) 우리 지역의 지리 정보 조사하기 예

① 조사할 지리 정보를 정합니다.

② 다양한 자료를 이용하여 우리 지역의 지리 정보를 조사합니다.

〈지리 정보를 조사하는 방법〉
- 지역에서 만든 *홍보물을 살펴봅니다. ➕
- 지도나 디지털 영상 지도를 살펴봅니다.
- 지역 누리집의 지역 소개 게시판을 찾아봅니다. ➕
- 지역의 *통계 자료를 알 수 있는 누리집을 방문합니다.

③ 조사한 내용 정리하고 발표합니다.

➕ **지역 누리집에서 조사하기**

지역 누리집에 방문하여 지역 소개 게시판을 찾아봅니다. 지역 소개 게시판에서는 지역의 위치, 면적, 인구, 기온, 강수량 등 다양한 지리 정보를 알아볼 수 있습니다.

★ **홍보물** 어떤 사실이나 제품을 널리 알리기 위하여 만든 물건.

★ **통계** 인구나 면적 등의 정보를 숫자로 나타낸 것.

2 우리 지역의 특징을 다른 지역과 비교하기

(1) 지역마다 다른 특징

① 지역마다 위치나 지형, 면적, 인구, 기온 등 지리 정보가 다릅니다.

② 이로 인해 사람들의 생활 모습도 지역마다 다양하게 나타납니다.

(2) **지역 비교를 통해 알 수 있는 점**: 서로 다른 지역의 지리 정보를 비교하면 우리 지역의 특징을 더 잘 이해할 수 있습니다. ➕

교과서 **대표 자료** 　그림일기로 지역 비교하기

★평창에 있는 양 떼 목장에 가서 양에게 먹이를 주는 체험을 했습니다. 목장이 산에 있어서 그런지 쌀쌀해서 긴소매를 입었습니다.

강릉에 있는 바닷가에 가서 물놀이를 하고 모래성도 쌓았습니다. 날씨가 더워서 바닷가에서 물놀이하는 사람이 많았습니다.

• 평창과 강릉은 위치나 지형, 면적 등이 다릅니다.

• 평창은 산에 목장이 있고 날씨가 쌀쌀한 편입니다.

• 강릉은 바닷가가 있고 날씨가 더운 편입니다.

➕ 서로 다른 지역 비교하기

태백시

〈인구〉　　　　〈여름 기온〉

약 4만 명　　　약 20.3 ℃

해운대구

〈인구〉　　　　〈여름 기온〉

약 38만 명　　　약 24 ℃

• 태백시는 해운대구보다 인구가 적습니다.

• 태백시는 해운대구보다 여름 기온이 낮습니다.

용어 사전

★ **평창**　강원도 남부 가운데에 있는 군으로, 옥수수나 감자 등의 농산물이 나며, 가축을 기르는 축산업이 활발함.

1 단원 **9**회

핵심만 **한번 더 쓰면서 정리 !**

지리 정보 조사하기	조사할 [지] [리] [정] [보] 정하기 → 지역의 지리 정보 [조] [사] 하기 → 조사 내용 [정] [리] 및 [발] [표] 하기
지역의 특징 비교하기	• [지] [역] [마] [다] 마다 지리 정보가 서로 다름. • 서로 다른 지역의 지리 정보를 [비] [교] 하면 우리 지역의 특징을 더 잘 이해할 수 있음.

핵심 체크

1 (　　　　)은/는 우리가 살아가는 지역에 대한 여러 가지 정보입니다.

2 조사할 지리 정보를 정하고, 다양한 자료를 이용하여 우리 지역의 지리 정보를 (　　　　)합니다.

3 우리 지역의 지리 정보에 대해 조사한 내용을 (　　　　)하고 발표합니다.

4 서로 다른 지역의 지리 정보를 (　　　　)하면 우리 지역의 특징을 더 잘 이해할 수 있습니다.

📖 8종 공통

5 다음 (　　　) 안에 들어갈 알맞은 말을 쓰시오.

> 우리가 살아가는 지역에 대한 여러 가지 정보를 (　　　　)(이)라고 합니다.

(　　　　　　　　)

서술형 **📖 8종 공통**

6 다음 밑줄 친 정보에 해당하는 내용을 두 가지 이상 쓰시오.

> 다양한 자료를 이용하여 비교할 지역의 <u>정보</u>를 조사합니다.

____

도움말 지리 정보에는 무엇이 있는지 생각해 보세요.

|7~8| 다음은 우리 지역과 다른 지역의 정보를 조사하는 과정입니다. 물음에 답하시오.

> ㉠ 조사할 지리 정보 정하기
> ㉡ 지역의 지리 정보 조사하기
> ㉢ 조사한 내용 정리하고 발표하기

비상교육, 천재교과서(김) 외

7 지역의 지리 정보를 조사하는 과정을 알맞은 순서대로 기호를 쓰시오.

(　　　　) → (　　　　) → (　　　　)

비상교육, 천재교과서(김) 외

8 다음은 어떤 과정에서 필요한 모습인지 위에서 골라 기호를 쓰시오.

> • 지역 소개 게시판 찾아보기
> • 지역의 통계 자료를 알 수 있는 누리집 방문하기

(　　　　　　　　)

9 지리 정보를 조사하는 방법으로 알맞지 <u>않은</u> 것을 (보기)에서 골라 기호를 쓰시오.

(보기)
ㄱ 지역에서 만든 홍보물 살펴보기
ㄴ 학급 게시판에서 수업 시간표 살펴보기
ㄷ 지역의 지도나 디지털 영상 지도 살펴보기

(   )

| **10~11** | 다음은 평창과 강릉으로 놀러 간 두 친구의 그림일기입니다. 물음에 답하시오.

(가) 양 떼 목장에 가서 양에게 먹이를 주는 체험을 했습니다. 목장이 쌀쌀해서 긴소매를 입었습니다.

(나) 바닷가에 가서 물놀이를 하고 모래성도 쌓았습니다. 날씨가 더워서 물놀이하는 사람이 많았습니다.

10 위 (가), (나)는 각각 어느 지역에 놀러 간 내용인지 선으로 알맞게 연결하시오.

(1) (가) •　　　　　• ㄱ 강릉

(2) (나) •　　　　　• ㄴ 평창

11 위 글에 대한 설명으로 알맞은 것에 ○표, 알맞지 않은 것에 ×표 하시오.

(1) (나) 지역은 날씨가 쌀쌀해서 긴팔을 입습니다.
(   )

(2) (가) 지역에는 양 떼 목장이 있어서 양에게 먹이를 주는 체험을 할 수 있습니다. (   )

---

12 다음은 인터넷 지식 백과에서 검색한 내용입니다. 글과 관련해 <u>잘못</u> 말한 친구를 골라 이름을 쓰시오.

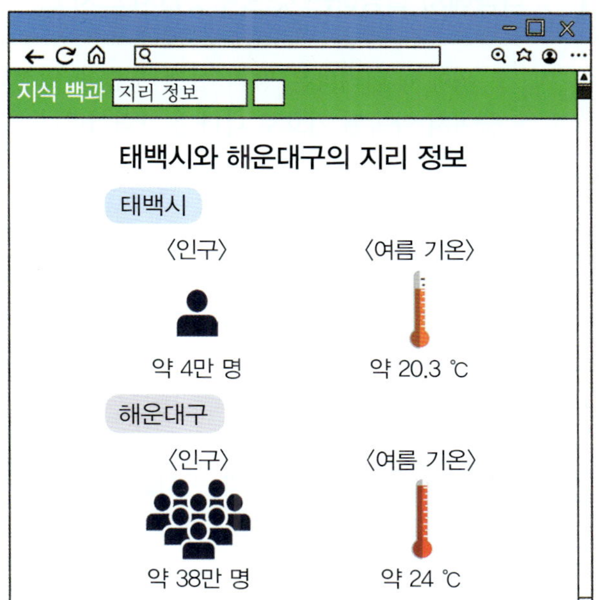

• 미소: 태백시는 해운대구보다 인구가 적어요.
• 성현: 태백시는 해운대구보다 여름 기온이 높아요.

(   )

13 우리 지역과 다른 지역의 특징을 비교하고 느낀 점을 알맞게 말한 친구를 골라 ○표 하시오.

(   )   (   )

학습 결과에 색칠하세요.

8종 공통

1 다음에서 설명하는 것은 무엇인지 쓰시오.

> 위에서 내려다본 땅의 실제 모습을 일정하게 줄여서 약속된 기호로 나타낸 그림입니다.

(   )

8종 공통

2 다음 지도를 보고, 지역의 위치를 알맞게 말한 것은 어느 것입니까? (   )

① 경기도는 전라남도의 남쪽에 있다.
② 서울특별시의 서쪽에 울릉도가 있다.
③ 대전광역시는 경상북도의 동쪽에 있다.
④ 충청남도의 북쪽에 광주광역시가 있다.
⑤ 대구광역시의 남쪽에 경상남도가 있다.

8종 공통

3 지도에 방위표가 없을 경우 지도의 오른쪽으로 약속한 방위는 무엇입니까? (   )

① 남쪽   ② 동쪽   ③ 북쪽
④ 서쪽   ⑤ 북서쪽

|4~5| 다음 지도를 보고, 물음에 답하시오.

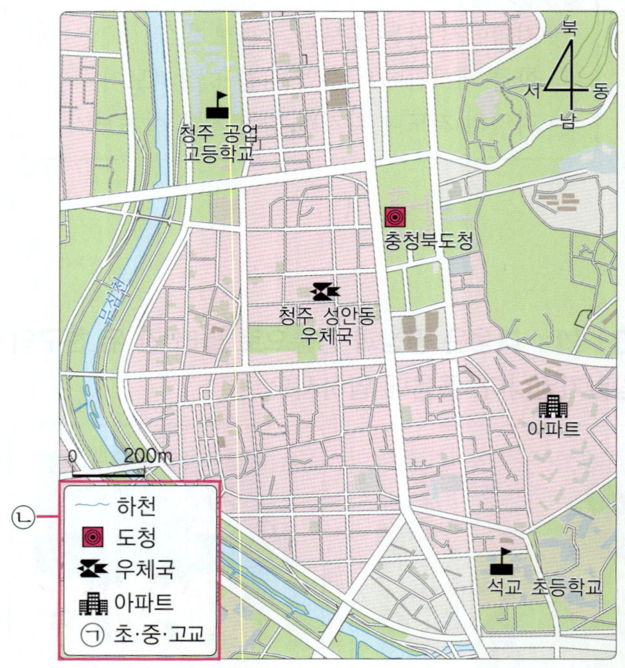

8종 공통

4 위 지도에서 ㉠에 들어갈 알맞은 기호는 어느 것입니까? (   )

① 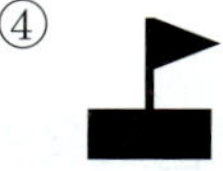   ②    ③ 

④    ⑤ 

서술형   8종 공통

5 위 지도의 ㉡을 활용하여 지도를 보면 좋은 점을 쓰시오.

____

____

6

지도에서 사용하는 기호와 범례에 대한 설명으로 알맞은 것은 어느 것입니까? (　　　)

① 범례를 읽더라도 기호의 뜻은 알 수 없다.

② 기호는 실제 모습과 전혀 다르게 표현한다.

③ 기호는 지도에 쓰인 범례와 그 뜻을 나타낸다.

④ 범례를 보면 지도의 내용을 쉽고 정확하게 알 수 있다.

⑤ 기호는 학교, 병원 등의 건물을 복잡하게 나타낸 표시이다.

7

지도에 쓰이는 축척의 의미를 알맞게 설명한 것은 어느 것입니까? (　　　)

① 지도에서 땅의 높낮이를 나타낸다.

② 산과 강 등의 자연환경을 나타낸다.

③ 지도에서 실제 땅의 모습을 나타낸다.

④ 지도에서 동서남북의 방향을 나타낸다.

⑤ 지도에서 실제 거리를 줄인 정도를 말한다.

8

축척에 대한 설명으로 알맞은 것에 ○표, 알맞지 않은 것에 ×표를 하시오.

(1) 축척을 이용하면 실제 거리를 계산할 수 있습니다.　　　(　　　)

(2) 축척이 달라지더라도 지도에 담는 내용은 똑같습니다.　　　(　　　)

(3) 같은 크기의 지도에 넓은 지역을 나타낼수록 자세하게 나타냅니다.　　　(　　　)

9

다음 지도의 ㉮와 ㉯ 사이를 축적 막대자로 재어 보니 3cm입니다. 두 지점 사이의 실제 거리는 얼마입니까? (　　　)

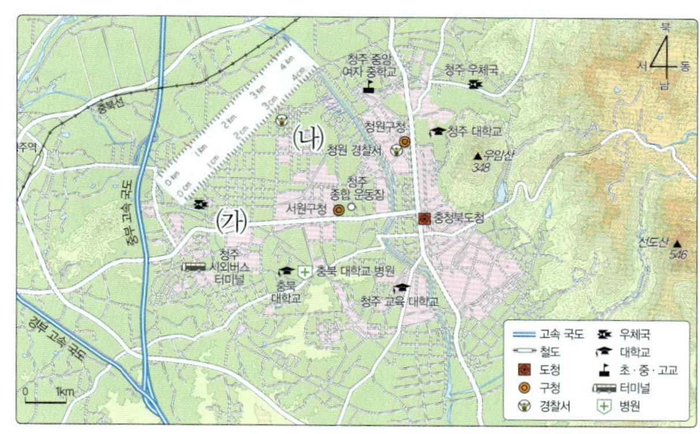

① 1km　　　② 2km　　　③ 3km

④ 4km　　　⑤ 5km

10

지도에서 땅의 높낮이를 나타내는 방법을 (보기)에서 모두 골라 기호를 쓰시오.

(보기)
㉠ 색깔로 나타냅니다.
㉡ 방위로 나타냅니다.
㉢ 축척으로 나타냅니다.
㉣ 등고선으로 나타냅니다.

(　　　　　　　)

11 지도에서 땅의 높낮이를 표현하는 방법을 알맞게 말한 친구를 골라 이름을 쓰시오.

(   )

12 다음 등고선 그림의 ㉠~㉢ 중 가장 높은 곳을 골라 기호를 쓰시오.

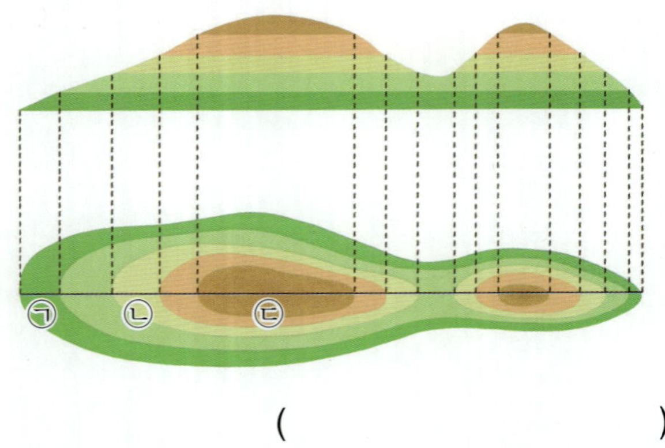

(   )

13 지도에서 알 수 있는 다양한 정보에 대한 설명으로 알맞지 <u>않은</u> 것은 어느 것입니까? (   )

① 강의 실제 모습을 볼 수 있다.

② 산의 위치와 이름을 알 수 있다.

③ 학교의 위치와 이름을 알 수 있다.

④ 어느 지역을 나타낸 지도인지 알 수 있다.

⑤ 땅의 높이가 높은 곳과 낮은 곳을 알 수 있다.

14 다음 설명에 알맞은 지도를 (보기)에서 골라 기호를 쓰시오.

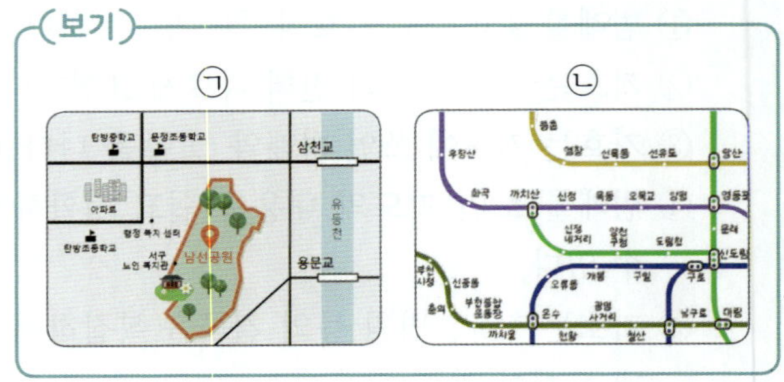
(보기)
㉠   ㉡

⑴ 지하철이 다니는 길을 나타낸 지도 (   )

⑵ 목적지까지 가는 길을 간략하게 줄여서 나타낸 지도   (   )

15 다음 지도를 보고, 행정구역에 대한 설명으로 알맞은 것을 두 가지 고르시오. (   )

① 광역시는 모두 5곳이 있다.

② 도와 특별자치도에는 시청이 있다.

③ 특별시 1곳과 특별자치시 1곳이 있다.

④ 세종특별자치시는 서울특별시의 북쪽에 있다.

⑤ 나라를 효율적으로 관리하려고 나눈 지역이다.

수행평가

동아출판, 비상교육 외

16 도의 명칭에 담겨 있는 그 지역의 중심 도시 이름을 ( ) 안에 알맞게 쓰시오.

(1) 경상도 – 경주의 '경' 자와 ( )의 '상'자를 따서 정했습니다.

(2) 충청도 – 충주의 '충' 자와 ( )의 '청' 자를 따서 정했습니다.

📖 8종 공통

17 다음에서 설명하는 것이 무엇인지 쓰시오.

> • 우리가 살아가는 지역에 대한 여러 가지 정보를 말합니다.
> • 지역의 위치나 지형, 면적, 인구, 기온, 강수량 등이 있습니다.

( )

📖 8종 공통

18 우리 지역의 지리 정보를 알 수 있는 자료로 알맞지 않은 것을 보기에서 골라 기호를 쓰시오.

> ─ 보기 ─
> ㉠ 역사 연표　　　㉡ 지역 홍보 책자
> ㉢ 관광 안내도 지도　㉣ 디지털 영상 지도

( )

|19~20| 다음은 재현이네 지역의 기온과 강수량을 나타낸 그래프입니다. 물음에 답하시오.

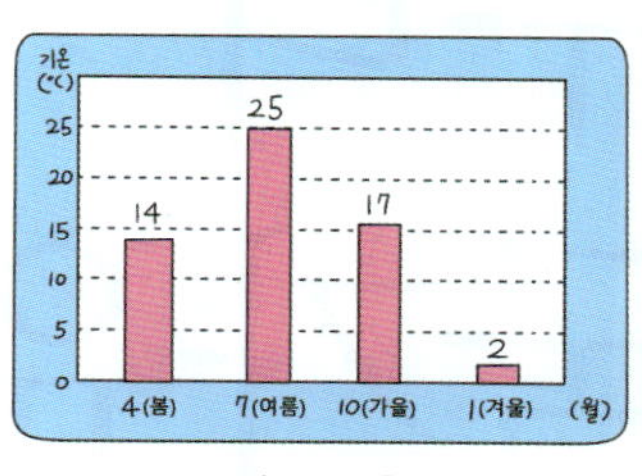

▲ 평균 기온

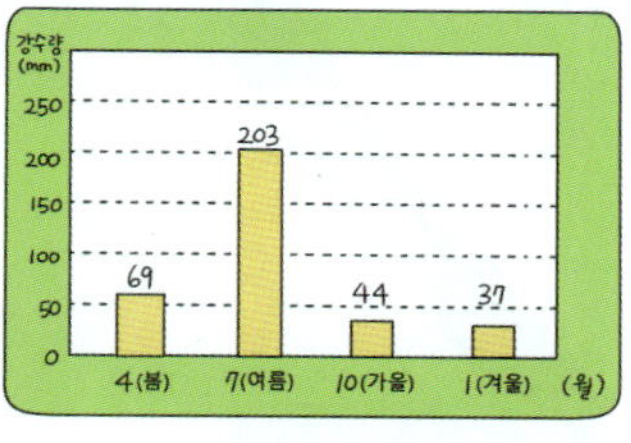

▲ 평균 강수량

📖 8종 공통

19 재현이네 지역에서 기온이 가장 높은 달의 기온과 가장 낮은 달의 기온을 각각 쓰시오.

(1) 기온이 가장 높은 달의 기온: ( )

(2) 기온이 가장 낮은 달의 기온: ( )

서술형　📖 8종 공통

20 다음 제시된 단어를 모두 사용하여 재현이네 지역 강수량의 특징을 쓰시오.

> • 여름　　　　• 겨울

학습 결과에 색칠하세요. 

1
단원
10회

2 우리 지역의 국가유산

1 우리 지역의 다양한 국가유산

2 우리 지역의 역사

● 이번에 배울 내용

회차	단원	쪽수	학습 내용	학습 주제
1회	**1** 우리 지역의 다양한 국가유산	50~53쪽	개념+문제 학습	국가유산의 의미와 종류
2회		54~57쪽	개념+문제 학습	국가유산의 가치
3회		58~61쪽	개념+문제 학습	우리 지역의 국가유산 조사하기
4회	**2** 우리 지역의 역사	62~65쪽	개념+문제 학습	박물관, 기념관, 유적지 알아보기
5회		66~69쪽	개념+문제 학습	박물관, 기념관, 유적지 체험하기
6회		70~73쪽	개념+문제 학습	우리 지역의 역사 보존하기
7회	단원 마무리	74~77쪽	마무리 평가	단원 마무리 문제, 수행평가

국가유산

옛날부터 전해 내려온 것 중에서 다음 세대에게 물려줄 만한 가치가 있는 것

무형유산

음악, 춤, 연극, 기술 등과 같이 형태가 없는 국가유산

기념관

과거의 뜻깊은 일이나 훌륭한 인물 등을 오래도록 기억하려고 세운 곳

유적지

옛날 사람들의 흔적이 남아 있는 곳이나 역사적인 사건이 벌어졌던 유적이 있는 곳

개념 학습

국가유산의 의미와 종류

- 이곳에서는 썰물 때에 바닷물이 빠져나가면 바다가 좌우로 갈라지는 모습을 볼 수 있어 '신비의 바닷길'이라고도 불립니다.
- 신기하고 아름다운 풍경을 가지고 있는 진도의 바닷길은 자연유산으로 지정되어 보호받고 있습니다.

❶ 남한산성

- 조선 시대 수도 한성을 지키는 산성으로, 산으로 둘러싸여 적의 침입을 방어하는 데 유리하게 지었습니다.
- 지금까지 남아 있는 성곽과 방어 시설은 옛날 사람들의 지혜와 뛰어난 건축 기술을 보여 줍니다.

용어 사전

★ **세대** 같은 시대에 살면서 공통의 의식을 가지는 비슷한 연령층의 사람 전체.

★ **형태** 사물의 생김새나 모양.

★ **자연물** 나무, 바위 등과 같이 자연에서 생겨난 것.

1 국가유산의 의미와 종류

(1) **국가유산의 의미**: 옛날부터 전해 내려온 것 중에서 다음 세대에게 물려줄 만한 가치가 있는 것을 말합니다.

(2) **국가유산의 종류**

문화유산	건축물, 공예품, 책, 생활 도구 등과 같이 형태가 있는 것
무형유산	음악, 춤, 연극, 기술 등과 같이 형태가 없는 것
자연유산	동물, 식물, 지형 등 보존할 만한 가치가 있는 자연물이나 자연환경과 관련 있는 것 ❶

2 문화유산과 무형유산으로 분류하기

(1) **문화유산** ❶

고인돌	『훈민정음』
	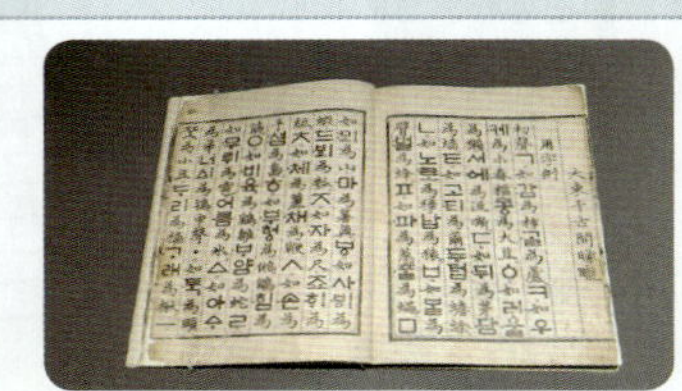
많은 사람이 힘을 모아 거대한 바위를 올려서 만든 옛날 사람들의 무덤	한글을 만든 까닭과 한글을 읽고 쓰는 법을 설명한 책

안동 하회 마을	창덕궁

성씨가 같은 사람들이 모여 약 600년간 대대로 살아온 마을 ┐ 우리나라의 전통문화가 잘 보존된 곳이에요.	조선 시대의 궁궐로 왕이 살면서 신하들과 나랏일을 처리했음.

성덕 대왕 신종	익산 미륵사지 석탑

우리나라에 남아 있는 가장 큰 종으로, 통일신라 시대의 예술적 감각을 알 수 있음.	백제 시대에 만들어진 석탑으로, 현재 남아 있는 백제 석탑 중에서 가장 오래됨.

(2) 무형유산 ➕

강강술래	＊종묘 제례악

여러 사람이 손을 잡고 돌면서 노래를 부르는 민속놀이	조선 시대에 역대 왕과 왕비의 제사를 지낼 때 연주하던 음악

→ 일반 백성들 사이에 전하여 내려오는 놀이예요.

하회 별신굿 탈놀이	판소리 ➕

안동 하회 마을에서 전해 내려오는 탈놀이로 마을의 수호신에게 마을의 평화와 농사가 잘되기를 비는 의식	소리꾼이 고수의 북장단에 맞추어 줄거리가 있는 긴 이야기를 몸동작과 함께 노래로 부르는 음악

교과서 대표 자료　**문화유산과 무형유산으로 구분하기**

㈎ 씨름	㈏ 고려청자	㈐ 부석사	㈑ 봉산탈춤

- 문화유산: ㈏, ㈐
- 무형유산: ㈎, ㈑

➕ 강릉 농악

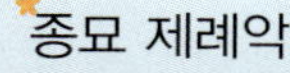

옛날 사람들은 북, 장구, 꽹과리 등의 소리를 들으며 힘든 농사일을 즐겁게 했습니다. 강릉 농악에는 옛날 사람들이 힘을 모아 농사일을 하고 농악을 함께 즐기는 모습이 담겨 있습니다.

➕ 판소리의 가치

판소리는 기쁨, ＊노여움, 슬픔, 즐거움을 음악으로 풀어냈던 옛날 사람들의 모습과 정서를 알 수 있는 국가유산입니다.

> 형태가 있는 것은 문화유산이고, 형태가 없는 것은 무형유산이에요.

용어 사전

- ＊ **종묘**　역대 임금과 왕비의 이름을 적은 나무패를 모시는 왕가의 사당.
- ＊ **노여움**　분하고 섭섭하여 화가 치미는 감정.

핵심만　**한번 더 쓰면서 정리 !**

옛 날 부터 전해 내려온 것 중에서 다음 세 대 에게 물려줄 만한 가치가 있는 것 --- **국가유산** --- 문 화 유산, 무 형 유산, 자 연 유산으로 분류함.

문제 학습

1 국가유산은 다음 세대에게 물려줄 만한 (   )이/가 있는 문화유산, 무형유산, 자연유산을 말합니다.

2 국가유산 중 건축물, 공예품 등과 같이 형태가 있는 것은 무엇입니까?

3 국가유산 중 동물, 식물, 지형 등 보존할 만한 가치가 있는 자연물이나 자연환경을 (   )(이)라고 합니다.

4 강강술래는 문화유산과 무형유산 중 어느 것입니까?

📖 8종 공통

5 다음에서 설명하는 것은 무엇인지 쓰시오.

> 옛날부터 전해 내려온 것 중에서 다음 세대에게 물려줄 만한 가치를 지닌 것을 말합니다.

(   )

📖 8종 공통

6 국가유산에 대한 설명으로 알맞지 <u>않은</u> 것은 어느 것입니까? (   )

① 조상들의 기술과 지혜를 보여 준다.
② 형태가 없는 기술은 국가유산이 될 수 없다.
③ 문화유산, 자연유산, 무형유산으로 분류한다.
④ 국가유산에는 옛날 사람들의 생활 모습이 담겨 있다.
⑤ 지역마다 옛날부터 전해 내려오는 다양한 국가유산이 있다.

📖 8종 공통

7 다음 (보기)의 국가유산을 각각 문화유산과 무형유산으로 구분해 기호를 쓰시오.

(보기)
ㄱ 조선 시대에 지은 건축물
ㄴ 백제 시대에 세워진 절의 석탑
ㄷ 조선 시대부터 전해 오는 판소리
ㄹ 고려 시대부터 전해 오는 도자기 제작 기술

(1) 문화유산: (   )
(2) 무형유산: (   )

서술형 📖 8종 공통

8 문화유산과 무형유산의 차이점을 쓰시오.

____

____

도움말 문화유산과 무형유산의 형태가 어떻게 다른지 떠올려 보세요.

9 디지털 문해력 8종 공통

다음은 예린이가 인터넷에 쓴 게시물입니다. ㉠~㉣ 중 국가유산의 종류가 나머지 셋과 다른 하나를 골라 기호를 쓰시오.

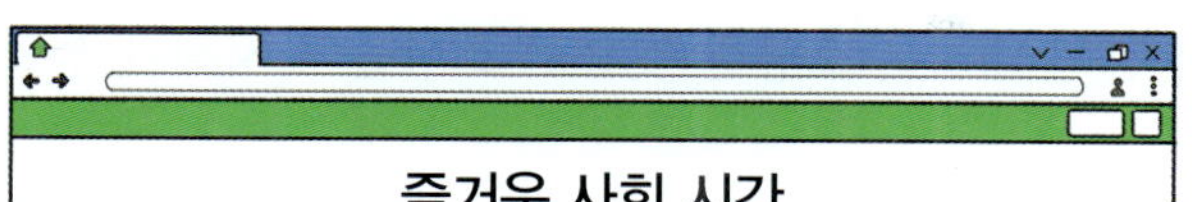

(   )

10 동아출판, 천재교과서(김) 외

다음 사진을 보고, 각각 문화유산과 무형유산으로 구분해 기호를 쓰시오.

(가)    (나) 

(다) 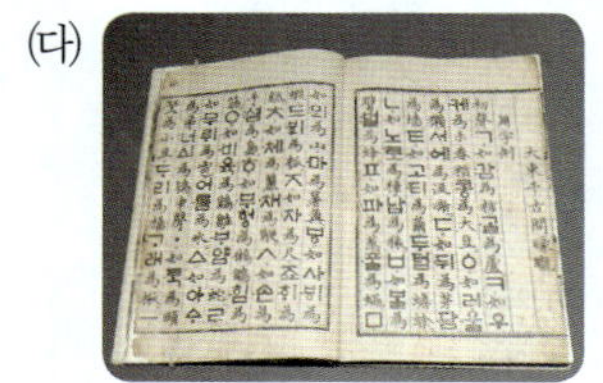   (라) 

(1) 문화유산: (   )

(2) 무형유산: (   )

11 아이스크림, 천재교과서(박) 외

다음 (   ) 안에 들어갈 알맞은 말을 쓰시오.

(   )은/는 많은 사람이 힘을 모아 거대한 바위를 올려서 만든 옛날 사람들의 무덤입니다.

(   )

12 비상교육, YBM 외

다음 중 문화유산은 어느 것입니까? (   )

① 고려청자   ② 봉산탈춤
③ 종묘 제례악   ④ 진도의 바닷길
⑤ 하회 별신굿 탈놀이

13 동아출판, 아이스크림 외

다음 ㈎, ㈏에 들어갈 말을 선으로 알맞게 연결하시오.

판소리는 (㈎)이/가 (㈏)의 북장단에 맞추어 노래와 말로 이야기를 풀어내고, 관중들도 추임새를 넣으며 함께 즐기던 민속 음악입니다.

(1) ㈎ •   • ㉠ 고수

(2) ㈏ •   • ㉡ 소리꾼

학습 결과에 색칠하세요.   

개념 학습 2회

국가유산의 가치

청자 투각* 칠보무늬 뚜껑 향로의 가치

- 900여 년 전에 만들어진 향로로, 향을 피우는 도구입니다.
- 이 향로의 몸통은 정교하게 표현된 꽃잎들이 겹겹이 감싸고 있습니다. 받침에는 세 마리의 토끼가 향로를 떠받들고 있습니다.
- 옛날 사람들의 예술 감각과 기술력을 발견할 수 있습니다.

석빙고의 원리

- 석빙고 위의 잔디가 바깥의 열을 막아 주고, 지붕의 환기구로 안쪽의 더운 공기가 빠져나갔습니다.
- 석빙고의 입구는 양쪽에 날개벽이 있어서 더 많은 바람이 석빙고 안으로 들어갈 수 있었습니다.

용어 사전

- ★ **천문대** 우주에 있는 별 등의 물체를 관측하고 연구하는 곳.
- ★ **투각** 윤곽만을 남겨 놓고 나머지 부분을 파거나, 윤곽만을 파는 것.

---

1 국가유산을 통해 알 수 있는 점

① 국가유산은 옛날부터 전해 내려온 소중한 것으로 조상들의 지혜와 생활 모습 등이 담겨 있습니다. ➕

② 국가유산은 과거와 현재를 이어 주는 귀중한 자료로서 가치가 있습니다.

2 다양한 국가유산에 담긴 가치

(1) 첨성대에 담긴 가치

① 첨성대

- 경상북도 경주시에 있는 첨성대는 별의 움직임을 관찰하던 천문대*로 알려져 있습니다.
- 동양에 남아 있는 천문대 가운데 가장 오래된 것입니다.

② 알 수 있는 가치: 당시 우리 조상들의 높은 과학 수준을 보여 줍니다.

(2) 석빙고에 담긴 가치

① 석빙고

- 석빙고는 옛날에 얼음을 보관하던 창고입니다. ➕
- 옛날 사람들은 추운 겨울에 강이 얼면 얼음을 잘라 석빙고에 저장하였다가, 여름에 꺼내 사용하였습니다.

② 알 수 있는 가치: 석빙고의 구조에는 우리 조상들의 지혜가 담겨 있습니다.

(3) 합천 해인사 대장경판에 담긴 가치

① 합천 해인사 대장경판

- 고려 시대에 외적이 쳐들어왔을 때 부처의 힘을 빌려 적의 침입을 물리치고자 하는 마음을 담아 만든 목판입니다.
- 그 경판 수가 약 8만여 장이라고 하여 팔만 대장경판이라고도 부릅니다.

② 알 수 있는 가치: 내용이 정확하고 틀린 글자도 거의 없어 당시의 뛰어난 목판 인쇄술을 보여 줍니다.

(4) 한산 *모시 짜기에 담긴 가치

① 한산 모시 짜기

- 우리 조상들은 더운 여름에 모시로 만든 옷을 입었습니다. 모시는 바람이 잘 통하는 *옷감으로, 오랫동안 우리나라 여름 옷감을 대표했습니다.

- 특히 서천 지역에서 만드는 모시는 품질이 우수해서 무형유산으로 지정해 그 기술을 이어 가고 있습니다.

② 알 수 있는 가치: 여름철 더위를 이겨낸 우리 조상들의 지혜와 생활 모습이 담겨 있습니다.

(5) 김장 문화에 담긴 가치

① 김장 문화

- 김장 문화는 겨울 동안 먹을 김치를 한꺼번에 담가 저장하는 우리 고유의 음식 문화입니다.

- 담근 김치를 가족, 이웃과 나누어 먹고 김치를 담그는 방법이 세대를 거쳐 내려오기 때문에 국가유산으로 자리잡았습니다. ✚

② 알 수 있는 가치: 자연환경에 적응하며 살아온 우리 조상들의 모습을 알 수 있습니다.

✚ **지켜야 할 우리 문화, 김장**

- 김장 문화는 나눔의 정신을 인정받아 *유네스코 인류 무형 국가유산으로 등재되었습니다.
- 조상들은 김장 김치를 통해 겨울철에도 골고루 영양소를 섭취하며 건강한 생활을 했습니다.

용어 사전

- ★ **모시** 모시풀 껍질을 가늘고 길게 해서 만든 천.
- ★ **옷감** 옷을 짓는 데 쓰는 천.
- ★ **유네스코** 국제 연합 전문 기관의 하나로, 교육, 과학, 문화의 보급과 국제 교류 증진을 통한 국제간의 이해와 세계 평화를 추구함.

2단원 2회

핵심만 한번 더 쓰면서 정리 !

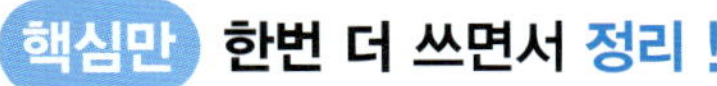

국가유산에 담긴 가치

합천 해인사 대장경판은 당시의 뛰어난 목판 인쇄술을 보여 줌.

경주 첨성대는 당시 우리 조상들의 높은 과학 수준을 보여 줌.

청자 투각 칠보무늬 뚜껑 향로에서 옛날 사람들의 예술 감각과 기술력을 알 수 있음.

석빙고의 구조에는 우리 조상들의 지혜가 담겨 있음.

한산 모시 짜기에는 여름철 더위를 이겨낸 조상들의 지혜와 생활 모습이 담겨 있음.

김장 문화에서 자연환경에 적응하며 살아온 우리 조상들의 모습을 알 수 있음.

핵심 체크

1 국가유산을 살펴보면 우리 조상들의 (　　　　)와/과 생활 모습을 알 수 있습니다.

2 경상북도 경주시에 있는 (　　　　)은/는 별의 움직임을 관찰하던 천문대로 알려져 있습니다.

3 우리 조상들은 더운 여름에 (　　　　)(으)로 만든 옷을 입었습니다.

4 (　　　　) 문화는 겨울 동안 먹을 김치를 한꺼번에 담가 저장하는 우리 고유의 음식 문화입니다.

|5~6| **다음 자료를 보고, 물음에 답하시오.**

별의 움직임을 관찰하던 천문대로, 동양에 남아 있는 천문대 가운데 가장 오래되었습니다.

아이스크림, YBM 외

5 위에서 설명하는 국가유산은 무엇인지 쓰시오.

(　　　　　　　　)

아이스크림, YBM 외

6 위 국가유산을 통해 알 수 있는 점을 알맞게 말한 친구를 골라 이름을 쓰시오.

- 재휘: 옛날 사람들의 결혼 문화를 알 수 있습니다.
- 지은: 당시 우리 조상들의 높은 과학 수준을 알 수 있습니다.

(　　　　　　　　)

동아출판, 지학사 외

7 다음 (　　) 안에 들어갈 알맞은 말을 쓰시오.

합천 해인사 (　　　　)은/는 고려 시대에 외적이 쳐들어왔을 때 부처의 힘을 빌려 적의 침입을 물리치고자 하는 마음을 담아 만든 목판입니다.

(　　　　　　　　)

동아출판, 지학사 외

8 다음 (　　) 안에 들어갈 말로 알맞은 것을 (보기)에서 골라 기호를 쓰시오.

합천 해인사 대장경판은 내용이 정확하고 틀린 글자도 거의 없어 당시의 뛰어난 (　　　　)을 보여 줍니다.

(보기)
- ㉠ 건축 기술
- ㉡ 의료 기술
- ㉢ 목판 인쇄술
- ㉣ 무기 제조술

(　　　　　　　　)

| 9~10 | 다음 자료를 보고, 물음에 답하시오.

(   )은/는 옛날에 얼음을 보관하던 창고입니다. 옛날 사람들은 추운 겨울에 강이 얼면 얼음을 잘라 (   )에 저장하였다가, 여름에 꺼내 사용하였습니다.

미래엔, 천재교과서(김) 외

9 위 (   ) 안에 공통으로 들어갈 말을 쓰시오.

(   )

미래엔, 천재교과서(김) 외

10 위 국가유산의 가치를 알맞게 말한 친구를 골라 이름을 쓰시오.

(   )

비상교육, 아이스크림 외

11 한산 모시 짜기에 대한 설명으로 알맞은 것에 ○표, 알맞지 <u>않은</u> 것에 ×표 하시오.

(1) 우리 조상들이 추운 겨울을 이겨낸 생활 모습을 알 수 있습니다. (   )

(2) 서천 지역에서 만드는 모시는 품질이 우수해서 무형유산으로 지정해 그 기술을 이어 가고 있습니다. (   )

---

12 다음은 국가유산청 누리집에서 검색한 내용입니다. (   ) 안에 들어갈 알맞은 말을 쓰시오.

청자 투각 칠보무늬 뚜껑 향로

- 900여 년 전에 만들어진 향로로, 향을 피우는 도구입니다.
- 청자 투각 칠보무늬 뚜껑 향로를 통해 옛날 사람들의 (   ) 감각과 기술력을 발견할 수 있습니다.

(   )

서술형 아이스크림, 천재교과서(박) 외

13 다음 글의 밑줄 친 김장 문화가 국가유산으로 자리 잡은 까닭을 쓰시오.

<u>김장 문화</u>는 겨울 동안 먹을 김치를 한꺼번에 담가 저장하는 우리 고유의 음식 문화입니다.

도움말 김장 문화의 특징을 떠올려 보세요.

학습 결과에 색칠하세요.   

개념 학습 3회

우리 지역의 국가유산 조사하기

➕ 국가유산을 조사하는 역할 나누기
㉮ 하회 별신굿 탈놀이

- 은지: 책에서 *하회탈 찾아보기
- 현석: 인터넷에서 하회 별신굿 탈놀이 알아보기
- 재영: 하회 별신굿 탈놀이를 잘 아는 분에게 탈놀이의 내용을 여쭤보기
- 유진: 하회 마을에 가서 하회 별신굿 탈놀이 공연 보기

조사하고 싶은 국가유산을 직접 검색해서 조사할 수도 있어요.

1 우리 지역의 국가유산 조사 방법 ➕

(1) 국가유산을 다룬 책이나 문서 읽기

① 국가유산과 관련된 책이나 문서 등의 기록물을 찾아봅니다.

② 도서관에서 국가유산에 관련된 책을 읽으면 우리 지역의 국가유산에 대해 자세하게 알 수 있습니다.

(2) 인터넷에서 국가유산 검색하기

① 시·도청 누리집이나 *국가유산청 누리집 등에서 우리 지역의 국가유산을 검색할 수 있습니다.

② 누리집을 검색하면 우리 지역의 국가유산에 대한 자세한 설명과 사진이나 영상 자료를 볼 수 있습니다.

교과서 대표 자료) 인터넷에서 국가유산을 조사하는 방법

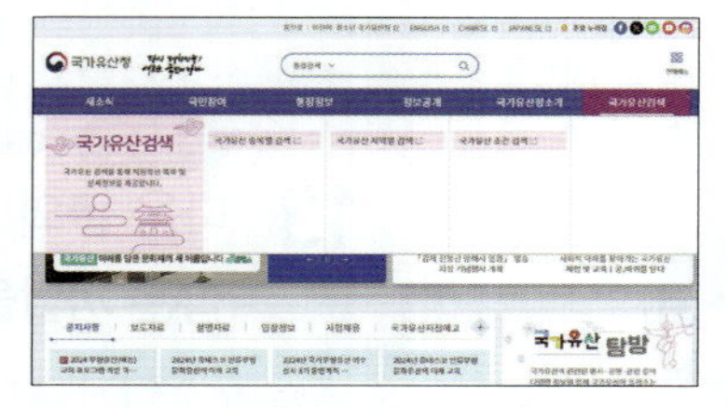

❶ 국가유산청 누리집에 방문해 '국가유산검색 – 국가유산 지역별 검색'을 선택합니다.

❷ 지도에서 우리 지역을 선택합니다.

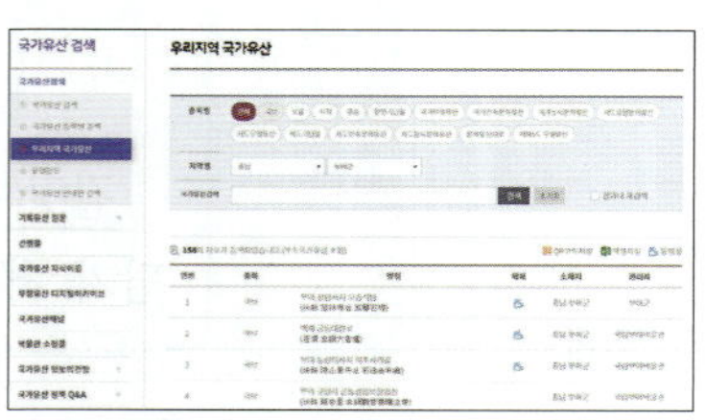

❸ 검색된 국가유산 중 조사하고 싶은 국가유산을 선택합니다.

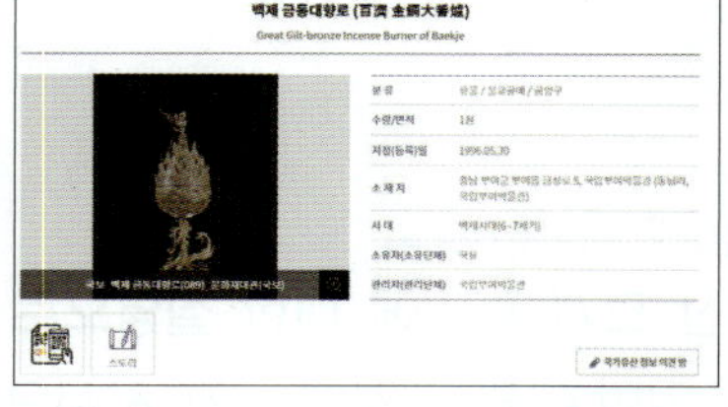

❹ 내가 선택한 우리 지역의 국가유산을 자세히 알아봅니다.

　누리집에서 국가유산을 검색하면 언제 어디서든 필요한 정보를 빠르게 얻을 수 있습니다. 국가유산에 관한 기본적인 정보뿐만 아니라 사진, 동영상 등도 확인할 수 있습니다.

용어 사전

★ **국가유산청** 우리나라 국가유산의 보존, 관리, 조사, 연구 등의 일을 맡아 처리하는 행정 기관.

★ **하회탈** 하회 별신굿 탈놀이에서 쓰는 나무로 만든 탈.

(3) 국가유산을 잘 아는 사람과 *면담하기

① 국가유산을 잘 아는 사람을 만나서 면담을 하면 국가유산에 대해 궁금한 점을 직접 물어보고 자세한 설명을 들을 수 있습니다.

② 면담하기 전에는 미리 전화를 해서 면담 약속을 정하고 질문할 내용을 미리 준비해야 합니다.

(4) 국가유산 *답사하기 → 국가유산을 직접 찾아가려면 국가유산이 있는 위치와 가는 방법을 미리 알아봐야 해요.

① 우리 지역의 국가유산을 직접 가서 감상하고 살펴봅니다. ➕

② 국가유산에 대해 궁금한 점을 문화 관광 해설사께 질문합니다.

③ 국가유산을 둘러보며 사진을 찍거나 그림을 그립니다.

④ 답사를 다녀온 후에는 답사하면서 기록한 내용을 바탕으로 답사 보고서를 작성합니다.

2 국가유산을 조사하고 느낀 점

① 우리 지역 국가유산의 우수성을 알게 되었습니다.

② 우리 지역의 다른 국가유산을 더 알아보고 싶습니다.

③ 우리 지역에 다양한 국가유산이 있다는 것을 알게 되었습니다.

➕ 답사할 때 국가유산을 감상하는 방법

• 전체적인 모습을 감상하고, 여러 방향에서 자세하게 살펴봅니다.

• 안내판에 적혀 있는 국가유산 설명 글을 읽고 국가유산의 의미를 생각해 봅니다.

• 국가유산이 만들어진 시대에는 어떻게 사용되었을지 생각해 봅니다.

2 단원 3회

용어 사전

★ **면담** 궁금한 점을 알려고 적절한 사람을 직접 만나 이야기를 나누는 조사 방법.

★ **답사** 조사할 것이 있는 장소에 직접 가서 살펴보는 조사 방법.

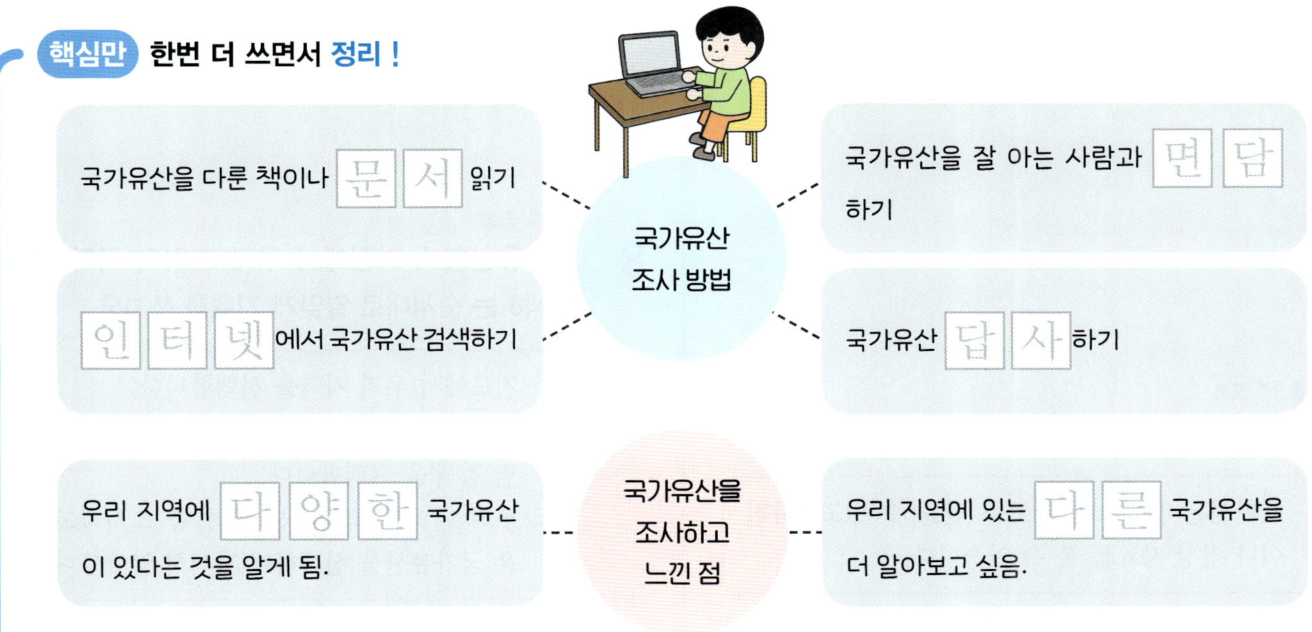

핵심 체크

1 국가유산과 관련된 (　　　)이나 문서 등의 기록물을 찾아보며 국가유산을 조사할 수 있습니다.

2 시·도청과 국가유산청 (　　　) 등에서 우리 지역의 국가유산을 검색할 수 있습니다.

3 국가유산 조사 방법 중 (　　　)은/는 궁금한 점을 알려고 적절한 사람을 직접 만나 이야기를 나누는 조사 방법입니다.

4 우리 지역의 국가유산 답사를 다녀온 후에는 답사하면서 기록한 내용을 바탕으로 답사 (　　　)을/를 작성합니다.

📖 8종 공통

5 우리 지역의 국가유산을 조사하는 방법으로 알맞은 것을 ⟨보기⟩에서 모두 골라 기호를 쓰시오.

⟨보기⟩
㉠ 국가유산을 답사한다.
㉡ 국가유산을 잘 아는 사람과 면담한다.
㉢ 국가유산을 다룬 책이나 문서 등을 읽는다.
㉣ 우리 학교 누리집에서 국가유산을 검색한다.

(　　　　　　　　)

📖 8종 공통

6 다음에서 설명하는 국가유산 조사 방법을 쓰시오.

언제든지 필요한 정보를 얻을 수 있고, 사진이나 영상 자료를 볼 수 있습니다.

(　　　　　　) 검색하기

📖 8종 공통

7 다음과 같은 내용을 조사할 수 있는 누리집으로 알맞은 것은 어느 것입니까? (　　　)

우리 지역에 어떤 국가유산이 있는지 찾아보려고 합니다.

① 병원 누리집　　　② 학교 누리집
③ 도서관 누리집　　④ 국가유산청 누리집
⑤ 버스 터미널 누리집

📖 8종 공통

8 국가유산청 누리집에서 우리 지역의 국가유산을 검색하는 순서대로 알맞게 기호를 쓰시오.

㉠ 지도에서 우리 지역을 선택합니다.
㉡ 국가유산청 누리집에 방문해 '국가유산 지역별 검색'을 선택합니다.
㉢ 우리 지역의 국가유산 목록 중 조사하고 싶은 국가유산을 선택하여 자세히 알아봅니다.

(　　　　) → (　　　　) → (　　　　)

서술형 동아출판, 아이스크림 외

9 국가유산을 잘 아는 사람을 만나 면담을 하면 좋은 점을 쓰시오.

____

____

도움말 면담의 의미를 떠올려 보세요.

📘 8종 공통

10 다음 ( ) 안에 들어갈 알맞은 말을 쓰시오.

( )은/는 우리 지역의 국가유산이 있는 곳에 가서 직접 보고 조사하는 활동입니다.

( )

지학사, 천재교과서(김) 외

11 다음 그림과 관련된 답사 방법으로 가장 알맞은 것은 어느 것입니까? ( )

① 관찰하기 ② 질문하기
③ 검색하기 ④ 사진 찍기
⑤ 기록물 읽기

디지털 문해력 천재교과서(박), YBM 외

12 다음은 국가유산과 관련 있는 기관의 누리집에 올라온 글입니다. ㉠~㉣ 중 옳지 <u>않은</u> 내용을 골라 기호를 쓰시오.

> ### 국가유산을 답사하는 방법
>
> 오늘은 국가유산을 답사하는 방법에 대하여 알아보도록 합시다.
>
> 국가유산을 답사할 때에는 ㉠ 국가유산과 주변 경관을 함께 감상한 후 ㉡ 국가유산의 다양한 모습을 사진 찍습니다. ㉢ 옛날에 이 국가유산을 어떻게 사용하였는지 상상해 볼 수도 있습니다.
>
> 그러나 국가유산을 살펴볼 때, 안내판을 읽으면 상상하는 것이 어려워지므로 ㉣ 안내판의 설명글은 읽지 않는 것이 좋습니다.

( )

📘 8종 공통

13 우리 지역의 국가유산을 조사하고 느낀 점을 알맞게 말한 친구를 골라 ◯표 하시오.

(1) (2)

( ) ( )

학습 결과에 색칠하세요. 

개념 학습   4회

박물관, 기념관, 유적지 알아보기

➕ **박물관에서 하는 일**

- 전문가의 설명을 제공합니다.
- 다양한 체험 프로그램을 운영합니다.
- 시대와 주제에 맞게 유물을 전시합니다.
- 유물을 보존하고 유물에 대해 연구합니다.

1 지역의 역사를 알아볼 수 있는 장소

(1) 박물관, 기념관, 유적지의 의미

박물관	옛날 사람들이 만들거나 사용했던 다양한 국가유산을 보관하고 전시하는 곳
기념관	과거의 뜻깊은 일이나 훌륭한 인물 등을 오래도록 기억하려고 세운 곳
유적지	옛날 사람들의 흔적이 남아 있는 곳이나 역사적인 사건이 벌어졌던 유적이 있는 곳

(2) 지역에서 박물관이나 기념관을 세우고 유적지를 지정한 까닭

① *유물이나 유적, 역사적 사건 등 옛날 사람들이 남긴 *흔적을 보존하기 위해서입니다.

② 우리 지역의 역사를 알고, 우리 지역의 역사를 널리 알리기 위해서입니다.

➕ **수원 화성 박물관**

- 수원 화성 박물관은 조선 정조 때 건설한 화성의 우수성을 알려 주는 박물관입니다.
- 화성을 건설할 때 이용한 과학 기구나 화성 건설 모습 등을 확인할 수 있습니다.

2 지역의 박물관

(1) 박물관에서 할 수 있는 일 ➕

① 옛날 사람들의 생활 모습을 알 수 있는 유물을 볼 수 있습니다.

② 국가유산에 대해 전문가의 설명을 들을 수 있습니다.

③ 옛날 사람들의 생활을 직접 체험해 볼 수 있습니다.

▲ 국립 경주 박물관

(2) 여러 지역의 박물관: 국립 경주 박물관, 한성 백제 박물관, 수원 화성 박물관, 보령 석탄 박물관 등이 있습니다. ➕

> **교과서 대표 자료** 박물관에서 일하는 사람들

고고학자	옛날 사람들이 남긴 흔적을 발굴하고 기록하여 그것을 바탕으로 옛날 사람들의 역사와 문화, 생활 모습을 연구함.
보존 과학자	유물을 조사하고 훼손된 유물을 원래의 모습으로 되돌리거나 유물이 벌레나 외부 환경에 의해 손상되지 않게 관리함.
전시 기획자	박물관에 있는 다양한 유물을 하나의 주제로 엮고, 이야기를 만들어 사람들에게 보여 주는 일을 함.
교육 연구사	박물관을 찾는 사람들이 전시를 잘 이해할 수 있도록 연구하고, 교육 프로그램과 체험물을 개발함.

용어 사전

★ **유물** 과거의 조상들이 후세에 남긴 물건.

★ **흔적** 어떤 현상이나 실체가 없어졌거나 지나간 뒤에 남은 자국.

3 지역의 기념관

(1) 기념관에서 할 수 있는 일

① 과거에 일어났던 중요한 일에 대한 자료를 살펴볼 수 있습니다.

② 역사적 인물과 관련 있는 자료를 살펴볼 수 있습니다.

③ 역사적 사건이나 인물을 기념하는 *비석을 볼 수 있습니다.

▲ 안성 3·1 운동 기념관

(2) 여러 지역의 기념관: 안성 3·1 운동 기념관, 충무공 이순신 기념관, 김만덕 기념관, *오죽헌 율곡 기념관 등이 있습니다. ➕

4 지역의 유적지

(1) 유적지에서 할 수 있는 일

① 역사적 사건이 일어난 곳이나 옛날에 만들어진 건축물을 직접 볼 수 있습니다.

② 옛날 사람들이 어떤 일을 겪었는지 알 수 있습니다.

③ 옛날 사람들이 어떻게 살았는지 알 수 있습니다.

▲ 인천향교

┌ 옛날의 교육 기관이에요.

(2) 여러 지역의 유적지: 인천향교, 순천 낙안 읍성, 화순 고인돌 유적지, 공주 무령왕릉과 왕릉원 등이 있습니다. ➕

➕ **김만덕 기념관**

김만덕은 조선 시대에 제주에서 굶주리던 백성들을 도운 상인입니다. 김만덕 기념관에는 김만덕과 관련된 자료들이 전시되어 있습니다.

➕ **공주 무령왕릉과 왕릉원**

옛날 왕과 왕족이 묻혔던 무덤으로, 그 속에서 많은 유물이 발견되었습니다.

용어 사전

★ **비석**　돌로 만든 비.

★ **오죽헌**　강릉시에 있는 이율곡이 태어난 집.

2 단원 / 4회

핵심만 **한번 더 쓰면서 정리 !**

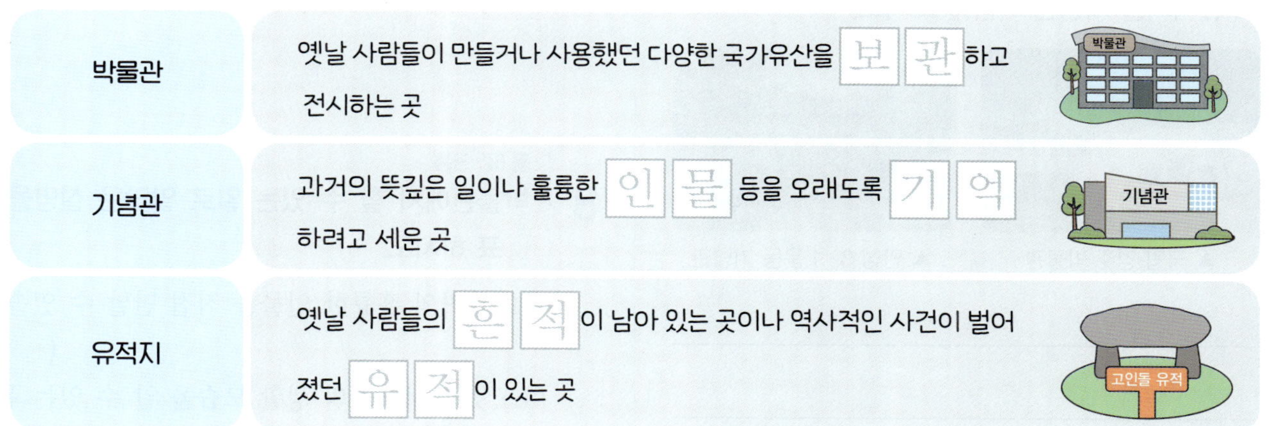

박물관	옛날 사람들이 만들거나 사용했던 다양한 국가유산을 보 관 하고 전시하는 곳
기념관	과거의 뜻깊은 일이나 훌륭한 인 물 등을 오래도록 기 억 하려고 세운 곳
유적지	옛날 사람들의 흔 적 이 남아 있는 곳이나 역사적인 사건이 벌어졌던 유 적 이 있는 곳

핵심 체크

1 (　　　)은/는 옛날 사람들이 만들거나 사용했던 다양한 국가유산을 보관하고 전시하는 곳입니다.

2 과거의 뜻깊은 일이나 훌륭한 인물 등을 오래도록 기억하려고 세운 곳을 무엇이라고 합니까?

3 옛날 사람들의 흔적이 남아 있는 곳이나 역사적인 사건이 벌어졌던 (　　　)이/가 있는 곳을 유적지라고 합니다.

4 (　　　) 화성 박물관은 조선 정조 때 건설한 화성의 우수성을 알려 주는 곳입니다.

📖 8종 공통

5 다음 (　　　) 안에 들어갈 알맞은 말을 쓰시오.

> (　　　)은/는 다양한 국가유산을 보관하고 전시하는 곳입니다. 또 유물을 전시하여 사람들에게 연구한 내용을 알려 줍니다.

(　　　　　　　　　)

서술형　📖 8종 공통

6 지역에서 다음과 같이 박물관이나 기념관을 세우고 유적지를 지정한 까닭을 쓰시오.

▲ 국립 경주 박물관

▲ 안성 3·1 운동 기념관

도움말 박물관, 기념관, 유적지의 의미가 무엇인지 떠올려 보세요.

동아출판, 천재교과서(김) 외

7 다음 글을 읽고 알맞지 <u>않은</u> 내용을 골라 기호를 쓰시오.

> **박물관에서 하는 일**
> ㉠ 전문가의 설명을 제공합니다.
> ㉡ 시대와 주제에 맞게 유물을 전시합니다.
> ㉢ 유물을 보존하고 유물에 대해 연구합니다.
> ㉣ 옛날 왕과 왕족이 묻혔던 무덤을 관리합니다.

(　　　　　　　　　)

📖 8종 공통

8 박물관에서 할 수 있는 일로 알맞은 설명을 골라 ○표 하시오.

⑴ 과거의 훌륭한 인물을 직접 만날 수 있습니다.

(　　　　)

⑵ 옛날 사람들의 생활 모습을 알 수 있는 유물을 볼 수 있습니다.

(　　　　)

9 기념관과 유적지의 의미를 선으로 알맞게 연결하시오.
8종 공통

(1) 기념관 •

• ㉠ 과거의 뜻깊은 일이나 훌륭한 인물 등을 오래도록 기억하려고 세운 곳

(2) 유적지 •

• ㉡ 옛날 사람들의 흔적이 남아 있는 곳이나 역사적인 사건이 벌어졌던 유적이 있는 곳

10 다음 (   ) 안에 공통으로 들어갈 말을 쓰시오.
8종 공통

- 오죽헌 율곡 (   )
- 충무공 이순신 (   )
- 안성 3·1 운동 (   )

(   )

11 다음 ㉠에 공통으로 들어갈 인물의 이름을 쓰시오.
미래엔, 천재교과서(박) 외

(㉠) 기념관

(㉠)은/는 조선 시대에 제주에서 굶주리던 백성들을 도운 상인입니다. 이 기념관에는 (㉠)와/과 관련된 자료들이 전시되어 있습니다.

(   )

12 다음은 기석이와 친구들의 대화입니다. 대화를 보고, 잘못 말한 친구를 골라 이름을 쓰시오.
디지털 문해력 *8종 공통*

(   )

13 다음과 같은 곳을 무엇이라고 하는지 쓰시오.
미래엔, 비상교육 외

▲ 공주 무령왕릉과 왕릉원

▲ 인천향교

(   )

학습 결과에 색칠하세요.   

개념 학습  **5**회

박물관, 기념관, 유적지 체험하기

➕ 체험할 장소를 찾아보는 방법
- 관광 안내도를 살펴봅니다.
- 시·군·구청 누리집을 방문하여 살펴봅니다.

1 우리 지역의 박물관, 기념관, 유적지 체험 과정

① 우리 지역의 역사를 알아보기 위해 지역에 있는 박물관, 기념관, 유적지를 체험할 수 있습니다.

② 우리 지역의 역사 체험 과정

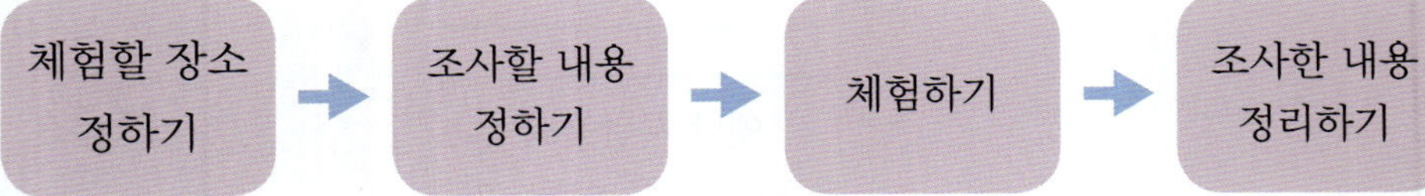

2 체험할 장소와 조사할 내용 정하기

(1) **체험할 장소 정하기**: 지역의 박물관, 기념관, 유적지 중 체험하고 싶은 곳을 정합니다. ➕

(2) **조사할 내용 정하기**: 체험 장소에서 조사할 내용을 정하고 조사 계획서를 작성합니다.

> 우리 지역의 역사를 알아보기 위해서 무엇을 보고, 어떤 것을 체험할지 미리 계획을 세워요.

교과서 대표 자료 조사 계획서 작성하기 예 *한성 백제 박물관

조사 주제	우리 지역의 역사 알아보기
조사 장소	한성 백제 박물관
조사 날짜	20○○년 △△월 □□일
조사 방법	인터넷 조사, 답사
조사할 내용	• 아주 오래전 우리 지역에 살았던 사람들의 생활 모습은 어땠을까? • 우리 지역에 있는 서울 풍납동 *토성은 언제, 어떻게 만들었을까?
역할 나누기	▲ 안내판에 적힌 내용 요약하기　　▲ 문화 관광 해설사의 설명 정리하기　　▲ 전시물 촬영하기
준비물	수첩, 필기구, 사진기, 녹음기 등
주의할 점	• 안전에 유의하기 • 보호자와 함께 답사하기

우리 지역의 역사를 체험하기 전에 조사 주제, 장소, 방법, 내용 등을 담아 조사 계획서를 작성합니다.

용어 사전

★ **한성** 백제의 두 번째 도읍지.

★ **토성** 흙으로 만든 성.

3 체험하기

(1) **인터넷으로 조사하기**: 체험할 장소의 누리집을 검색하면 박물관, 기념관, 유적지의 위치와 특징, 사진, 동영상 등의 정보를 확인할 수 있습니다.

(2) **답사하기**: 박물관, 기념관, 유적지의 실제 모습을 확인하기 위해 직접 찾아가 살펴볼 수 있습니다. ➕

4 조사한 내용 정리하기

(1) 우리 지역의 박물관, 기념관, 유적지를 체험한 후에는 조사한 내용을 정리하여 보고서를 작성합니다. ➕

(2) **답사 보고서 작성하기** 예) **국립 부여 박물관**

답사 장소	국립 부여 박물관	
답사 날짜	20△△년 ○○월 □□일	
답사로 알게 된 점	• 백제 *금동 대향로 꼭대기에 있는 *봉황이 물고 있는 것은 여의주입니다. 여의주는 어떤 소원이든 들어준다는 신기한 구슬입니다. • 백제 금동 대향로에는 총 12개의 구멍이 있습니다. 봉황의 가슴에 2개, 새 다섯 마리가 앉은 산봉우리 뒤쪽에 5개, 악기를 연주하는 다섯 사람 앞에 5개가 있습니다.	
느낀 점	• 우리 지역의 많은 유물을 볼 수 있어서 신기하고 즐거웠습니다. • 우리 지역에 다양한 유물을 볼 수 있는 박물관이 있다는 사실이 자랑스럽습니다.	▲ 백제 금동 대향로
더 알고 싶은 점	백제 금동 대향로에는 우리나라에 살지 않는 코끼리, 악어, 원숭이도 표현되어 있는데 어떻게 이런 동물들을 조각할 수 있었는지 궁금해졌습니다.	

2 단원 / 5회

핵심만 한번 더 쓰면서 **정리!**

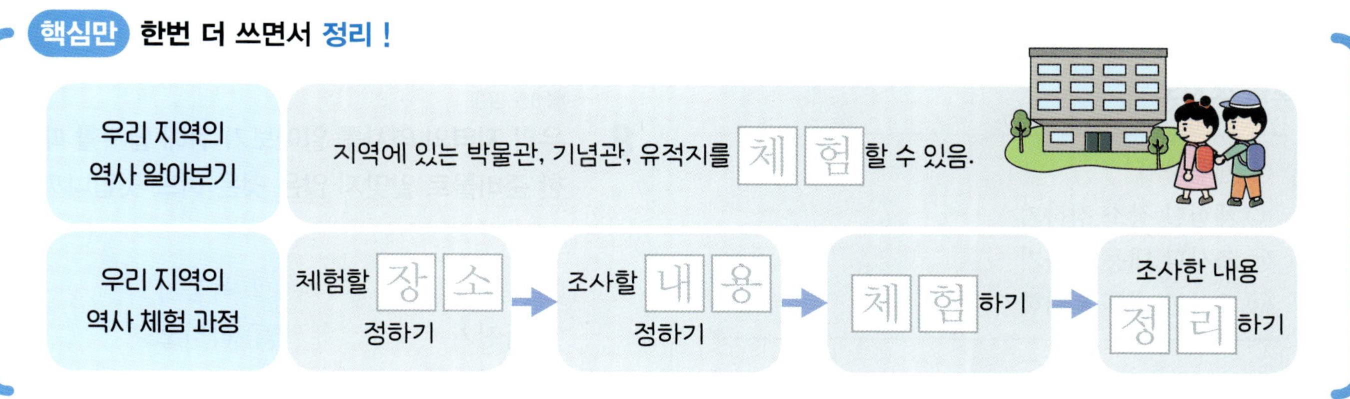

핵심 체크

1 우리 지역의 역사를 알아보기 위해 가장 먼저 체험할 (   )을/를 정합니다.

2 체험 장소에서 조사할 내용을 정하고 조사 (   )을/를 작성합니다.

3 체험할 장소의 (   )을/를 검색하면 박물관, 기념관, 유적지의 위치와 특징, 사진 등의 정보를 확인할 수 있습니다.

4 박물관, 기념관, 유적지를 체험한 후에는 조사한 내용을 정리하여 (   )을/를 작성합니다.

📖 8종 공통

5 우리 지역의 역사를 체험할 장소를 찾아보는 방법을 알맞게 말한 친구를 골라 ○표 하시오.

(1)

(   )

(2)

(   )

📖 8종 공통

6 우리 지역의 역사 체험 과정을 순서대로 알맞게 기호를 쓰시오.

> ㉠ 체험하기
> ㉡ 체험할 장소 정하기
> ㉢ 조사할 내용 정하기
> ㉣ 조사한 내용 정리하기

(   ) → (   ) → (   ) → (   )

📖 8종 공통

7 우리 지역의 역사 조사 계획서에 들어갈 내용으로 알맞은 것을 ⟨보기⟩에서 모두 골라 기호를 쓰시오.

> ⟨보기⟩
> ㉠ 준비물   ㉡ 주의할 점
> ㉢ 알게 된 점   ㉣ 역할 나누기

(   )

📖 8종 공통

8 우리 지역의 역사를 알아보기 위해 답사할 때 필요한 준비물로 알맞지 <u>않은</u> 것은 어느 것입니까?

(   )

① 수첩   ② 녹음기
③ 사진기   ④ 라디오
⑤ 필기도구

9 [디지털 문해력] 동아출판, 미래엔 외

다음은 수진이가 태블릿 피시에 정리한 조사 계획서입니다. ㈎에 들어갈 내용으로 알맞은 것에 ○표, 알맞지 <u>않은</u> 것에 ✕표 하시오.

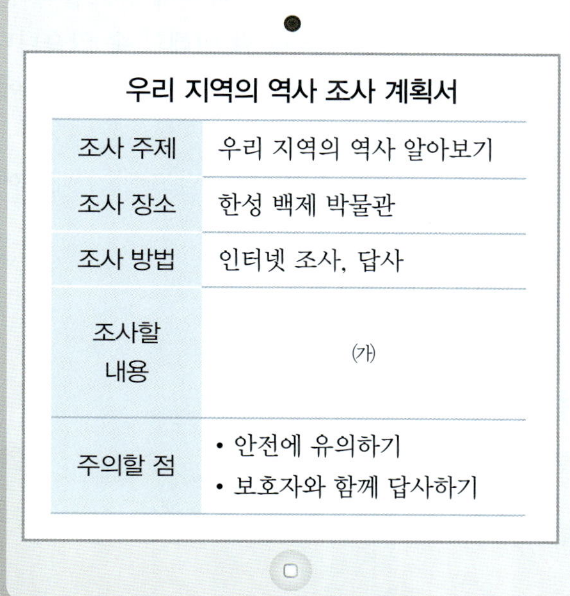

(1) 전시물을 관찰하고 그림으로 그립니다.
( )

(2) 아주 오래전 우리 지역에 살았던 사람들의 생활 모습은 어땠을까? ( )

10 📖 8종 공통

다음은 우리 지역의 역사를 어떤 방법으로 체험한 것에 대한 설명입니까?

> 체험할 장소의 누리집을 검색하면 박물관, 기념관, 유적지의 위치와 특징, 사진, 동영상 등의 정보를 확인할 수 있습니다.

( )으로 조사하기

11 [서술형] 📖 8종 공통

우리 지역의 역사를 알아보기 위해 답사할 때 주의할 점을 두 가지 쓰시오.

____

도움말 답사에 가서 어떤 점을 조심하면 좋을지 생각해 보세요.

| **12~13** | 다음 자료를 보고, 물음에 답하시오.

답사 장소	국립 부여 박물관
답사 날짜	20△△년 ○○월 □□일
답사로 알게 된 점	백제 금동 대향로에는 총 12개의 구멍이 있습니다. 봉황의 가슴에 2개, 새 다섯 마리가 앉은 산봉우리 뒤쪽에 5개, 악기를 연주하는 다섯 사람 앞에 5개가 있습니다. ▲ 백제 금동 대향로
㉠	우리 지역의 많은 유물을 볼 수 있어서 신기하고 즐거웠습니다.

12 아이스크림, 천재교과서(김) 외

위와 같이 답사한 결과를 정리하여 작성한 것을 무엇이라고 하는지 쓰시오.

( )

13 아이스크림, 천재교과서(김) 외

위 자료의 ㉠에 들어갈 알맞은 말을 쓰시오.

( )

학습 결과에 색칠하세요.   

개념 학습 — 6회

우리 지역의 역사 보존하기

➕ **우리가 지역의 역사를 알 수 있었던 까닭**

- 예로부터 많은 사람이 지역의 역사를 소중히 여기고 잘 보존해 왔기 때문입니다.
- 우리도 지역의 역사를 보존하는 방법을 알고, 이를 실천하려고 노력해야 합니다.

1 지역 역사의 중요성

① 지역의 국가유산에는 그 지역의 역사가 담겨 있기 때문에 중요합니다. ➕
② 지역의 역사를 알면 우리가 생활하는 환경을 더 잘 이해할 수 있습니다.
③ 지역의 역사를 통해 조상들의 지혜와 생활 모습을 알 수 있기 때문에 중요합니다.
④ 지역의 박물관, 기념관, 유적지는 그 지역의 역사를 담고 있기 때문에 소중한 곳입니다.

2 지역의 역사를 보존해야 하는 까닭

① 국가유산에는 우리의 역사와 조상들의 정신이 담겨 있기 때문입니다.
② 조상들에게 물려받은 소중한 역사를 다음 세대에 물려주어야 하기 때문입니다. ➕
③ 우리 역사를 보호하지 않으면 *훼손되거나 전통을 잇지 못할 수 있기 때문입니다.

➕ **전승 취약 종목**

- 무형유산 가운데 25개 종목이 전승 취약 종목으로 정해졌습니다. 전승 취약 종목은 이어받을 사람이 없어 사라질 위기에 처한 무형유산입니다.
- 옛날 어른이 된 남자가 머리에 쓰던 갓을 만드는 갓일도 전승 취약 종목으로 정해졌습니다.

교과서 대표 자료 — 고통받는 우리 지역의 역사

○○신문　20△△년 ○월 ○일

훼손된 경복궁 담벼락

▲ 낙서로 훼손된 경복궁 담벼락

최근 국가유산에 낙서를 하거나, 박물관의 사진 촬영이 금지된 곳에서 사진을 찍는 사례가 자주 발생하고 있습니다.
훼손된 국가유산은 원래의 모습으로 되돌리기 어렵고, *복원 작업에도 비용이 많이 듭니다.

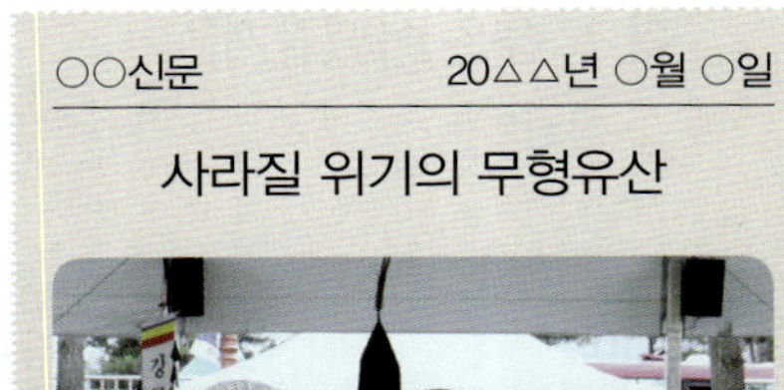

○○신문　20△△년 ○월 ○일

사라질 위기의 무형유산

▲ 하회 별신굿 탈놀이

우리의 전통문화인 무형유산이 사라질 위기에 처해 있습니다. 더 이상 무형유산을 이을 사람이 없기 때문입니다.
전문가들은 이대로라면 앞으로 몇 년 내에 우리의 전통문화가 사라질 수 있다고 경고합니다.

국가유산을 보호하지 않으면 국가유산이 훼손되거나 사라질 수 있습니다. 따라서 우리는 국가유산을 소중히 여기고 보호해야 합니다.

용어 사전

★ **훼손** 헐거나 깨뜨려 못 쓰게 만듦.
★ **복원** 원래대로 회복함.

3 지역의 역사를 보존하려는 노력

(1) 지역의 역사를 보존하려는 다양한 노력 ➕

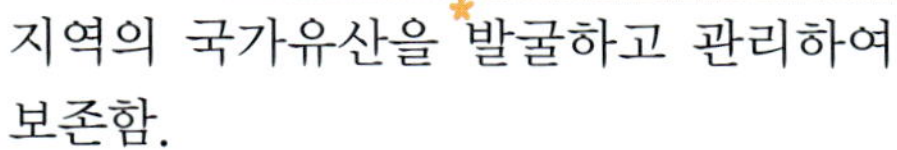

지역의 국가유산을 *발굴하고 관리하여 보존함.

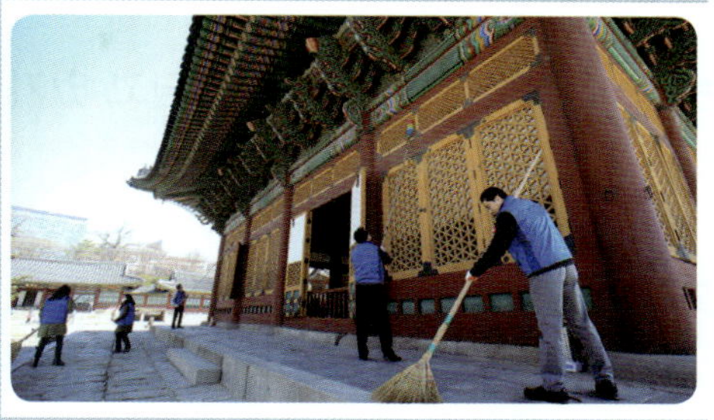

국가유산을 청소하거나 점검하는 활동을 함.

축제를 열어 지역의 역사를 널리 알리고 그 가치를 전하려고 노력함.

지역의 역사와 관련된 여러 가지 주제로 교육 프로그램을 만들어 운영함.

(2) 지역의 역사를 보존하기 위해 내가 할 수 있는 노력

① 우리 지역의 역사에 관심을 갖습니다.
② 우리 지역의 역사와 관련 있는 책을 읽습니다.
③ 우리 지역의 역사를 알리는 일에 참여합니다. ➕
④ 우리 지역의 박물관, 기념관, 유적지를 관람할 때 규칙을 지킵니다.

➕ **유네스코 지정 국가유산이 되면 좋은 점**

• 지역의 국가유산을 유네스코 지정 국가유산으로 만들려고 노력합니다.
• 유네스코로부터 국가유산 보호에 필요한 지원을 받을 수 있습니다. 또한 정부의 지원도 받을 수 있어 지역 발전에 도움이 됩니다.

➕ **우리 지역의 국가유산 소개하기**

우리 지역의 국가유산 중에서 소개하고 싶은 것을 정하고 홍보 포스터를 만들어 알릴 수 있습니다.

용어 사전

★ **발굴** 땅속이나 흙더미에 묻혀 있는 것을 찾아서 파냄.

핵심만 한번 더 쓰면서 **정리 !**

• 조상들의 [정][신] 이 담겨 있기 때문에
• 소중한 역사를 다음 [세][대] 에 물려주어야 하기 때문에
• 훼손되거나 [전][통] 을 잇지 못할 수 있기 때문에

--- 역사를 보존해야 하는 까닭

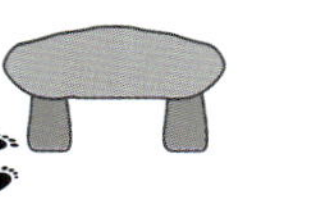

역사를 보존하려는 노력 ---

• 국가유산을 [발][굴] 하고 관리하여 보존함.
• [축][제] 를 열어 널리 알리고 가치를 전하려고 노력함.
• [유][네][스][코] 지정 국가유산으로 만들려고 노력함.

핵심 체크

1 지역의 박물관, 기념관, 유적지는 그 지역의 (　　　)을/를 담고 있기 때문에 소중한 곳입니다.

2 우리는 국가유산을 소중히 여기고 (보호 , 훼손)해야 합니다.

3 (　　　)들에게 물려받은 소중한 역사를 다음 세대에 물려주어야 합니다.

4 지역의 역사를 보존하기 위해 (　　　)을/를 열어 지역의 역사를 널리 알리고 그 가치를 전하려고 노력합니다.

📖 8종 공통

5 우리 지역 역사의 중요성에 대해 알맞게 말한 친구를 골라 ◯표 하시오.

(　　　　)　　　　(　　　　)

📖 8종 공통

6 우리가 지역의 역사를 보존해야 하는 까닭으로 알맞지 <u>않은</u> 것은 어느 것입니까? (　　　)

① 값이 매우 비싸기 때문에
② 전통을 이어야 하기 때문에
③ 조상들에게 물려 받았기 때문에
④ 우리 조상들의 정신이 담겨있기 때문에
⑤ 역사를 다음 세대에게 물려주어야 하기 때문에

📖 8종 공통

7 다음 (　　　) 안에 들어갈 알맞은 말을 골라 ◯표 하시오.

> 지역의 국가유산에는 그 지역의 (미래 , 역사)가 담겨 있기 때문에 중요합니다.

📖 8종 공통

8 우리가 지역의 역사를 알 수 있었던 까닭에 대한 설명으로 알맞은 것에 ◯표, 알맞지 <u>않은</u> 것에 ✕표 하시오.

⑴ 우리 지역의 역사가 다른 지역의 역사보다 뛰어나기 때문입니다. (　　　)
⑵ 예로부터 많은 사람이 지역의 역사를 소중히 여기고 잘 보존해 왔기 때문입니다. (　　　)

9 다음 인터넷 기사를 보고 ㉠, ㉡에 들어갈 알맞은 말을 (보기)에서 골라 쓰시오.

(보기)

• 보호   • 훼손

㉠ (   ), ㉡ (   )

10 사람들이 다음과 같은 노력을 하는 까닭은 무엇입니까? (   )

▲ 지역의 역사와 관련있는 축제를 개최함.

① 국가유산을 보호하기 위해서
② 교통 문제를 해결하기 위해서
③ 지역 사람들의 소득을 낮추기 위해서
④ 국가유산을 다른 나라에 수출하기 위해서
⑤ 오염된 자연환경을 깨끗하게 만들기 위해서

11 다음은 지역의 역사를 지키기 위해 어떤 노력을 하는 모습입니까? (   )

① 국가유산을 연구한다.
② 국가유산을 사람들에게 알린다.
③ 국가유산 주변을 깨끗이 청소한다.
④ 국가유산을 소개하는 책을 만든다.
⑤ 관광객들에게 국가유산을 설명한다.

12 지역의 역사를 보존하기 위해 우리가 할 수 있는 노력을 한 가지만 쓰시오.

____

____

도움말 지역의 역사를 보존하기 위해 내가 평소에 할 수 있는 일을 떠올려 보세요.

13 지역의 역사를 보존하기 위해 우리가 할 수 있는 일을 알맞게 말한 친구를 골라 이름을 쓰시오.

(   )

학습 결과에 색칠하세요.   

1 다음 (   ) 안에 들어갈 알맞은 말을 쓰시오.

> 옛날부터 전해 내려온 것 중에서 다음 세대에게 물려줄 만한 가치가 있는 것을 (   )(이)라고 합니다.

(   )

| 2~3 | 다음 사진을 보고, 물음에 답하시오.

⊙

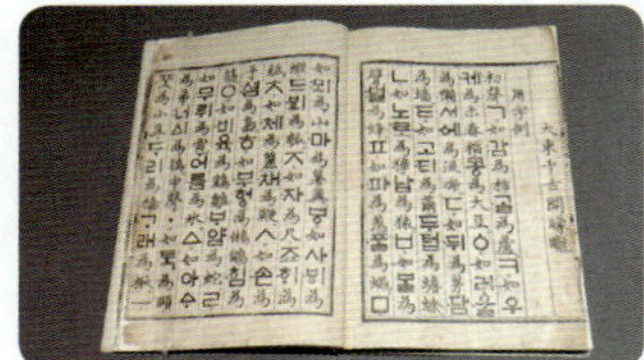

▲ 『훈민정음』

ⓒ

▲ 강강술래

ⓒ

▲ 고인돌

ⓔ

▲ 종묘 제례악

■ 8종 공통

2 위 ⊙~ⓔ 중 문화유산을 두 가지 골라 기호를 쓰시오.

(   )

■ 8종 공통

3 위 ⊙~ⓔ 중 무형유산을 두 가지 골라 기호를 쓰시오.

(   )

■ 8종 공통

4 다음 중 국가유산의 종류가 나머지 셋과 <u>다른</u> 것은 어느 것입니까? (   )

① 

▲ 안동 하회 마을

② 

▲ 창덕궁

③ 

▲ 하회 별신굿 탈놀이

④ 

▲ 부석사

■ 8종 공통

5 다음에서 설명하는 국가유산은 무엇인지 쓰시오.

> 소리꾼이 고수의 북장단에 맞추어 노래와 말로 이야기를 풀어내고, 관중들도 추임새를 넣으며 함께 즐기던 민속 음악입니다.

(   )

6 우리 지역의 국가유산을 통해 알 수 있는 점을 알맞게 말한 친구를 골라 이름을 쓰시오.

> **8종 공통**

- 승혁: 다른 나라의 역사적 사실을 알 수 있습니다.
- 희연: 오늘날 사람들의 생활 모습을 알 수 있습니다.
- 선우: 오늘날 우리 지역의 모습을 확인할 수 있습니다.
- 정원: 옛날 사람들의 지혜와 생활 모습을 알 수 있습니다.

(　　　　　　)

7 다음에서 설명하는 국가유산은 무엇인지 쓰시오.

> **미래엔, 천재교과서(김) 외**

- 옛날 사람들은 추운 겨울에 강이 얼면 얼음을 잘라 이곳에 저장하였다가, 여름에 꺼내 사용하였습니다.
- 천장에 뚫린 구멍으로 더운 공기가 빠져나가 내부가 시원하게 유지되는 구조입니다.

(　　　　　　)

8 다음 (　　) 안에 공통으로 들어갈 말을 쓰시오.

> **아이스크림, YBM 외**

- 경상북도 경주시에 있는 (　　　　)은/는 별의 움직임을 관찰하던 천문대로 알려져 있습니다.
- (　　　　)을/를 통해 당시 우리 조상들의 높은 과학 수준을 알 수 있습니다.

(　　　　　　)

9 다음 글의 한산 모시 짜기가 국가유산으로 자리 잡은 까닭을 쓰시오.

> **서술형**　**동아출판, 비상교육 외**

　우리 조상들은 더운 여름에 모시로 만든 옷을 입었습니다. 모시는 바람이 잘 통하는 옷감으로, 오랫동안 우리나라 여름 옷감을 대표했습니다.

____

____

10 다음에서 설명하는 국가유산 조사 방법을 (보기)에서 골라 기호를 쓰시오.

> **8종 공통**

　국가유산을 잘 아는 사람을 만나 국가유산에 대해 궁금한 점을 직접 물어보고 자세한 설명을 들을 수 있습니다.

(보기)

ㄱ 면담하기　　　　ㄴ 답사하기
ㄷ 책이나 문서 읽기　　ㄹ 인터넷에서 검색하기

(　　　　　　)

2
단원

7회

▮ 8종 공통

11 다음 ( ) 안에 들어갈 알맞은 말을 쓰시오.

> ( )은/는 과거의 뜻깊은 일이나 훌륭한 인물 등을 오래도록 기억하려고 세운 곳입니다.

( )

▮ 8종 공통

12 다음과 같은 일을 하는 곳은 어디인지 쓰시오.

> • 전문가의 설명을 제공합니다.
> • 다양한 체험 프로그램을 운영합니다.
> • 시대와 주제에 맞게 유물을 전시합니다.
> • 유물을 보존하고 유물에 대해 연구합니다.

( )

미래엔, 비상교육 외

13 다음 유적지에 대한 설명을 선으로 알맞게 연결하시오.

(1) 향교 • • ㉠ 옛날의 교육 기관

(2) 무령왕릉과 왕릉원 • • ㉡ 옛날 왕과 왕족이 묻혔던 무덤

▮ 8종 공통

14 다음은 조사 계획서 중 일부입니다. ㈎에 들어갈 내용으로 알맞은 것을 (보기)에서 골라 기호를 쓰시오.

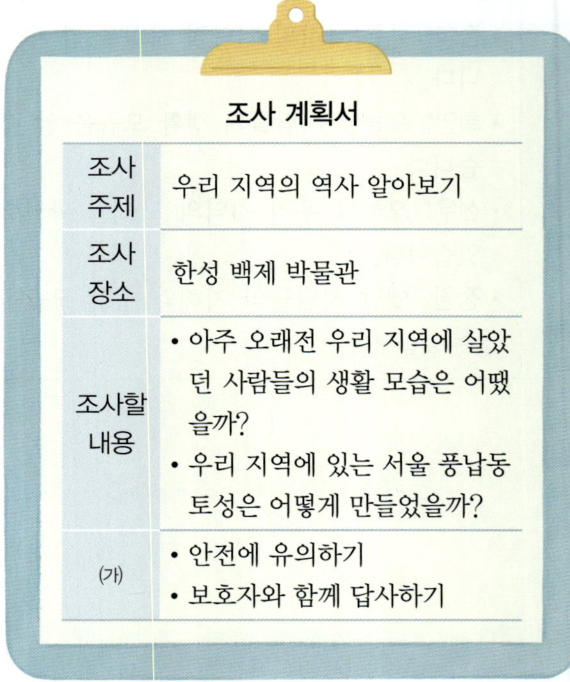

조사 계획서	
조사 주제	우리 지역의 역사 알아보기
조사 장소	한성 백제 박물관
조사할 내용	• 아주 오래전 우리 지역에 살았던 사람들의 생활 모습은 어땠을까? • 우리 지역에 있는 서울 풍납동 토성은 어떻게 만들었을까?
㈎	• 안전에 유의하기 • 보호자와 함께 답사하기

(보기)
㉠ 준비물 ㉡ 주의할 점
㉢ 알게 된 점 ㉣ 역할 나누기

( )

▮ 8종 공통

15 국가유산과 관련된 장소에 가서 직접 보고 조사하는 방법은 무엇입니까? ( )

① 국가유산 답사하기
② 인터넷에서 국가유산 검색하기
③ 부모님께 국가유산에 대해 여쭈어보기
④ 지도에서 국가유산이 있는 장소 찾아보기
⑤ 국가유산과 관련 있는 책과 문서 찾아보기

서술형 비상교육, 천재교과서(김) 외

16 다음 그림과 같이 국가유산을 답사할 때 사진 촬영을 하면 안 되는 곳에서 조사 대상의 모습을 담을 수 있는 방법을 쓰시오.

____

____

아이스크림, 천재교과서(김) 외

17 답사 보고서에 들어갈 내용으로 알맞은 것을 두 가지 고르시오. (   )

① 주의할 점   ② 알게 된 점
③ 역할 나누기   ④ 조사할 내용
⑤ 더 알고 싶은 점

8종 공통

18 지역의 역사를 체험하며 알 수 있는 점으로 알맞은 것에 ○표, 알맞지 <u>않은</u> 것에 ×표 하시오.

⑴ 조상들의 생활 모습과 지혜를 배웁니다.

(   )

⑵ 오늘날 지역에서 가장 인기 있는 인물을 알 수 있습니다.

(   )

| 19~20 | 다음 자료를 읽고, 물음에 답하시오.

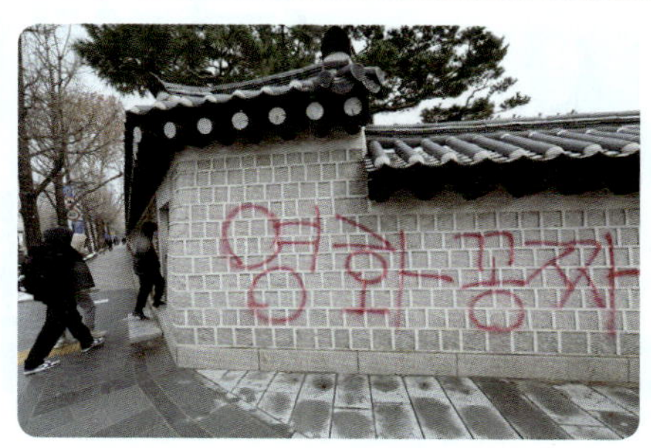

최근 국가유산에 낙서를 하거나, 박물관의 사진 촬영이 금지된 곳에서 사진을 찍는 사례가 자주 발생하고 있습니다. 훼손된 국가유산은 원래의 모습으로 되돌리기 어렵고, 복원 작업에도 비용이 많이 듭니다.

8종 공통

19 위 자료를 읽고 (   ) 안에 들어갈 알맞은 말을 쓰시오.

> 국가유산에는 우리의 역사와 조상들의 정신이 담겨 있기 때문에 지역의 역사를 보존해야 합니다. 또한 (   )들에게 물려받은 소중한 역사를 보존하여 다음 세대에 물려주어야 합니다.

(   )

서술형 8종 공통

20 위 자료와 관련해 지역의 역사를 보존하려는 노력을 한 가지만 쓰시오.

____

____

학습 결과에 색칠하세요.   

3 경제활동과 지역 간 교류

① 경제활동과 합리적 선택

② 지역 간 교류와 상호 의존

● 이번에 배울 내용

회차	단원	쪽수	학습 내용	학습 주제
1회	① 경제활동과 합리적 선택	80~83쪽	개념+문제 학습	경제활동과 선택의 문제
2회		84~87쪽	개념+문제 학습	합리적 선택의 필요성
3회		88~91쪽	개념+문제 학습	합리적 선택의 방법
4회	② 지역 간 교류와 상호 의존	92~95쪽	개념+문제 학습	생산과 소비의 의미
5회		96~99쪽	개념+문제 학습	지역에서 이루어지는 생산과 소비
6회		100~103쪽	개념+문제 학습	지역 간에 교류가 일어나는 까닭
7회		104~107쪽	개념+문제 학습	지역 간 교류의 사례
8회	단원 마무리	108~111쪽	마무리 평가	단원 마무리 문제, 수행평가

경제활동

사람들이 생활에 필요한 여러 가지를 만들고 사용하는 것과 관련된 모든 활동

희소성

사람들의 필요나 욕구에 비하여 자원의 양이 상대적으로 부족한 상태

합리적 선택

여러 가지 기준을 고려하여 돈이나 시간 등 자원의 낭비를 막고 가장 큰 만족감을 얻을 수 있는 선택

교류

사람들이 오고 가거나 물건이나 자원, 기술, 문화 등을 주고받는 것

C 개념 학습

1회

경제활동과 선택의 문제

➕ **분식집에서 볼 수 있는 경제활동**

- 분식집 주인은 떡볶이를 만들어 판매합니다.
- 분식집에 온 손님은 떡볶이를 *구매합니다.

1 경제활동과 선택의 문제

(1) 경제활동의 의미: 사람들이 생활에 필요한 여러 가지를 만들고 사용하는 것과 관련된 모든 활동을 말합니다. ➕ 사람들은 살아가는 데 필요하거나 원하는 것을 얻으려고 경제활동을 해요.

농사를 짓는 모습

물건을 사고파는 모습

버스를 타는 모습

(2) 선택의 의미

① 여럿 가운데서 필요한 것을 골라 뽑는 것을 말합니다.

② 우리는 경제활동을 하면서 여러 가지 선택을 해야 하는 상황을 만나게 됩니다.

③ 선택의 문제는 경제활동을 하는 모든 사람에게 일어날 수 있으며, 어떤 선택을 하는지는 사람마다 다를 수 있습니다.

(3) 경제활동을 하며 겪는 선택의 문제 ➕

➕ **내가 겪었던 선택의 문제**

- 친구 생일 선물로 필통을 살지, 모자를 살지 고민했습니다.
- 빵집에서 단팥빵을 살지, 소보로빵을 살지 고민했습니다.

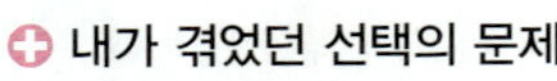
용어 사전

★ **시청** 눈으로 보고 귀로 들음.

★ **구매** 물건을 사들임.

2 선택의 문제가 일어나는 까닭과 희소성

(1) 선택의 문제가 일어나는 까닭

① 사람이 쓸 수 있는 돈이나 *자원은 *한정되어 있으므로 원하는 것을 모두 가질 수는 없습니다.

② 경제활동에서 선택의 문제가 일어나는 까닭은 자원의 희소성 때문입니다. ➕

(2) 자원의 희소성

① 사람들의 필요나 욕구에 비하여 자원의 양이 상대적으로 부족한 상태를 말합니다.

② 사람들은 돈과 시간이 한정되어 있고, 내가 하고 싶은 것과 다른 사람들이 하고 싶은 것의 경쟁 등으로 하고 싶은 것을 다 하거나 가지고 싶은 것을 다 가질 수는 없습니다.

> **교과서 대표 자료** 선택의 문제가 일어나는 까닭 파악하기
>
> 
>
>
> • 예린이는 필통, 인형, 빵을 가지고 싶습니다. 원하는 것을 모두 가지려면 24,000원이 필요합니다. 그런데 예린이의 용돈이 8,000원이기 때문에 가지고 싶은 물건을 모두 살 수는 없습니다.
> • 이처럼 내가 가진 돈이 한정되어 있기 때문에 가지고 싶은 것을 다 가질 수는 없고 선택을 해야 합니다.

➕ 시대에 따라 희소성이 달라진 자원

• 옛날에는 깨끗한 물을 쉽게 구할 수 있어서 사람들이 마실 물을 살 필요가 없었습니다.
• 환경 오염으로 깨끗한 물이 점점 귀해지자 안심하고 마실 수 있는 물을 원하는 사람이 많아져서 오늘날에는 물을 사고팔게 되었습니다.

3 단원 / 1회

용어 사전

★ **자원** 생활에 필요한 것을 만드는 데 사용하는 재료, 돈, 시간 등을 말함.

★ **한정** 무엇의 수량이나 범위를 넘지 못하게 정하는 것.

> **핵심만** 한번 더 쓰면서 정리 !
>
> 
> 사람들이 생활 에 필요한 여러 가지를 만들고 사용 하는 것과 관련된 모든 활동
>
> 자원의 희소성
> 사람들의 필요나 욕구에 비하여 자원의 양이 상대적 으로 부족한 상태
> 
> 

핵심 체크

1 우리는 생활 속에서 여럿 가운데서 필요한 것을 골라 뽑는 (　　　　)을/를 합니다.

2 선택의 문제는 (　　　　)을/를 하는 모든 사람에게 일어납니다.

3 사람들의 필요나 욕구에 비하여 자원의 양이 상대적으로 (부족한 , 풍족한) 상태를 희소성이라고 합니다.

4 경제활동에서 선택의 문제가 일어나는 까닭은 사람이 쓸 수 있는 돈이나 자원이 (무한하기 , 한정되어 있기) 때문입니다.

📖 8종 공통

5 다음 (　　　　) 안에 들어갈 알맞은 말을 쓰시오.

> (　　　　)은/는 사람들이 생활에 필요한 여러 가지를 만들고 사용하는 것과 관련된 모든 활동을 말합니다.

(　　　　　　　　　　)

📖 8종 공통

6 경제활동을 하는 우리들이 겪는 선택의 문제로 알맞은 것을 골라 ◯표 하시오.

(1)　　　　　　　　　　(2)

(　　　　)　　　　(　　　　)

📖 8종 공통

7 다음 그림의 친구가 떡볶이와 김밥을 모두 먹을 수 없는 까닭은 무엇입니까? (　　　　)

① 배가 고프기 때문에
② 돈이 부족하기 때문에
③ 시간이 부족하기 때문에
④ 음식이 모자라기 때문에
⑤ 부모님께서 허락하지 않으셨기 때문에

📖 8종 공통

8 선택의 문제에 대한 설명으로 알맞은 것에 ◯표, 알맞지 않은 것에 ×표 하시오.

(1) 사람들은 경제활동을 하면서 여러 가지 선택의 문제를 겪습니다. (　　　　)

(2) 경제활동에서 선택의 문제가 발생하는 까닭은 자원이 너무 많기 때문입니다. (　　　　)

8종 공통

9 경제활동에서 일어나는 선택의 문제에 대해 알맞게 말한 친구를 골라 ○표 하시오.

(1)

(2)

(   )　　　　(   )

8종 공통

10 다음에서 설명하는 것은 어느 것입니까? (   )

> 사람들의 필요나 욕구에 비하여 자원의 양이 상대적으로 부족한 상태를 말하며, 경제활동에서 선택의 문제가 일어나는 까닭이기도 합니다.

① 융통성   ② 생산성
③ 전문성   ④ 소비성
⑤ 희소성

8종 공통

11 다음 (보기)에서 희소성 때문에 일어나는 문제로 알맞은 것을 골라 기호를 쓰시오.

> ──(보기)──
> ㉠ 소득을 얻을 수 없게 됩니다.
> ㉡ 소비를 너무 많이 하게 됩니다.
> ㉢ 경제활동에서 선택의 문제가 일어납니다.

(   )

디지털 문해력   동아출판, 비상교육 외

12 다음 인터넷 뉴스를 보고 알맞게 말한 친구를 골라 이름을 쓰시오.

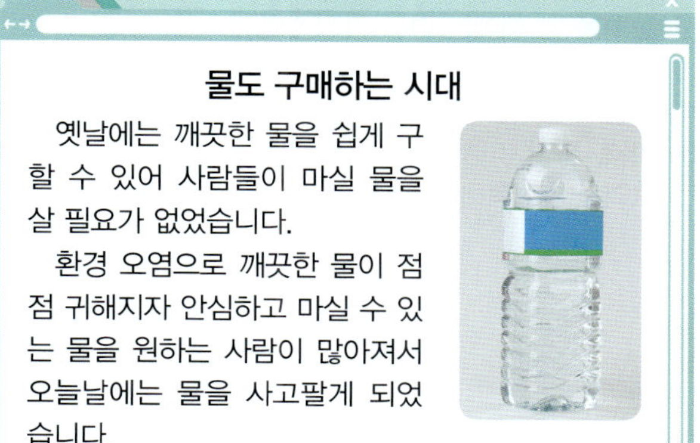

물도 구매하는 시대

　옛날에는 깨끗한 물을 쉽게 구할 수 있어 사람들이 마실 물을 살 필요가 없었습니다.
　환경 오염으로 깨끗한 물이 점점 귀해지자 안심하고 마실 수 있는 물을 원하는 사람이 많아져서 오늘날에는 물을 사고팔게 되었습니다.

> • 영은: 시대에 따라 희소성이 달라지기도 합니다.
> • 성우: 옛날부터 물을 사서 먹었습니다.

(   )

서술형   지학사, 천재교과서(김) 외

13 내가 가지고 있는 용돈으로 그림의 물건을 모두 다 살 수 없다면 그 까닭은 무엇인지 쓰시오.

─────────────────────

도움말   내가 가지고 싶은 것이 있지만 모두 다 가질 수 없는 까닭이 무엇인지 생각해 보세요.

학습 결과에 색칠하세요.     

개념 학습

합리적 선택의 필요성

➕ 선택에 후회하는 까닭

- 선택을 할 때에는 여러 가지 상황을 고려하여 신중하게 생각해야 하는데 그렇지 않았기 때문입니다.
- 가격, 품질, 디자인 등 여러 가지를 고려하여 선택해야 합니다.

➕ 선택에 만족하는 경우

튼튼한 우산을 사서 비바람에도 고장 나지 않아서 선택에 만족하는 모습입니다. 경제활동에서 큰 만족감을 얻을 수 있는 선택을 해야 합니다.

❶ 선택을 후회했던 경험과 만족했던 경험

(1) **경제활동에서 선택의 결과**: 경제활동을 하면서 자원을 낭비하거나 나의 선택에 *후회하는 경우도 있고, 선택에 *만족하는 경우도 있습니다.

(2) **선택을 후회했던 경험** ➕

집에 똑같은 장난감이 있는 것을 확인하지 않고 또 사서 후회함.

옷 크기를 확인하지 않고 옷을 샀더니 옷이 잘 맞지 않아서 후회함.

가격을 비교하지 않고 산 필통이 다른 곳에서 더 싸게 판매하고 있음.

신발의 가격이 싸서 샀더니 발이 불편해서 신기 어려움.

(3) **선택에 만족했던 경험** ➕

꼭 필요한 외투를 사서 추운 날씨에 입을 수 있어서 만족함.

용돈을 계획적으로 써서 쓸 수 있는 돈이 남아서 여유로움.

2 합리적 선택

(1) *합리적 선택의 의미: 여러 가지 기준을 *고려하여 돈이나 시간 등 자원의 낭비를 막고 큰 만족감을 얻을 수 있는 선택을 말합니다. ⊕

(2) 합리적 선택이 필요한 까닭

① 돈과 시간 등의 자원을 아낄 수 있기 때문입니다.

② 만족감과 즐거움을 얻을 수 있기 때문입니다.

③ 자신의 선택을 후회하지 않을 수 있기 때문입니다.

교과서 　대표 자료　 합리적 선택의 필요성 파악하기

- 가족이 여행을 가면서 숙소를 선택하는 상황입니다. 거리와 가격만 고려하여 숙소를 선택했기 때문에 선택에 만족하지 못하게 되었습니다.
- 돈이나 시간을 낭비하지 않기 위해서는 여러 가지를 고려하여 합리적으로 선택해야 큰 만족을 얻을 수 있습니다.

⊕ 합리적 선택의 사례

- 규철: 튼튼한 소재의 가방을 샀더니 오래 쓸 수 있어.
- 보나: 가격이 조금 비싸더라도 발이 편한 운동화를 잘 산 것 같아.

용어 사전

★ 합리적 이치에 어긋나지 않는 것.

★ 고려 관련된 여러 가지 사정을 자세히 따져서 생각하는 것.

핵심만 한번 더 쓰면서 정리 !

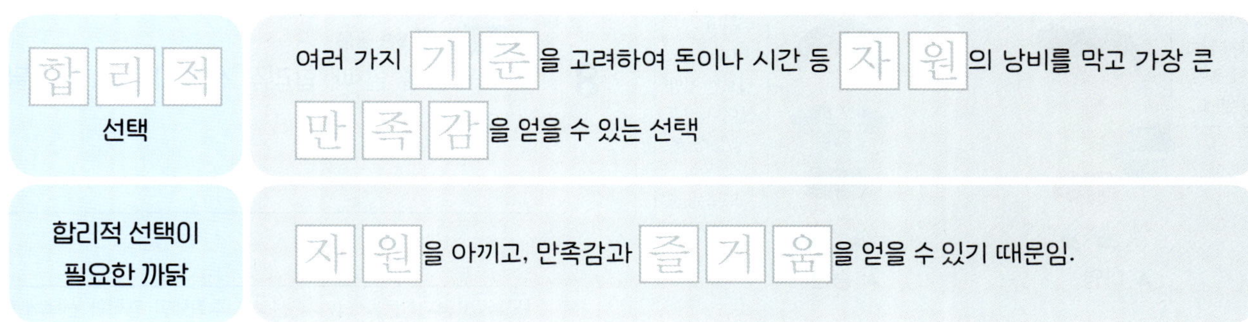

합리적 선택	여러 가지 [기][준]을 고려하여 돈이나 시간 등 [자][원]의 낭비를 막고 가장 큰 [만][족][감]을 얻을 수 있는 선택
합리적 선택이 필요한 까닭	[자][원]을 아끼고, 만족감과 [즐][거][움]을 얻을 수 있기 때문임.

문제 학습

1 (　　　) 선택은 여러 가지 기준을 고려하여 자원의 낭비를 막고 가장 큰 만족감을 얻을 수 있는 선택을 말합니다.

2 합리적 선택을 할 때에는 (꼭 필요한 , 친구가 가지고 있는) 물건인지 생각해 보아야 합니다.

3 옷 크기를 확인하지 않고 사면 옷이 잘 맞지 않아 (만족 , 후회)할 수 있습니다.

4 합리적 선택이 필요한 까닭은 돈과 시간 등의 (　　　　)을/를 아낄 수 있기 때문입니다.

📖 8종 공통

5 다음 (　　　) 안에 공통으로 들어갈 말을 쓰시오.

> • 집에 똑같은 장난감이 있는 것을 확인하지 않고 또 사서 (　　　　)했습니다.
> • 가격을 비교하지 않고 산 필통이 다른 곳에서 더 싸게 판다는 것을 알고 (　　　　)했습니다.

(　　　　　　　　　　　)

📖 8종 공통

6 경제활동에서 선택에 만족했던 경험을 한 친구를 골라 이름을 쓰시오.

(　　　　　　　　　　　)

📖 8종 공통

7 경제활동에서 합리적 선택을 한 친구를 골라 ○표 하시오.

(1)　　　　　　　　　　(2)

(　　　　)　　　　　　(　　　　)

서술형 📖 8종 공통

8 경제활동을 할 때 합리적 선택이 필요한 까닭을 쓰시오.

____

____

도움말 경제활동을 하면서 선택을 후회했던 경험과 선택에 만족했던 경험을 떠올려 보세요.

| 9~10 | 다음 그림을 보고, 물음에 답하시오.

서술형   📖 8종 공통

9 위 친구의 선택은 합리적 선택인지 아닌지 쓰고,
그렇게 생각한 이유를 쓰시오.

____

____

도움말 친구가 선택에 만족하는지 선택을 후회하는지 살펴보세요.

📖 8종 공통

10 위 친구가 다시 옷을 산다고 할 때, 합리적 선택을
하려면 미리 따져 봐야 할 점으로 알맞은 것을 두
가지 고르시오. (   )

① 품질   ② 디자인
③ 제품명   ④ 친구의 취향
⑤ 파는 곳의 이름

📖 8종 공통

11 물건을 살 때 고려해야 할 점에 대해 알맞게 말한
친구를 골라 ○표 하시오.

(1)   (2)

(   )   (   )

디지털 문해력   아이스크림, 천재교과서(박) 외

12 다음은 신애와 친구들의 대화입니다. 대화를 보고,
잘못 말한 친구를 골라 이름을 쓰시오.

(   )

📖 8종 공통

13 다음 (보기)에서 여행을 갈 때 숙소를 정하기 위해
알아봐야 할 것으로 알맞은 것을 모두 고르시오.

보기
㉠ 가격   ㉡ 시설
㉢ 좌석의 수   ㉣ 청결 상태

(   )

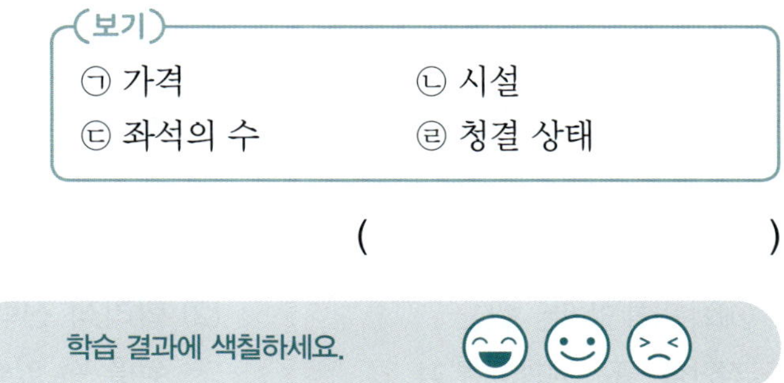

합리적 선택의 방법

➕ 정보를 수집할 때 주의할 점

> △△ 신문
>
> **거짓 광고 늘어나**
>
> 　최근 일반 식품을 건강 기능 식품인 것처럼 광고하는 거짓 광고 사례가 늘어나고 있습니다. 소비자들이 해당 식품의 효과를 착각하도록 만드는 것으로 나타나 문제가 되고 있습니다.

물건의 정보를 찾아 활용할 때는 정보의 출처가 믿을 만한지, 정확한 정보인지 확인해야 합니다.

1️⃣ 합리적 선택의 방법

(1) 필요한 물건과 가진 돈 확인하기: 내게 필요한 물건을 생각해 보고, 가진 돈이 얼마인지 확인합니다.

(2) 정보 수집하기: 사려는 물건의 가격, 디자인, 특징 등의 정보를 다양한 방법으로 수집합니다. → 믿을 만한 정보인지 출처를 살펴보아야 해요.

상점 방문하기	인터넷 검색하기	*광고 보기 ➕	주변 사람의 경험 듣기
상점에 찾아가 물건을 직접 살펴보고, 궁금한 점은 직원에게 물어봄.	인터넷 검색으로 여러 물건의 정보를 비교하고, 물건을 산 다른 사람들의 *의견도 살펴봄.	텔레비전 광고, 신문, 라디오 등에서 물건의 정보를 확인함.	물건을 직접 사용한 사람에게 물건의 특징이나 *장단점 등을 물어봄.

(3) 선택 기준 세우기: 물건을 선택할 때 고려할 기준을 세웁니다. ➕

가격	필요성
가격이 적당한가?	나에게 꼭 필요한가?
품질	**기능**
튼튼하고 오래 쓸 수 있는가?	알맞은 기능을 가지고 있는가?

(4) 물건 평가하고 선택하기

① 선택 기준에 따라 각 물건들의 특징을 꼼꼼하게 살펴봅니다.

② 자신에게 가장 알맞은 것을 선택합니다.

(5) 선택 되돌아보기: 자신이 합리적 선택을 한 것인지 자신의 선택을 되돌아보고 평가합니다.

➕ 가방을 고를 때 고려해야 할 점은 무엇인가요?

- 가격이 적절한지 살펴봅니다.
- 디자인이 예쁜지 살펴봅니다.
- 가방 무게가 어떠한지 살펴봅니다.
- 물건이 들어갈 공간이 충분한지 살펴봅니다.
- 주머니가 있는지, 방수가 되는 소재인지 등을 살펴봅니다.

2️⃣ 합리적 선택의 결과

(1) 자신의 선택을 되돌아보기

① 꼭 필요한 선택이었는지 생각해 봅니다.

② 편리함이나 즐거움 등과 같은 만족을 얻었는지 생각해 봅니다.

(2) 합리적 선택을 할 때의 좋은 점: 자신에게 알맞은 물건을 골라 큰 만족을 얻을 수 있습니다.

용어 사전

- **✱ 의견**　어떤 사물이나 현상에 대하여 판단하여 가지게 된 일정한 생각.
- **✱ 광고**　상품이나 서비스에 대한 정보를 여러 가지 매체를 통하여 소비자에게 널리 알리는 활동.
- **✱ 장단점**　좋은 점과 나쁜 점.

교과서 대표 자료 — 합리적 선택 해 보기

물건	운동화 ❶	운동화 ❷	운동화 ❸
가격	60,000원	50,000원	40,000원
디자인	유행하는 디자인	예쁨.	평범함.
무게	무거움.	가벼움.	보통
특징	올해 유행하는 운동화라 친구들이 많이 신음.	바닥에 푹신한 밑창이 있어 착용감이 편안함.	방수 소재라서 비 오는 날에도 신을 수 있음.

	운동화 ❶	운동화 ❷	운동화 ❸
가격이 적절한가?	×	△	○
디자인이 맘에 드는가?	○	○	△
무게가 가벼운가?	×	○	△
총점	5점	8점	7점

* ○: 그렇다(3점), △: 보통이다(2점), ×: 아니다(1점)

합리적 선택을 하기 위해서는 사려고 하는 물건의 가격, 디자인, 특징 등 다양한 정보를 수집하고 분석합니다. 그리고 선택 기준을 정하고, 선택 기준별로 점수를 매겨 구매할 물건을 선택합니다. ✚

✚ 환경을 고려하여 물건 선택하기

물건을 만드는 과정에서 오염 물질 *배출 정도를 줄였는지, 환경 오염 물질인 이산화 탄소가 얼마나 발생했는지를 확인합니다.

물건의 에너지 *효율이 좋은 편인지 에너지 절약 효과가 있는지를 살펴봅니다.

용어 사전

★ **배출** 안에서 밖으로 밀어 내보냄.
★ **효율** 들인 노력에 비해 얻은 결과의 정도.

핵심만 한번 더 쓰면서 정리 !

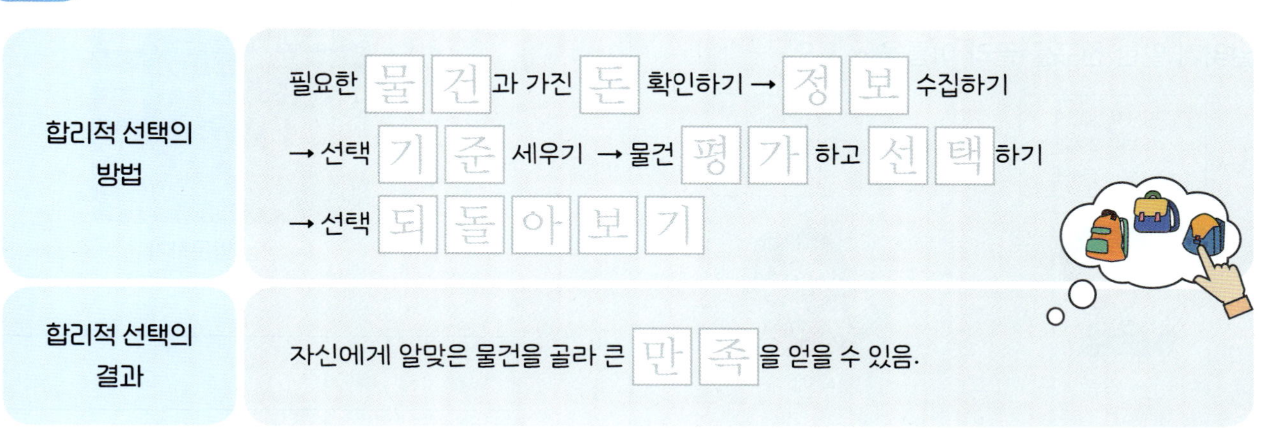

합리적 선택의 방법	필요한 물 건 과 가진 돈 확인하기 → 정 보 수집하기 → 선택 기 준 세우기 → 물건 평 가 하고 선 택 하기 → 선택 되 돌 아 보 기
합리적 선택의 결과	자신에게 알맞은 물건을 골라 큰 만 족 을 얻을 수 있음.

핵심 체크

1 합리적 선택을 하려면 물건을 선택할 때 고려할 (   )을/를 세워야 합니다.

2 상점 방문하기, 인터넷 (   )하기 등 사려는 물건의 정보를 다양한 방법으로 수집합니다.

3 물건을 살 때 가격, 디자인, 품질, 편리성 등의 기준을 정해서 (   )하면 합리적 선택을 할 수 있습니다.

4 합리적 선택을 하면 자신에게 알맞은 물건을 골라 큰 (   )을/를 얻을 수 있습니다.

📖 8종 공통

5 다음과 같은 행동을 하는 합리적 선택의 과정은 어느 것입니까? (   )

> 사려는 물건의 가격, 디자인, 특징 등의 내용을 다양한 방법으로 수집합니다.

① 선택하기
② 정보 모으기
③ 물건 평가하기
④ 가진 돈 파악하기
⑤ 사고 싶은 물건 생각하기

📖 8종 공통

6 가방을 고를 때 합리적 선택을 하기 위한 기준을 알맞게 말한 친구를 골라 이름을 쓰시오.

▲ 상욱   ▲ 예지

(   )

비상교육, 천재교과서(김) 외

7 물건의 정보를 얻는 방법과 관련해 (   ) 안에 들어갈 알맞은 말을 쓰시오.

> 신문이나 텔레비전 (   )에서 물건의 특징에 관한 여러 가지 정보를 얻을 수 있습니다.

(   )

서술형 | 동아출판, 비상교육 외

8 다음 그림과 같이 정보를 얻는 방법의 좋은 점을 쓰시오.

▲ 상점 방문하기

도움말 상점에 가면 볼 수 있는 것을 떠올려 보세요.

📖 8종 공통

9 다음 (   ) 안에 들어갈 알맞은 말을 쓰시오.

> 선택 기준에 따라 각 물건들의 특징을 꼼꼼하게 살펴본 후 자신에게 가장 알맞은 것을 선택합니다. 그리고 자신이 합리적 선택을 한 것인지 자신의 선택을 되돌아보고 (   )합니다.

(   )

📖 8종 공통

10 합리적 선택을 하여 얻을 수 있는 좋은 점을 (보기)에서 두 가지 고르시오.

> (보기)
> ㉠ 큰 만족을 얻을 수 있다.
> ㉡ 돈과 자원을 절약할 수 있다.
> ㉢ 다른 사람에게 자랑할 수 있다.
> ㉣ 친구들과 사이좋게 지낼 수 있다.

(   )

디지털 문해력 동아출판, 천재교과서(김) 외

11 다음은 인터넷 기사입니다. (   ) 안에 들어갈 알맞은 말을 골라 ○표 하시오.

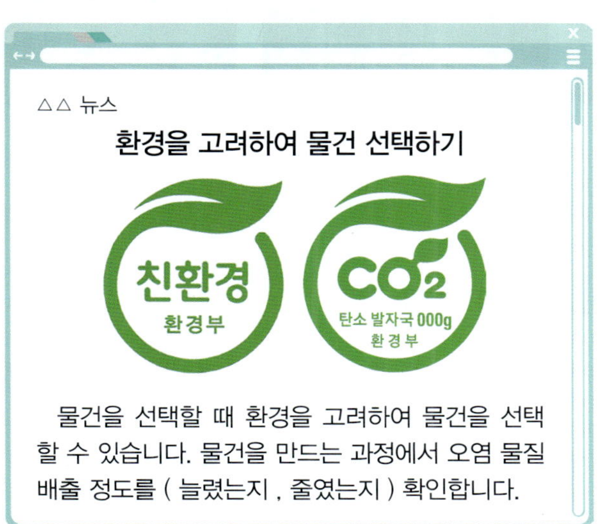

물건을 선택할 때 환경을 고려하여 물건을 선택할 수 있습니다. 물건을 만드는 과정에서 오염 물질 배출 정도를 (늘렸는지 , 줄였는지) 확인합니다.

| 12~13 | 다음은 윤수가 생일 선물로 갖고 싶은 운동화를 고르려고 만든 자료입니다. 물음에 답하시오.

물건	㉮ 운동화	㉯ 운동화	㉰ 운동화
가격	60,000원	50,000원	70,000원
디자인	올해 유행하는 디자인	예쁨.	평범함.
무게	무거움.	가벼움.	가벼움.

아이스크림, 천재교과서(박) 외

12 위 ㉮~㉰ 운동화를 비교한 내용으로 알맞은 것을 두 가지 고르시오. (   )

① ㉮ 운동화는 유행하는 디자인이다.
② ㉮ 운동화는 가격이 가장 저렴하다.
③ ㉯ 운동화는 디자인이 평범하다.
④ ㉯ 운동화는 가격이 가장 비싸다.
⑤ ㉰ 운동화는 ㉮ 운동화보다 가볍다.

아이스크림, 천재교과서(박) 외

13 위 자료를 바탕으로 윤수가 구매하기 알맞은 신발을 골라 기호를 쓰시오.

(   ) 운동화

학습 결과에 색칠하세요.   

개념 학습  **4**회

생산과 소비의 의미

소비 활동에는 전시 관람하기, 물건 사기, 버스 이용하기, 진료 받기 등이 있습니다.

1 생산과 소비 활동

(1) 생산과 소비의 의미

생산	생활에 필요한 물건을 만들거나 *서비스를 제공하는 활동
소비	생활에 필요한 물건이나 서비스를 이용하는 활동 ➕

(2) 생산 활동의 종류 → 생활에 필요한 것을 자연에서 얻는 활동, 생활에 필요한 것을 만드는 활동, 생활을 편리하고 즐겁게 해 주는 활동으로 나눌 수 있어요.

생활에 필요한 것을 자연에서 얻는 활동

생활에 필요한 것을 산, 들, 강, 바다와 같은 자연에서 얻음.

▲ 물고기 잡기

▲ 소 기르기

▲ 과일 따기

생활에 필요한 것을 만드는 활동

자연에서 얻은 생산물이나 자원을 이용하여 생활에 필요한 것을 만듦.

▲ 건물 짓기

▲ 아이스크림 만들기

▲ 자동차 만들기

생활을 편리하고 즐겁게 해 주는 활동 ➕

물건을 팔거나 사람들을 만족시킬 수 있는 서비스를 제공함.

▲ 학생 가르치기

▲ 공연하기

▲ 물건 판매하기

물건 운반하기, 환자 진료하기, 버스 운전하기 등의 활동도 생산 활동 중 하나입니다.

2 생산 활동과 소비 활동의 관계

① 생산하지 않으면 소비를 할 수 없고, 소비하지 않으면 생산을 할 필요가 없습니다.

② 생산 활동 덕분에 다양한 소비 활동을 할 수 있고, 편리한 생활을 할 수 있습니다.

우리가 생활하는 데 필요한 것들은 우리 손에 오기까지 여러 생산 활동을 거칩니다. 그리고 사람들은 여러 생산 활동을 통해 만들어진 물건과 서비스를 소비하며 살아갑니다.

3 생산 활동과 소비 활동이 이루어지는 시장

(1) **시장**: 사람들이 생활에 필요한 물건과 서비스를 사고파는 곳을 말합니다. ➕

(2) **시장에서 볼 수 있는 경제활동 모습** 예

① 미용실에서 머리를 *손질합니다.

② 분식집에서 떡볶이를 만들어 팝니다.

③ 신발 가게에서 신발을 삽니다.

➕ 여러 종류의 시장

▲ **전통 시장** 예전부터 사람들이 모여 물건을 사고팔면서 만들어졌습니다.

▲ **대형 할인점** 다양한 물건을 대량으로 팔거나 값을 깎아서 팝니다.

▲ **온라인 쇼핑** 스마트폰이나 컴퓨터를 이용해 인터넷으로 다양한 물건을 비교하여 살 수 있습니다.

용어 사전

★ **가공** 원료나 재료에 기술과 힘을 들여 새로운 물건을 만드는 것.

★ **손질** 손을 대어 잘 매만지는 일.

3단원 4회

핵심만 **한번 더 쓰면서** 정리 !

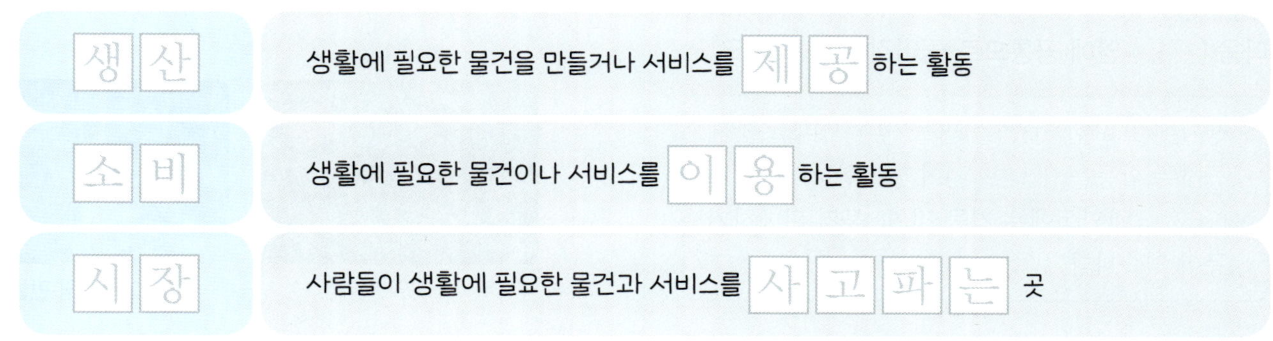

핵심 체크

1 (   )은/는 생활에 필요한 물건이나 서비스를 이용하는 활동입니다.

2 물고기 잡기, 소 기르기 등은 생활에 필요한 것을 산, 강, 바다와 같은 (   )에서 얻는 활동입니다.

3 사람들이 생활하면서 필요한 여러 가지 상품을 사고파는 곳을 (   )(이)라고 합니다.

4 시장에서는 생활에 필요한 물건을 만들거나 서비스를 제공하는 (   ) 활동을 볼 수 있습니다.

📖 8종 공통

5 생산과 소비에 대한 설명으로 알맞은 것에 ◯표 하시오.

(1) 신발 가게에서 신발을 사는 것은 소비 활동입니다. (   )

(2) 물건을 구매하여 사용하는 활동을 생산이라고 합니다. (   )

📖 8종 공통

6 다음 (   ) 안에 공통으로 들어갈 말을 쓰시오.

> • 생활에 필요한 물건을 만들거나 서비스를 제공하는 활동을 (   )이라고 합니다.
> • (   ) 활동에는 건물 짓기, 물건 판매하기 등이 있습니다.

(   )

📖 8종 공통

7 다음 〈보기〉에서 생산 활동의 종류로 알맞은 것을 모두 골라 기호를 쓰시오.

〈보기〉
ㄱ 생활에 필요한 것을 만드는 활동
ㄴ 생활에 필요한 것을 생각하는 활동
ㄷ 생활을 편리하고 즐겁게 해 주는 활동
ㄹ 생활에 필요한 것을 자연에서 얻는 활동

(   )

📖 8종 공통

8 다음 중 '생활에 필요한 것을 자연에서 얻는 활동'을 골라 ◯표 하시오.

(1)	(2)
	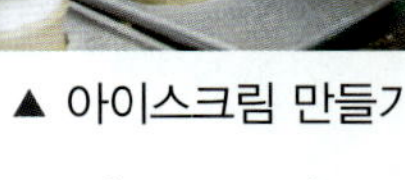
▲ 과일 따기	▲ 아이스크림 만들기
( )	( )

9 📘 8종 공통

다음은 지우가 사회 시간에 배운 내용을 태블릿 피시에 정리한 것입니다. 알맞지 <u>않은</u> 내용은 어느 것입니까? (   )

10

우유가 우리에게 오는 과정 중 소비 활동으로 알맞은 것을 골라 기호를 쓰시오.

(   )

---

11 📘 8종 공통

다음 친구들이 설명하는 것은 무엇인지 쓰시오.

(   )

12

다음에서 설명하는 시장의 종류로 알맞은 것은 어느 것입니까? (   )

> 스마트폰이나 컴퓨터를 이용해 인터넷으로 다양한 물건을 비교하여 살 수 있습니다.

① 백화점 ② 대형 할인점
③ 전통 시장 ④ 온라인 쇼핑
⑤ 텔레비전 홈 쇼핑

13 📘 8종 공통

시장에서 볼 수 있는 경제활동의 모습을 두 가지 쓰시오.

____

____

도움말 평소에 여러 시장에서 보았던 모습을 떠올려 보세요.

학습 결과에 색칠하세요. 

개념 학습

지역에서 이루어지는 생산과 소비

➕ 여러 지역에서 온 물건들

참외	경상북도 성주군
쌀	경기도 이천시
김	충청남도 서천군
굴비	전라남도 영광군
소고기	강원특별자치도 횡성군

➕ 상품 생산지 지도

조사한 물건이 어느 지역에서 왔는지 지도에 표시해 볼 수 있습니다.

🟧 용어 사전

★ **큐아르(QR) 코드** 상품 포장지에 표시된 정사각형 모양의 무늬로, 그 상품의 정보를 표시한 것.

1 우리 지역에 있는 물건들의 생산지

(1) 생산지의 의미: 물건이 만들어진 곳 또는 그 물건이 저절로 생겨나는 곳을 말합니다.

(2) 우리 주변 물건의 생산지

① 우리 주변의 물건들은 여러 지역과 나라에서 생산되었습니다. ➕

② 우리 지역에서 생산한 것을 다른 지역 사람들이 이용하기도 합니다.

2 물건의 생산지 조사 방법

(1) 물건의 정보를 확인하는 방법 ┌─ 이 외에도 상품 판매대에 안내된 원산지 표시판을 보거나, 상품에 붙어 있는 인증 마크를 확인할 수 있어요.

▲ 상품에 표시된 정보를 확인하기

▲ 광고지를 확인하기

▲ 상품을 판매하는 누리집에서 검색하기

▲ 스마트폰으로 *큐아르(QR) 코드를 찍어 확인하기

(2) 우리 지역에서 판매되는 물건의 생산지 조사하기 예

① 생산지 조사 과정

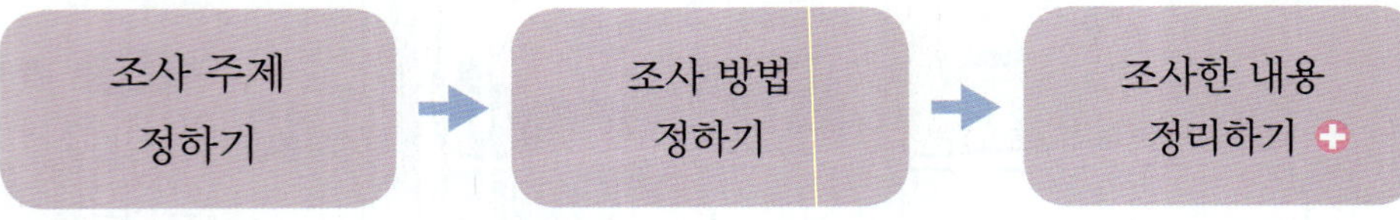

② 조사한 상품의 생산지 정리하기 예

우리 지역에서 생산된 물건		다른 지역이나 나라에서 생산된 물건	
물건	생산지(원산지)	물건	생산지(원산지)
사과	충청북도 충주시	선풍기	충청남도 천안시
고구마	충청북도 충주시	아몬드	미국

(3) 물건의 생산 정보를 통해 알 수 있는 사실

① 우리나라는 세계 여러 나라와 물건을 주고받으며 활발하게 *교류하고 있습니다.

② 사람들은 필요에 따라 다른 지역에서 온 물건을 소비합니다.

③ 우리 지역에서 볼 수 있는 다양한 물건은 여러 지역에서 생산되어 우리 지역으로 옵니다. ➕

교과서　대표 자료　생산지 조사 결과 보고서

조사 주제	우리 집에 있는 물건들이 어디에서 온 것인지 알아보기	
조사 날짜	20○○년 △△월 □□일	
조사 방법	상점 방문하기, 누리집 방문하기, 광고지 찾아보기 등	
조사 목적	내가 평소에 먹거나 사용하는 상품들이 어디에서 왔는지 알고 싶기 때문에	
조사 내용	• 물건: 사과 • 생산지: 충청북도 충주시 • 조사 방법: 상품 판매대의 정보 확인	• 물건: 노트북 • 생산지: 중국 • 조사 방법: 누리집에서 상품 소개 검색
	• 물건: 텔레비전 • 생산지: 경상북도 구미시 • 조사 방법: 큐아르(QR) 코드 찍기	• 물건: 아몬드 • 생산지: 미국 • 조사 방법: 대형 할인점의 광고지 확인
알게 된 점	• 우리 주변의 물건들은 다양한 지역에서 생산되었습니다. • 서로 다른 지역 간에 상품을 주고받으며 교류합니다.	

조사 결과 보고서를 쓰면서 다양한 지역이나 나라에서 생산된 물건이 우리 지역으로 이동하여 판매되고 있다는 점을 알 수 있습니다.

➕ **다른 지역의 상품이 우리 지역으로 오는 까닭**

우리 지역과 자연환경, 제품을 생산하는 기술, 노동력 등이 달라 우리 지역에서 만들 수 없는 제품을 다른 지역에서는 만들기 때문입니다.

용어 사전

★ **교류** 문화나 사상이 서로 통함.

3 단원 / 5회

핵심만　한번 더 쓰면서 정리 !

생 산 지 의 의미	물건이 만 들 어 진 곳 또는 그 물건이 저절로 생 겨 나 는 곳	
생산지 조사 과정	조사 주 제 정하기 → 조사 방 법 정하기 → 조사한 내용 정 리 하기	

핵심 체크

1 물건이 만들어진 곳이나 그 물건이 저절로 생겨나는 곳을 (   )(이)라고 합니다.

2 상품을 판매하는 (   )에서 검색하여 물건이 어디에서 왔는지 알 수 있습니다.

3 상품이 어디에서 왔는지 조사하는 방법으로 상품에 붙어 있는 (   ) 마크를 확인할 수 있습니다.

4 우리 지역에서 볼 수 있는 물건은 (우리 지역에서만 , 여러 지역에서) 생산됩니다.

📖 8종 공통

5 다음 (   ) 안에 들어갈 알맞은 말을 쓰시오.

> (   )은/는 물건이 만들어진 곳 또는 그 물건이 저절로 생겨나는 곳을 말합니다.

(   )

📖 8종 공통

6 우리 주변 물건의 생산지에 대해 알맞게 말한 친구를 골라 이름을 쓰시오.

▲ 승민

▲ 하늘

(   )

서술형 📖 8종 공통

7 우리 주변의 물건이 어디에서 왔는지 조사하는 방법을 두 가지 쓰시오.

____

도움말 물건을 살 때 무엇을 보고 상품의 정보를 확인하는지 생각해 보세요.

천재교과서(김), YBM 외

8 다음은 우리 주변의 물건이 어디에서 왔는지 조사한 내용입니다. 상품의 생산지를 찾아 쓰시오.

> **제품명** : 원두커피
> **식품유형** : 커피
> **원재료명 및 함량** : 볶은원두
> **원산지** : 베트남
> **내용량** : 전면별도표기
> **유통기한** : 제조일로부터 1년

(   )

비상교육, 천재교과서(김) 외

9 대형 할인점에서 물건의 생산지를 조사하는 방법을 알맞게 말한 친구를 골라 ○표 하시오.

(1)

(   )

(2)

(   )

📖 8종 공통

10 다음 ○표시된 것으로 스마트폰으로 찍어 상품의 다양한 정보와 상품이 어디에서 왔는지를 알 수 있는 것을 무엇이라고 하는지 쓰시오.

(   )

📖 8종 공통

11 다음 설명은 물건의 생산지 조사 과정과 관련하여 어떤 과정인지 쓰시오.

> 상품이 어디에서 왔는지 조사한 내용을 표, 보고서, 생산지 지도 등으로 정리합니다.

조사한 내용 (   )하기

디지털 문해력 **📖 8종 공통**

12 다음은 민아네 반 친구들이 물건의 생산지를 정리하여 블로그에 올린 글입니다. 다른 나라에서 온 물건은 어느 것입니까? (   )

우리 지역에서 판매되는 물건의 생산지

물건	생산지
감귤	제주특별자치도
김치	강원특별자치도 평창군
전복	전라남도 완도군
운동화	베트남
텔레비전	경상북도 구미시

① 감귤 ② 김치
③ 전복 ④ 운동화
⑤ 텔레비전

동아출판, 비상교육 외

13 다음 (   ) 안에 들어갈 알맞은 말을 골라 ○표 하시오.

> 우리 주변의 각종 상품에 표기된 것을 통해 (다양한 , 하나의) 지역에서 생산된 상품이 소비자들에게 판매된다는 것을 알 수 있습니다.

학습 결과에 색칠하세요.   

개념 학습

지역 간에 교류가 일어나는 까닭

➕ **자원의 차이로 일어나는 교류**

석회석이 풍부한 지역에서는 시멘트를 생산합니다.

용어 사전

★ **상호 의존** 상대가 되는 이쪽과 저쪽 모두가 서로에게 의지하며 존재함.

★ **갯벌** 밀물 때는 물에 잠기고 썰물 때는 물 밖으로 드러나는 모래 점토질의 평탄한 땅.

1 지역간 교류의 의미와 까닭

(1) 교류의 의미

① 사람들이 오고 가거나 물건이나 자원, 기술, 문화 등을 주고받는 것을 말합니다. ➕

② 각 지역에 사는 사람들은 서로 필요한 것을 주고받으며 ★상호 의존하고 있습니다.

(2) 교류가 일어나는 까닭 ➕

① 자연환경의 차이 → 이 외에도 생산물, 교육 환경, 문화 등이 다르기 때문에 교류가 이루어져요.

감귤을 재배하기에 적합한 따뜻한 지역에서는 감귤을 생산함.

★갯벌 지형이 펼쳐져 있는 지역은 조개를 구하기 쉬움.

② 시설의 차이

큰 병원이 있는 지역에 사람들이 진료를 받으러 감.

사람들이 비행기를 타려고 공항이 있는 지역으로 감.

③ 기술의 차이

연구 단지가 있는 지역에서는 신기술을 개발함.

자동차를 만드는 기술이 발달한 지역은 큰 자동차 공장이 있음.

2 교류를 하면 좋은 점 →다양한 경제적 교류로 각 지역들이 서로 좋은 영향을 미칠 수 있어요.

① 지역마다 풍부하게 생산되는 물건을 사고팔아 경제적 이익을 얻습니다. ➕
② 우리 지역을 찾는 사람들이 많아져서 지역이 발전합니다.
③ 우리 지역에 없는 것을 이용할 수 있어서 생활이 편리해집니다.
④ 지역끼리 힘을 합해 서로 돕고 좋은 관계를 맺습니다.

교과서 대표 자료 지역 간의 교류 사례

• ㉮ 지역은 복숭아를 많이 생산하고, ㉯ 지역은 과일을 가공할 수 있는 기술과 시설이 있습니다.
• ㉮ 지역은 ㉯ 지역에 복숭아를 팔아 경제적 이익을 얻을 수 있습니다. ㉯ 지역은 ㉮ 지역에서 신선한 복숭아를 들여와 다양한 상품을 만들어 경제적 이익을 얻을 수 있습니다.

➕ ***직거래 장터**

직거래 장터에서 지역의 특산물을 소개하고 지역을 홍보하여 경제적 이익을 얻을 수 있습니다.

교류하는 지역은 서로에게 도움과 영향을 주고받으며 성장해요.

용어 사전

★ **발전** 더 낫고 좋은 상태나 더 높은 단계로 나아감.
★ **직거래 장터** 중개인을 거치지 아니하고 살 사람과 팔 사람이 직접 거래하는 장이 서는 터.

핵심만 한번 더 쓰면서 정리 !

교 류의 의미	사람들이 오고 가거나 물 건이나 자 원, 기 술, 문 화 등을 주고받는 것
교류가 일어나는 까닭	자 연 환 경, 기술, 시 설, 문화, 자원 등이 다르기 때문에

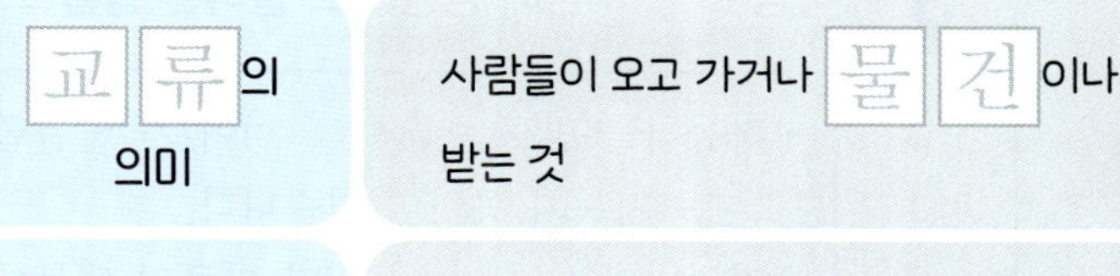

문제 학습

1 (   )(이)란 사람들이 오고 가거나 물건이나 자원, 기술, 문화 등을 주고받는 것을 말합니다.

2 교류가 일어나는 까닭은 지역마다 자연환경이나 시설, 기술 등이 (같기 , 다르기) 때문입니다.

3 지역마다 풍부하게 생산되는 물건을 서로 사고팔아 (   ) 이익을 얻습니다.

4 (   )을/를 하면 지역끼리 힘을 합해 서로 돕고 좋은 관계를 맺습니다.

📖 8종 공통

5 다음 (   ) 안에 들어갈 알맞은 말을 쓰시오.

> 교류란 개인이나 지역이 경제적 (   ) 을/를 얻기 위해 서로 물건이나 자원, 기술, 정보 등을 주고받는 것을 말합니다.

(   )

서술형 📖 8종 공통

6 다음 그림과 관련해 교류가 일어나는 까닭을 쓰시오.

____

도움말 그림의 두 지역이 어떤 특징이 있는지 살펴보세요.

📖 8종 공통

7 교류가 일어나는 까닭으로 알맞은 것을 (보기)에서 두 가지 고르시오.

> (보기)
> ㉠ 지역의 인구가 같기 때문에
> ㉡ 가지고 싶은 것을 모두 가질 수 있기 때문에
> ㉢ 지역에서 많이 생산되는 자원이 다르기 때문에
> ㉣ 지역에서 가지고 있는 기술이 다르기 때문에

(   )

📖 8종 공통

8 다음 (   ) 안에 공통으로 들어갈 말을 쓰시오.

> • 자동차를 만드는 (   )이/가 발달한 지역 은 큰 자동차 공장이 있습니다.
> • 지역마다 (   )이/가 다르기 때문에 교류 가 일어납니다.

(   )

9

지역 간 교류에 대해 알맞게 말한 친구를 골라 ○ 표 하시오.

(1)

(2)

(   )   (   )

10 📖 8종 공통

지역 간에 교류를 하지 않았을 때 생기는 어려움으로 알맞은 것을 (보기)에서 골라 기호를 쓰시오.

(보기)
ⓐ 지역끼리 힘을 합쳐 서로 도울 수 있다.
ⓑ 우리 지역에서 나거나 생산되지 않는 상품을 구할 수 없다.
ⓒ 다른 지역과 기술을 협력하여 더 나은 상품을 개발할 수 있다.

(   )

11 동아출판, 비상교육 외

다음 (   ) 안에 들어갈 알맞은 말을 쓰시오.

(   ) 장터에서 지역의 특산물을 소개하고 지역을 홍보하여 경제적 이익을 얻을 수 있습니다.

(   )

12 📖 8종 공통

교류를 하면 좋은 점으로 알맞지 <u>않은</u> 것은 어느 것입니까? (   )

① 지역끼리 힘을 합해 도울 수 있다.
② 우리 지역에 없는 것을 이용할 수 있다.
③ 우리 지역만 경제적 이익을 얻을 수 있다.
④ 기술 교류를 하여 더 좋은 물건을 만들 수 있다.
⑤ 우리 지역을 찾는 사람들이 많아져서 지역이 발전한다.

3 단원

6회

13 디지털 문해력 📖 8종 공통

다음 인터넷 게시판의 글을 보고 알맞게 말한 친구를 골라 이름을 쓰시오.

(   )

학습 결과에 색칠하세요.

➕ **옛날과 오늘날의 경제적 교류**

- 옛날에는 주로 시장에서 경제적 교류를 활발하게 했습니다.
- 오늘날에는 교통과 통신의 발달로 다양한 장소에서 여러 가지 방법으로 경제적 교류를 하고 있습니다.

➕ **촌락과 도시의 생산물에 따른 경제적 교류**

농촌	곡식, 채소, 과일 등
어촌	생선, 미역, 조개, 소금 등
산지촌	버섯, 산나물, 약초, 목재 등
도시	자동차, 옷, 장난감, 컴퓨터 등

★ **통신** 우편·전화·컴퓨터 등으로 정보나 의사를 전달하는 것.

★ **대표** 전체의 상태나 성질을 어느 하나로 잘 나타내는 것.

1 지역 간 교류 분야

(1) 지역 간 교류 분야

① 지역 간 교류는 생산물, 기술, 문화 등 다양한 분야에서 이루어지고 있습니다.

② 각 지역은 교류를 통해 다른 지역과 밀접한 관계를 맺고 있습니다.

③ 오늘날 교통과 *통신의 발달로 지역 간 교류가 더욱 활발해지고 있습니다. ➕

(2) 각 지역의 대표 상품

① 자연환경, 기술, 자원, 시설 등에 따라 지역의 *대표 상품이 달라집니다.

② 지역 간 경제 교류는 지역의 대표 상품을 중심으로 이루어집니다.

(3) 지역 간 경제 교류 사례

생산물 교류	각 지역의 풍부한 생산물을 중심으로 경제적 교류를 합니다. ➕
기술 교류	각 지역은 기술 교류를 통해 서로의 지역에 부족한 기술을 보완하여 경제적 이익을 얻습니다.
문화 교류	각 지역은 공연, 전시회, 운동 경기, 관광 등을 통해 교류합니다.

2 지역 간 교류 사례 조사

(1) 여러 지역이 교류하는 모습을 조사하는 방법: 지역 신문이나 책자 살펴보기, 인터넷 검색하기, 지역 누리집 방문하기 등이 있습니다. ➕

(2) 지역 간 경제 교류 사례를 살펴보고 알 수 있는 점

① 각 지역은 다양한 방법으로 경제 교류를 하며 서로 밀접한 관계를 맺습니다.

② 지역들은 서로 필요한 것을 주고받으며 상호 의존하고 있습니다. ➕

교과서 대표 자료 신문 기사에서 교류 사례 조사하기

○○신문　　　　　　　　　　　20△△년 ○월 ○일

**울산광역시 – 세종특별자치시,
자율 주행 자동차 발전에 힘 모은다**

울산광역시와 세종특별자치시가 자율 주행 자동차를 개발하고 일상적으로 쓰이게 하고자 관련 기술과 인적 자원을 교류하는 업무 협약을 하였다.

자동차 개발 기술이 발달한 울산광역시에서는 자율 주행 자동차를 개발하고, 자율 주행 자동차 시험 기술을 갖춘 세종특별자치시에서는 울산광역시에서 개발한 자율 주행 자동차의 안전을 시험할 예정이다. 두 지역의 기술 교류로 자율 주행 자동차 시대가 앞당겨질 것으로 기대된다.

지역 간 교류 사례를 통해 각 지역은 다양한 방법으로 교류를 하며 서로 밀접한 관계를 맺는다는 점을 알 수 있습니다.

➕ **인터넷 검색으로 교류 사례 조사하기**

• 인터넷 검색창이나 지역 누리집에 '우리 지역의 이름, 교류' 등의 검색어를 입력합니다.

• 우리 지역의 교류와 관련된 기사를 찾아 조사합니다.

➕ **문화 교류의 사례**

전북특별자치도 전주시에서 한국·중국·일본 청소년 전통 놀이 문화 교류 행사가 열렸습니다. 한국, 중국, 일본 학생들은 각 나라의 전통 놀이를 체험하고 전주 한옥 마을을 탐방하는 활동 등을 했습니다.

이를 통해 학생들은 이웃 나라의 전통문화를 이해할 수 있었습니다.

용어 사전

★ **자율 주행** 운전자가 직접 운전하지 않고, 차량 스스로 도로에서 달리게 하는 일.

★ **협약** 서로 힘을 합하기로 약속을 하는 것.

3 단원 / 7회

핵심만 한번 더 쓰면서 **정리 !**

지역 간 교류 분야	생 산 물 , 기술, 문화 등 다양한 분야에서 이루어짐.
지역 간 교류 사례 조사 방법	- 지 역 신 문 살펴보기 - 책 자 살펴보기 - 인터넷 검 색 하기 - 지역 누 리 집 방문하기 등

문제 학습

1 오늘날 교통과 통신의 발달로 지역 간 교류가 더욱 (사라지고 , 활발해지고) 있습니다.

2 지역 간 교류는 각 지역의 (　　　)을/를 중심으로 이루어집니다.

3 공연, 전시회, 운동 경기 등의 교류는 (　　　) 교류에 해당합니다.

4 지역들은 서로 필요한 것을 주고받으며 상호 (　　　)하고 있습니다.

📖 8종 공통

5 지역 간 교류에 대한 설명으로 알맞은 것에 ○표 하시오.

(1) 지역 간 교류는 하나의 분야에서만 이루어집니다. (　　　)

(2) 오늘날 교통과 통신의 발달로 지역 간 교류가 더욱 활발해지고 있습니다. (　　　)

📖 8종 공통

6 오늘날 사람들이 다양한 장소에서 여러 가지 방법으로 교류할 수 있게 된 이유를 알맞게 말한 친구를 골라 이름을 쓰시오.

(　　　　　　)

| 7~8 | 다음은 생산물에 따른 경제적 교류를 정리한 표입니다. 물음에 답하시오.

(　　　)	곡식, 채소, 과일 등
어촌	생선, 미역, 조개, 소금 등
산지촌	버섯, 산나물, 약초, 목재 등
도시	자동차, 옷, 장난감, 컴퓨터 등

📖 8종 공통

7 위 표에 나타난 경제적 교류를 하는 대상은 어느 것입니까? (　　　)

① 개인과 기업　　　② 기업과 지역

③ 지역과 지역　　　④ 기업과 기업

⑤ 국가와 국가

동아출판, 비상교육 외

8 위 표의 (　　　) 안에 들어갈 알맞은 말을 쓰시오.

(　　　　　　)

📖 8종 공통

9 다음 ( ) 안에 들어갈 알맞은 말을 골라 ◯표 하시오.

> **인터넷 검색으로 교류 사례 조사하기**
>
> 인터넷 검색창이나 지역 누리집에 '우리 지역의 이름, (교류 , 역사) ' 등의 검색어를 입력합니다. 우리 지역의 교류와 관련된 기사를 찾아 조사합니다.

서술형 📖 8종 공통

10 여러 지역의 교류 모습을 조사하는 방법을 두 가지 쓰시오.

____

도움말 지역 간에 교류하는 모습을 어디에서 찾아볼 수 있을지 생각해 보세요.

📖 8종 공통

11 다음은 어떤 분야에서의 교류 모습을 나타낸 것입니까? ( )

> 전북특별자치도 전주시에서 한국·중국·일본 청소년 전통 놀이 문화 교류 행사가 열렸습니다. 한국, 중국, 일본 학생들은 각 나라의 전통 놀이를 체험하고 전주 한옥 마을을 탐방하는 활동 등을 했습니다.

① 자원　　　　　② 기술
③ 문화　　　　　④ 물자
⑤ 대중 매체

📖 8종 공통

12 지역의 경제적 교류에 대해 알맞게 말한 친구를 골라 이름을 쓰시오.

> • 성은: 문화 교류는 국내 지역끼리만 이루어집니다.
> • 준영: 지역의 경제적 교류 증가와 지역 주민들의 경제활동은 관련이 없습니다.
> • 해준: 각 지역은 지역 축제, 문화 공연을 통해 경제적 이익을 얻을 수 있습니다.

( )

3
단원

7회

디지털 문해력 아이스크림, YBM 외

13 다음은 현진이와 친구들의 대화 내용입니다. 대표 상품에 대해 **잘못** 말한 친구를 골라 이름을 쓰시오.

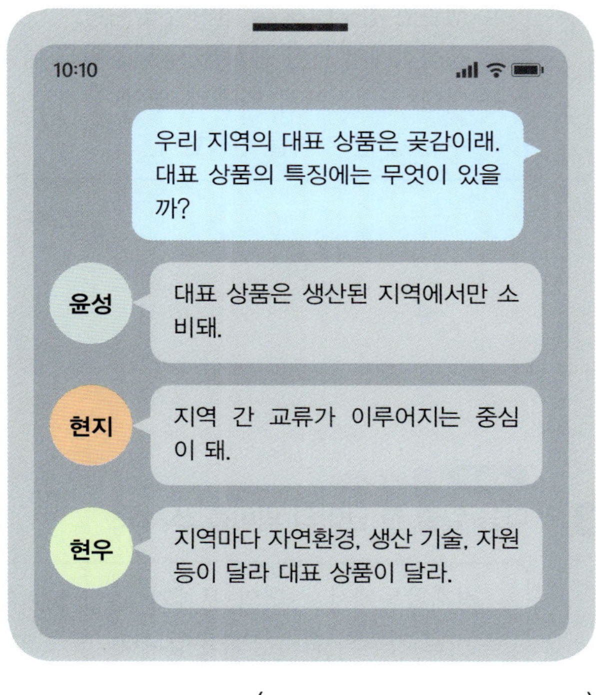

( )

학습 결과에 색칠하세요. 

마무리 평가 **8**회

▣ 8종 공통

1 선택의 문제에 대한 설명으로 알맞지 <u>않은</u> 것은 어느 것입니까? (　　　)

① 사람들은 모두 똑같은 선택을 한다.
② 경제활동을 하는 모든 사람에게 일어난다.
③ 어떤 선택을 하는지는 사람마다 다를 수 있다.
④ 원하는 것을 모두 가질 수 없기 때문에 선택의 문제가 일어난다.
⑤ 경제활동에서 선택의 문제가 일어나는 까닭은 자원의 희소성 때문이다.

▣ 8종 공통

2 다음 (보기)에서 우리가 경제활동을 하며 겪을 수 있는 선택의 문제를 모두 골라 기호를 쓰시오.

> (보기)
> ㉠ 공연을 볼지 영화를 볼지 선택한다.
> ㉡ 생일인 친구에게 줄 편지를 씁니다.
> ㉢ 음식점에서 어떤 음식을 사 먹을지 고른다.
> ㉣ 대형 할인점에서 가격과 영양이 서로 다른 우유 중 한 가지를 선택한다.

(　　　　　)

서술형 **▣ 8종 공통**

★3 다음 밑줄 친 단어의 의미를 쓰시오.

> 경제활동에서 선택의 문제가 일어나는 까닭은 바로 자원의 <u>희소성</u> 때문입니다.

____

____

▣ 8종 공통

4 다음 중 합리적 선택을 한 친구를 골라 이름을 쓰시오.

▲ 지수

▲ 이도

▲ 정민

▲ 동훈

(　　　　　)

▣ 8종 공통

5 합리적 선택이 필요한 까닭으로 알맞은 것을 두 가지 고르시오. (　　　)

① 법으로 정해 놓았기 때문에
② 가지고 싶은 것이 없기 때문에
③ 빠르게 선택할 수 있기 때문에
④ 돈과 자원을 아낄 수 있기 때문에
⑤ 큰 만족감을 얻을 수 있기 때문에

6 다음은 어떠한 방법으로 물건의 정보를 얻는 것에 대한 설명입니까? (　　　　)

> 직원에게 궁금한 점을 물어볼 수 있으며 물건을 직접 살펴볼 수 있습니다.

① 광고지 보기
② 상점 방문하기
③ 인터넷 검색하기
④ 주변 사람의 경험 듣기
⑤ 신문이나 텔레비전 광고 보기

📖 8종 공통

7 합리적 선택을 하기 위해 생각해야 할 기준으로 알맞은 것을 (보기)에서 두 가지 고르시오.

> (보기)
> ㉠ 꼭 필요한 것인지 생각해 본다.
> ㉡ 가장 비싸게 살 수 있는 방법을 선택한다.
> ㉢ 친구들에게 자랑할 수 있는 것인지 따져 본다.
> ㉣ 내가 얻을 수 있는 편리함이나 즐거움이 무엇인지 생각해 본다.

(　　　　　　　　　　)

 📖 8종 공통

8 합리적 선택을 하기 위해 가장 먼저 해야 할 일을 쓰시오.

📖 8종 공통

9 다음 표를 보고, 지환이가 선택해야 할 제품으로 알맞은 것의 기호를 쓰시오.

물건	㉠ 운동화	㉡ 운동화	㉢ 운동화

가격	60,000원	50,000원	40,000원
디자인	올해 유행하는 디자인임.	예쁨.	평범함.
무게	무거움.	가벼움.	가벼움.

> 지환: 나는 40,000원 이하면서 무게가 가벼운 운동화를 사고 싶어.

(　　　　　　　　) 운동화

📖 8종 공통

10 다음 중 소비에 해당하는 활동은 어느 것입니까?
(　　　　)

① 
▲ 과일 따기

② 
▲ 진료 받기

③
▲ 건물 짓기

④ 
▲ 공연하기

8종 공통

11 다음 사진과 생산 활동의 종류가 같은 것은 어느 것입니까? (   )

▲ 학생 가르치기

① 책 만들기　　② 건물 짓기
③ 물고기 잡기　　④ 환자 진료하기
⑤ 자동차 만들기

8종 공통

12 다음 (보기)를 생산 활동과 소비 활동으로 구분하여 각각 기호를 쓰시오.

(보기)
㉠ 빵을 만드는 것
㉡ 빵을 사 먹는 것
㉢ 머리 손질을 받는 것
㉣ 머리를 손질해 주는 것

(1) 생산 활동: (　　　　　　　　　)
(2) 소비 활동: (　　　　　　　　　)

서술형　**8종 공통**

13 다음 생산 활동의 공통점을 쓰시오.

▲ 소 기르기

▲ 과일 따기

____

____

8종 공통

14 생산과 소비에 대한 설명으로 알맞지 <u>않은</u> 것은 어느 것입니까? (   )

① 생산과 소비는 아무 관계가 없다.
② 생산과 소비는 모두 경제활동이다.
③ 생산하지 않으면 소비를 할 수 없다.
④ 소비를 하지 않으면 생산할 필요가 없다.
⑤ 생산 활동과 소비 활동이 함께 이루어질 때도 있다.

8종 공통

15 다음 (　　) 안에 들어갈 알맞은 말을 골라 ○표 하시오.

물건의 정보를 확인하는 방법으로 (광고지 , 신문 기사) 확인하기가 있습니다.

8종 공통

16 다음은 우리 주변의 상품이 어디에서 왔는지 조사한 표입니다. 다른 나라에서 온 상품을 두 가지 고르시오. (   )

상품	생산지(원산지)
감귤	제주특별자치도
한우	강원특별자치도 횡성군
아몬드	미국
청바지	베트남
텔레비전	경상북도 구미시

① 감귤　　② 한우　　③ 아몬드
④ 청바지　　⑤ 텔레비전

📖 8종 공통

17 다음 ( ) 안에 들어갈 알맞은 말을 쓰시오.

▲ 병원

▲ 공항

사람들이 위와 같은 (   )을/를 이용하기 위해 이동하면서 교류가 일어나기도 합니다.

(   )

📖 8종 공통

18 다음 밑줄 친 '영향'으로 알맞지 <u>않은</u> 것은 어느 것입니까? (   )

다양한 교류로 각 지역들은 서로 좋은 <u>영향</u>을 미칠 수 있습니다.

① 지역 간 사이가 더 가까워진다.
② 지역 간의 경쟁에서 이길 수 있다.
③ 지역의 특산물을 소개해 경제적 이익을 얻을 수 있다.
④ 우리 지역에 없는 것을 이용할 수 있어서 생활이 편리해진다.
⑤ 우리 지역을 보러 오는 사람들이 늘어나서 지역 경제에 도움이 된다.

|19~20| 다음은 교류 모습입니다. 물음에 답하시오.

전북특별자치도 전주시에서 한국·중국·일본 청소년 전통 놀이 문화 교류 행사가 열렸습니다. 한국, 중국, 일본 학생들은 각 나라의 전통 놀이를 체험하고 전주 한옥 마을을 탐방하는 활동 등을 했습니다.
이를 통해 학생들은 이웃 나라의 전통 문화를 이해할 수 있었습니다.

📖 8종 공통

19 위 글에 나타난 교류에 대한 설명으로 알맞은 것에 ○표, 알맞지 <u>않은</u> 것에 ×표 하시오.

⑴ 나라 간 문화 교류를 하는 모습입니다.

(   )

⑵ 풍부한 생산물을 중심으로 교류를 하는 모습입니다.

(   )

서술형 **📖 8종 공통**

20 위와 같이 오늘날 지역 간 교류가 활발해진 까닭을 쓰시오.

____

____

학습 결과에 색칠하세요.　

◎ 가로 열쇠와 세로 열쇠를 읽고, 퍼즐을 풀어 보세요.

● 정답 25쪽

가로 열쇠

② 위에서 내려다본 땅의 실제 모습을 정해진 약속에 따라 일정하게 줄여서 나타낸 그림
④ 나라를 효율적으로 관리하려고 나눈 지역
⑤ 땅의 모습을 지도에 간단히 나타낸 표시
⑦ 생활에 필요한 물건이나 서비스를 이용하는 활동
⑧ 옛날부터 전해 내려온 것 중에서 다음 세대에게 물려줄 만한 가치가 있는 것
⑩ 여러 가지 기준을 고려하여 돈과 자원을 낭비하지 않고 큰 만족을 얻는 선택을 하는 것

세로 열쇠

① 옛날 사람들의 흔적이 남아 있는 곳이나 역사적인 사건이 벌어졌던 유적이 있는 곳
③ 우리가 살아가는 지역에 대한 여러 가지 정보
⑤ 과거의 뜻깊은 일이나 훌륭한 인물 등을 오래도록 기억하려고 세운 곳
⑥ 사람들의 필요나 욕구에 비하여 자원의 양이 상대적으로 부족한 상태
⑨ 생활에 필요한 물건을 만들거나 서비스를 제공하는 활동
⑪ 어떤 장소가 차지하는 넓이의 크기

2022 개정 교육과정

백점

사회 4·1

평가북

- 빠르게 정리하는 **단원 핵심 개념**
- 학교 시험 대비 수준별 **단원 평가**

동아출판

∘ 평가북 구성과 특징

1 **단원 핵심 개념**이 있습니다.
중요 내용을 빠르게 정리할 수 있도록
각 단원별 핵심 개념 제공

2 **수준별 다양한 평가**가 있습니다.
A단계, B단계 두 가지 난이도로 단원 평가 제공

백점

사회 4·1

평가북

● 차례

1. 지도로 만나는 우리 지역 ⋯⋯⋯⋯ 2쪽

2. 우리 지역의 국가유산 ⋯⋯⋯⋯ 14쪽

3. 경제활동과 지역 간 교류 ⋯⋯⋯⋯ 24쪽

❶ 우리 지역을 나타낸 지도

(1) 지도의 의미와 특징

의미

위에서 내려다본 땅의 실제 모습을 일정하게 줄여서 약속된 ❶[   ]로 나타낸 그림

특징

지도는 정해진 ❷[   ]에 따라 정확히 그려야 함.

항공 사진과 지도 비교하기

▲ 항공 사진   ▲ 지도

- 항공 사진은 땅의 실제 모습이 나타나 있지만 건물의 이름이 나타나 있지 않음.
- ❸[   ]는 정해진 약속에 따라 필요한 정보가 보기 쉽게 나타나 있음.

(2) 지도의 기본 요소

방위

방향의 위치를 말하며, 방위에는 동서남북이 있음.

기호

땅의 모습을 지도에 간단히 나타낸 표시

축척

지도에서 ❹[   ]를 줄인 정도

등고선

지도에서 땅의 ❺[   ]가 같은 곳을 연결한 선

(3) 지도에 담긴 정보

실제 생활에서 지도를 잘 사용하기 위해서는 방위표, 기호와 범례, 축척, 등고선 등을 읽어야 함.

(4) 생활 속에서 사용하는 다양한 지도

▲ 약도　　　　　▲ ⑥ ＿＿＿＿＿　　　　　▲ 관광 안내도　　　　　▲ 길 도우미(내비게이션)

1 단원

2 우리 지역의 지리 정보

(1) 행정구역

의미

⑦ ＿＿＿＿＿를 효율적으로 관리하려고 나눈 지역

우리나라의 행정구역

북한 지역을 제외하면 특별시 1곳, 특별자치시 1곳, 광역시 6곳, 도 6곳, 특별자치도 3곳으로 이루어져 있음.

(2) 우리 지역의 지형

의미

• 산, 평야, 하천, 바다와 같은 땅의 ⑧ ＿＿＿＿＿

• 지형은 지역마다 다양하게 나타남.

종류

▲ 산지　　　　　▲ 평야　　　　　▲ 바다

(3) 우리 지역의 지리 정보

의미

위치, 지형, 면적, 인구, 기온, 강수량 등 우리가 살아가는 지역에 대한 여러 가지 정보

• 면적: 어떤 장소가 차지하는 넓이의 크기

• 기온: 공기의 ⑩ ＿＿＿＿＿

• 인구: 일정한 지역에 사는 ⑨ ＿＿＿＿＿의 수

• 강수량: 일정 기간 동안 일정한 곳에 내린 물의 총량

지도의 의미와 기본 요소

1 다음 두 자료의 공통점으로 알맞은 것을 (보기)에서 모두 골라 기호를 쓰시오.

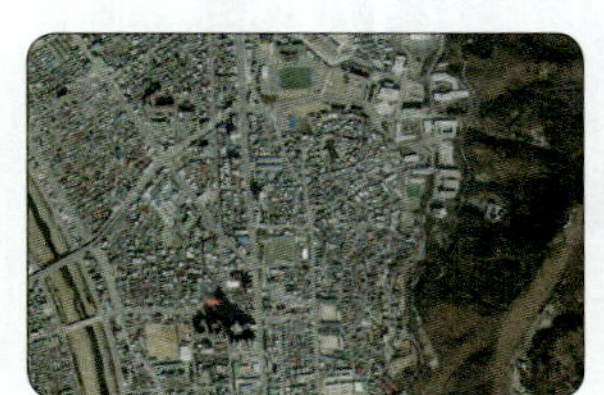

(보기)
㉠ 땅의 실제 모습이 나타나 있다.
㉡ 위에서 내려다본 땅의 모습이다.
㉢ 실제 모습보다 작게 나타나 있다.
㉣ 건물이나 지역의 이름이 나타나 있다.

(　　　　　　)

2 다음 (　　) 안에 공통으로 들어갈 말을 쓰시오.

- (　　　　)에는 필요한 정보가 보기 쉽게 나타나 있어서 알아보기가 쉽습니다.
- (　　　　)은/는 위에서 내려다본 땅의 실제 모습을 일정하게 줄여서 나타낸 그림입니다.

(　　　　　　)

지도에서 위치 표현하기

3 지도에서 방위가 필요한 까닭을 알맞게 말한 친구를 골라 ○표 하시오.

(1)

(2)

(　　　　)　　　　(　　　　)

4 다음 지도에 대한 설명으로 알맞지 <u>않은</u> 것은 어느 것입니까? (　　　　)

① 도서관의 동쪽에는 학교가 있다.
② 놀이터의 동쪽에는 학교가 있다.
③ 도서관의 북쪽에는 놀이터가 있다.
④ 도서관의 남쪽에는 문구점이 있다.
⑤ 문구점의 북쪽에는 도서관이 있다.

5 방위에 대한 설명으로 알맞지 <u>않은</u> 것은 어느 것입니까? (　　　　)

① 방향의 위치를 말한다.
② 방위에는 동서남북이 있다.
③ 지도에서 방위표로 나타낸다.
④ 지도에 방위표가 없으면 오른쪽이 서쪽, 왼쪽이 동쪽이라고 약속한다.
⑤ 방위표를 이용하면 사람이 향한 방향에 관계없이 위치를 나타낼 수 있다.

6 기호의 의미를 선으로 알맞게 연결하시오.

(1)  •

        • ㉠ 병원

(2) •

        • ㉡ 경찰서

(3) •

        • ㉢ 우체국

7 지도에서 기호를 사용하면 좋은 점으로 알맞은 것은 어느 것입니까? (   )

① 지도를 아름답게 꾸밀 수 있다.
② 나만의 기호를 지도에 사용할 수 있다.
③ 범례가 없어도 지도를 쉽게 읽을 수 있다.
④ 지도를 보지 않고도 다른 사람에게 위치를 설명할 수 있다.
⑤ 지도에서 땅이나 건물의 모습을 간단하게 나타낼 수 있다.

8 다음 (   ) 안에 공통으로 들어갈 말을 쓰시오.

> (   )은/는 지도에 쓰인 기호를 모아 그 뜻을 표시한 것입니다. (   )을/를 활용하면 지도에서 나타내는 정보를 쉽고 정확하게 알 수 있습니다.

(   )

9 다음 ㉠, ㉡에 들어갈 알맞은 말을 골라 ◯표를 하시오.

> 지도에 실제 거리를 많이 줄여서 나타낼수록 ㉠ (넓은 , 좁은) 지역을 ㉡ (간단히 , 자세히) 볼 수 있습니다.

1
단원
A단계

10 다음 중 더 넓은 지역을 간략하게 보여 주는 지도를 골라 기호를 쓰시오.

(가) 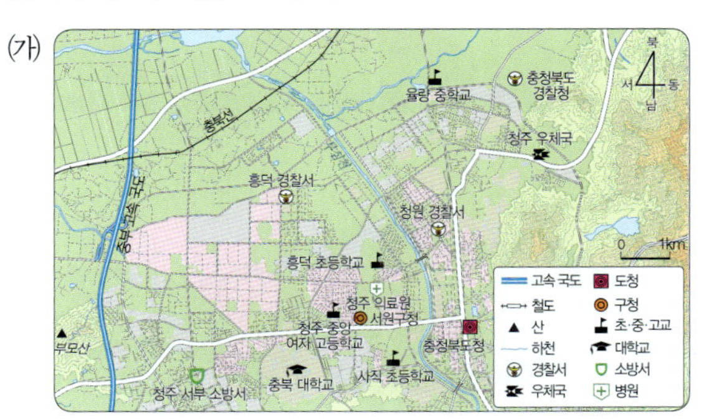

(나) 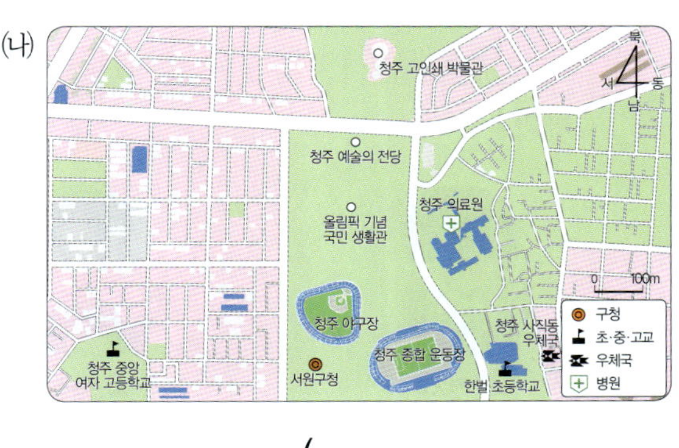

(   )

등고선 알아보기

11 다음 〈보기〉에서 지도에서 땅의 높낮이를 나타내는 방법을 모두 골라 기호를 쓰시오.

〈보기〉
ㄱ 기호　　　　　　　ㄴ 색깔
ㄷ 축척　　　　　　　ㄹ 등고선

(　　　　　　　　　)

12 다음 자료에 대해 알맞게 말한 친구를 골라 이름을 쓰시오.

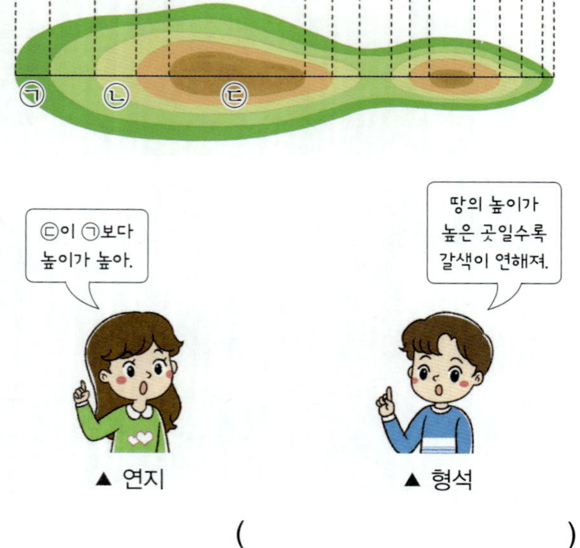

(　　　　　　　　　)

다양한 지도 살펴보기

13 다음에서 설명하는 지도가 무엇인지 쓰시오.

　목적지를 입력하면 가장 좋은 이동 방법을 알려 주는 프로그램입니다.

(　　　　　　　　　)

14 지하철이나 버스와 같은 대중교통의 경로를 나타낸 지도는 무엇입니까? (　　　　)

① 약도　　　　　　　② 안내도
③ 노선도　　　　　　④ 세계 지도
⑤ 우리나라 전도

15 다음 설명을 읽고 우리가 생활 속에서 활용하는 지도를 〈보기〉에서 골라 기호를 쓰시오.

〈보기〉
ㄱ 약도　　　　　　　ㄴ 관광 안내도

⑴ 중요한 것만 간략하게 나타낸 지도 (　　　　)
⑵ 여러 관광지의 위치를 그림이나 기호로 표시한 지도 (　　　　)

단원 평가 Ⓐ 단계

1-❷ 우리 지역의 지리 정보

맞은 개수 　／15

우리 지역의 위치와 지형

|1~2| 다음은 북한 지역을 제외한 우리나라의 행정구역을 나타낸 지도입니다. 물음에 답하시오.

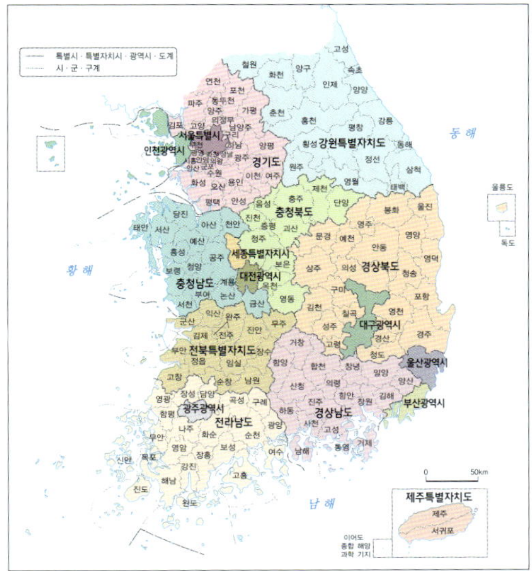

1 위 지도를 보고 알맞게 말한 친구를 골라 ○표 하시오.

(1)

(　　　)　　　　　　　(　　　)

2 위 지도를 보고 (　　) 안에 들어갈 알맞은 말을 쓰시오.

> 우리나라의 행정구역은 북한 지역을 제외하면 특별시 1곳, (　　　　) 1곳, 광역시 6곳, 도 6곳, 특별자치도 3곳으로 이루어져 있습니다.

(　　　　　　　　　　　　)

3 우리나라 행정구역 명칭의 유래에 대한 설명으로 알맞은 것에 ○표, 알맞지 <u>않은</u> 것에 ×표 하시오.

(1) 충청도는 충주와 청양의 이름을 따서 정했습니다. (　　　　)

(2) 우리나라에서 사용하는 행정구역의 이름은 조선 시대에 정한 행정구역을 기본으로 하고 있습니다. (　　　　)

4 다음 (　　) 안에 들어갈 알맞은 말을 쓰시오.

> (　　　　)은/는 산, 평야, 하천, 바다와 같은 땅의 생김새를 말합니다. (　　　　)은/는 지역마다 다양하게 나타납니다. 평야가 넓게 펼쳐진 지역도 있고, 산이 많은 지역도 있습니다.

(　　　　　　　　　　　　)

5 각 지형의 의미를 선으로 알맞게 연결하시오.

(1) 섬 ・　　　・ ㉠ 주위가 바다로 둘러싸인 땅

(2) 하천 ・　　　・ ㉡ 크고 작은 물줄기가 모여 이룬 것

6 다음에서 설명하는 단어를 (보기)에서 골라 기호를 쓰시오.

─(보기)─
㉠ 면적　　　　㉡ 인구　　　　㉢ 위치

(1) 일정한 지역에 사는 사람의 수　　（　　　）
(2) 어떤 장소가 차지하는 넓이의 크기　（　　　）

7 다음 (　　) 안에 들어갈 알맞은 말을 쓰시오.

지역의 면적 변화
　바다를 육지로 바꾸는 (　　　) 사업을 통해 면적이 늘어나기도 합니다. 또한 지역끼리 통합되면서 면적이 바뀌기도 합니다.

（　　　　　　　　　）

8 지역의 면적과 인구의 관계에 대해 말한 친구를 골라 ○표 하시오.

（　　　）　　　　　（　　　）

9 다음 (　　) 안에 공통으로 들어갈 말을 쓰시오.

　（　　　　）은/는 비, 눈, 우박, 안개 등이 일정 기간 동안 일정한 곳에 내린 물의 총량을 말합니다. 우리나라의 (　　　　)은/는 대체로 여름에 많으며, 겨울에는 적습니다.

（　　　　　　　　　）

10 다음은 우리 지역의 평균 기온과 평균 강수량 그래프입니다. 알맞지 <u>않은</u> 설명은 어느 것입니까?

（　　　）

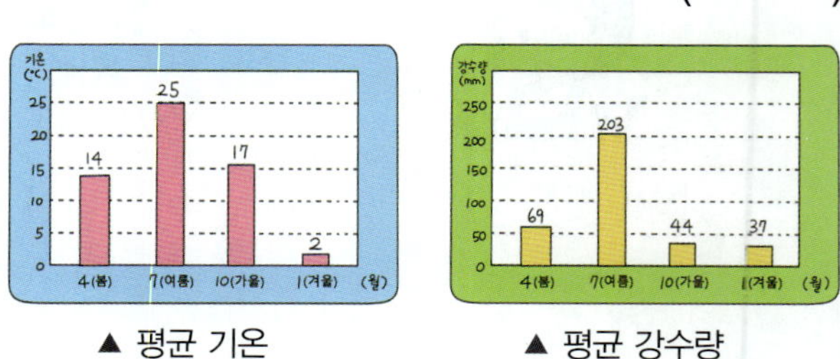

▲ 평균 기온　　　　　▲ 평균 강수량

① 우리 지역은 겨울에 기온이 가장 낮습니다.
② 우리 지역은 여름에 강수량이 가장 많습니다.
③ 우리 지역은 봄보다 여름에 기온이 더 높습니다.
④ 우리 지역은 겨울보다 봄에 강수량이 더 많습니다.
⑤ 우리 지역은 대체로 여름에 기온이 낮고 강수량이 적습니다.

11 지리 정보에 대한 설명으로 알맞지 <u>않은</u> 것을 (보기)에서 골라 기호를 쓰시오.

(보기)
⊙ 지역마다 특징적인 지리 정보를 가지고 있습니다.
ⓒ 지리 정보가 달라도 사람들의 생활 모습은 똑같습니다.
ⓒ 디지털 영상 지도를 보면 우리 지역의 지리 정보를 알 수 있습니다.
ⓔ 땅 위에 나타나는 여러 가지 것들의 특성을 알려 주는 자료를 지리 정보라고 합니다.

( )

12 디지털 영상 지도를 확인하면 알 수 있는 지리 정보에 대해 알맞게 말한 친구를 골라 이름을 쓰시오.

• 은영: 우리 지역에 사는 사람들의 직업을 알 수 있습니다.
• 로운: 우리 지역의 산, 바다, 하천 등의 모습을 알 수 있습니다.

( )

13 다음은 지리 정보 조사 과정 중 어떤 모습인지 쓰시오.

조사 내용 ( )하기

|14~15| 다음은 태백시와 해운대구의 특징을 비교한 것입니다. 물음에 답하시오.

14 다음 ( ) 안에 들어갈 말을 골라 ○표 하시오.

태백시는 해운대구보다 인구가 (많습니다 , 적습니다). 태백시는 해운대구보다 여름 기온이 (높습니다 , 낮습니다).

15 위와 같이 지역 비교를 통해 알 수 있는 점에 대해 알맞게 말한 친구를 골라 ○표 하시오.

( )   ( )

1 다음 자료를 보고 알 수 있는 지도의 특징과 관련해 다음 (　) 안에 들어갈 말을 쓰시오.

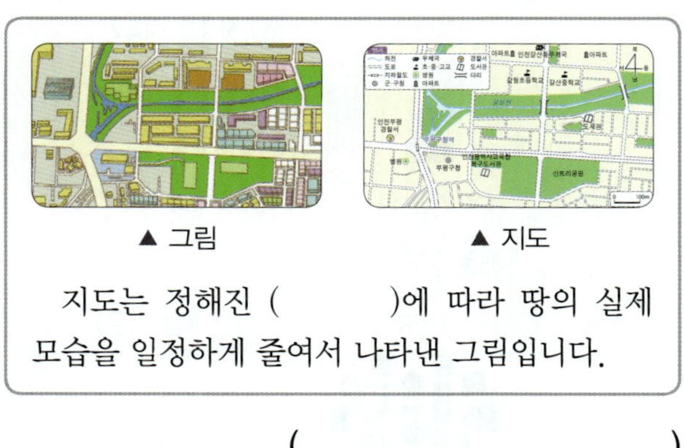

▲ 그림   ▲ 지도

지도는 정해진 (　　　)에 따라 땅의 실제 모습을 일정하게 줄여서 나타낸 그림입니다.

(　　　　　　　　)

2 다음 자료와 관련된 설명을 선으로 알맞게 연결하시오.

(1) 그림 •   • ㉠   그리는 사람의 마음대로 그림.

(2) 지도 •   • ㉡   땅 위에 있는 모든 것이 나타나 있음.

(3) 항공 사진 •   • ㉢   필요한 정보가 보기 쉽게 나타나 있음.

3 지도에 방위표가 없을 때 방위를 나타내는 방법으로 알맞은 것은 어느 것입니까? (　　　)

① 왼쪽이 동쪽이다.
② 위쪽이 북쪽이다.
③ 아래쪽이 동쪽이다.
④ 오른쪽이 서쪽이다.
⑤ 오른쪽이 남쪽이다.

4 다음 지도에 나타난 전북특별자치도의 남쪽에 있는 지역을 알맞게 고른 것은 어느 것입니까?

(　　　　　　)

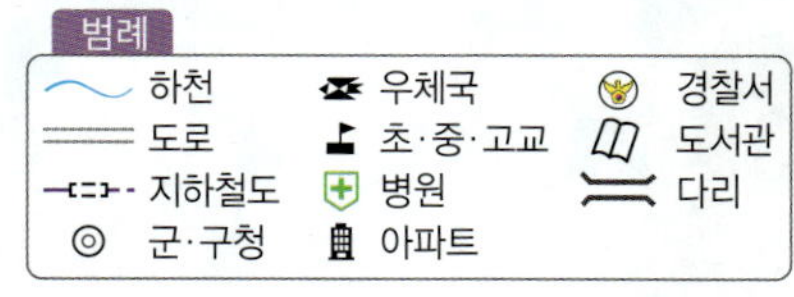

① 강원도, 경기도
② 충청남도, 대구광역시
③ 경상남도, 울산광역시
④ 광주광역시, 전라남도
⑤ 강원도, 제주특별자치도

5 다음과 같이 지도에 쓰인 기호와 그 뜻을 나타내는 것이 무엇인지 쓰고, 이를 활용하면 좋은 점을 쓰시오.

____

____

6 다음 지도에서 우체국은 모두 몇 곳이 있는지 찾아 쓰시오.

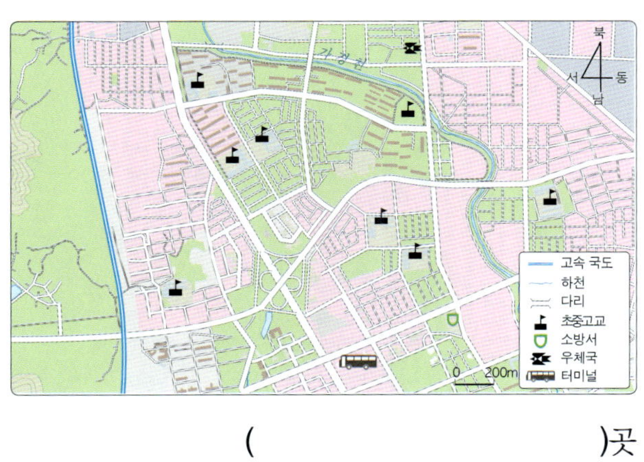

( )곳

9 다음 등고선의 ㉠~㉢을 가장 낮은 곳에서 높은 곳의 순서대로 쓰시오.

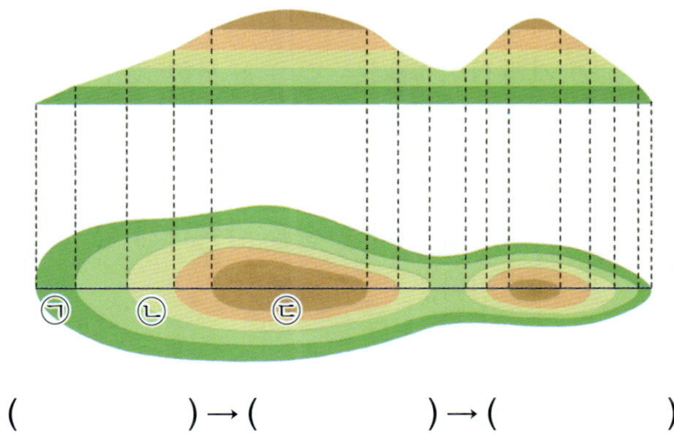

( ) → ( ) → ( )

1
단원

B단계

7 다음에서 설명하는 것은 무엇입니까? ( )

> 지도에서 실제 거리를 얼마나 줄였는지 나타내는 것으로 지도의 자세한 정도와 관련이 있습니다.

① 색깔
② 기호
③ 범례
④ 축척
⑤ 등고선

8 다음 축척이 의미하는 것이 무엇인지 실제 거리를 줄인 정도와 관련하여 쓰시오.

0   2km
1cm

____

____

10 지도에서 등고선과 색깔로 알 수 있는 정보는 무엇입니까? ( )

① 땅의 높낮이
② 건물의 높낮이
③ 지역에 있는 문화유산
④ 지역에 살고 있는 사람의 수
⑤ 지역에서 재배되고 있는 농산물

11 약도에 대한 설명으로 알맞은 것은 무엇입니까?

( )

① 대중교통의 경로를 나타낸 지도이다.
② 지하철이 다니는 길을 표시한 지도이다.
③ 원하는 정보를 쉽게 찾기 어려운 지도이다.
④ 알리고자 하는 내용을 자세히 표현한 지도이다.
⑤ 목적지까지 가는 길을 간략하게 줄여서 나타낸 지도이다.

서술형 📖 11종 공통

12 우리가 생활하면서 다음과 같은 관광 안내도를 활용할 수 있는 방법을 쓰시오.

____

____

____

13 다음에서 설명하는 것은 무엇입니까? ( )

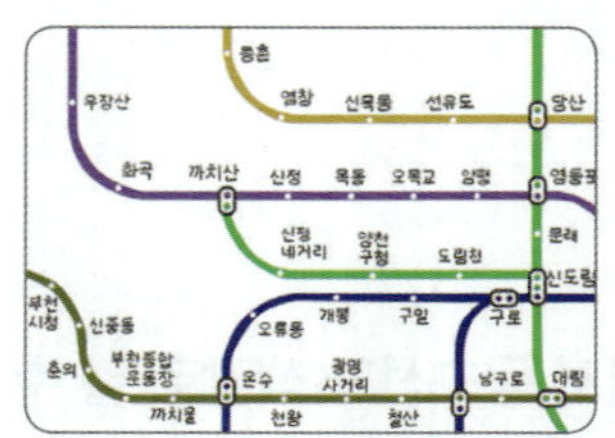

　생활 속에서 사용하는 지도 중 하나로, 지하철이 다니는 길을 나타냈습니다.

① 세계 전도　　　　② 항공 사진
③ 미술관 약도　　　④ 학교 안내도
⑤ 지하철 노선도

| 14~15 | 다음 지도를 보고, 물음에 답하시오.

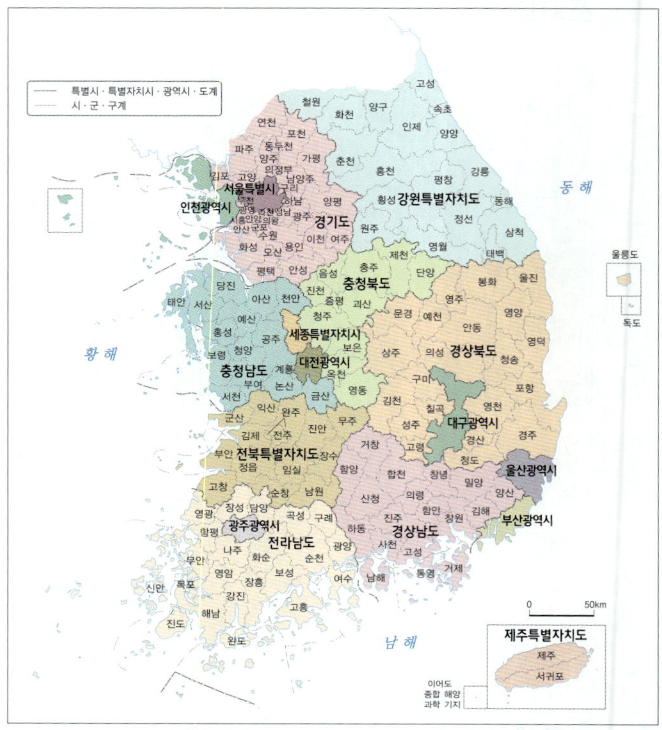

14 위와 같이 나라를 효율적으로 관리하려고 나눈 지역을 무엇이라고 하는지 쓰시오.

( )

15 다음 ( ) 안에 들어갈 알맞은 말을 쓰시오.

　우리 지역은 강원특별자치도 강릉시입니다. 강원특별자치도는 경상북도의 ( )쪽에 있습니다.

( )

16 다음 사진에 나타난 지형을 각각 (보기)에서 골라 기호를 쓰시오.

(보기)
ㄱ 산지　　　ㄴ 바다　　　ㄷ 평야

(1)　　　　　　(2)

（　　　　）　　　（　　　　）

17 다음은 청주시와 괴산군을 비교하여 정리한 표입니다. 알맞게 말한 친구를 골라 이름을 쓰시오.

지역 이름	청주시	괴산군
면적	약 941㎢	약 842㎢
인구	약 85만 명	약 4만 명

（　　　　　　　　　　）

18 우리나라의 여름과 겨울의 기온과 강수량 특징을 쓰시오.

____

____

____

19 다음 (　　) 안에 공통으로 들어갈 말을 쓰시오.

- 우리가 살아가는 지역에 대한 여러 가지 정보를 (　　　　)(이)라고 합니다.
- (　　　　)에는 위치, 지형, 면적, 인구, 기온, 강수량 등이 있습니다.

（　　　　　　　　　　）

20 우리 지역의 지리 정보를 조사하는 방법으로 알맞지 <u>않은</u> 것을 (보기)에서 골라 기호를 쓰시오.

(보기)
ㄱ 지도나 디지털 영상지도를 살펴봅니다.
ㄴ 지역 누리집의 지역 소개 게시판을 찾아봅니다.
ㄷ 지역의 통계 자료를 알 수 있는 누리집을 방문합니다.
ㄹ 우리 지역의 기념관을 답사하여 인물의 업적을 알아봅니다.

（　　　　　　　　　　）

'단원' 핵심 개념

① 우리 지역의 다양한 국가유산

(1) 국가유산의 의미와 종류

의미

옛날부터 전해 내려온 것 중에서 다음 세대에게 물려줄 만한 ❶[   ]가 있는 것

종류

문화유산	건축물, 공예품, 책, 생활 도구 등과 같이 형태가 있는 것
무형유산	음악, 춤, 연극, 기술 등과 같이 ❷[ ]가 없는 것
자연유산	보존할 만한 가치가 있는 자연물이나 자연환경

(2) 문화유산과 무형유산으로 분류하기

문화유산

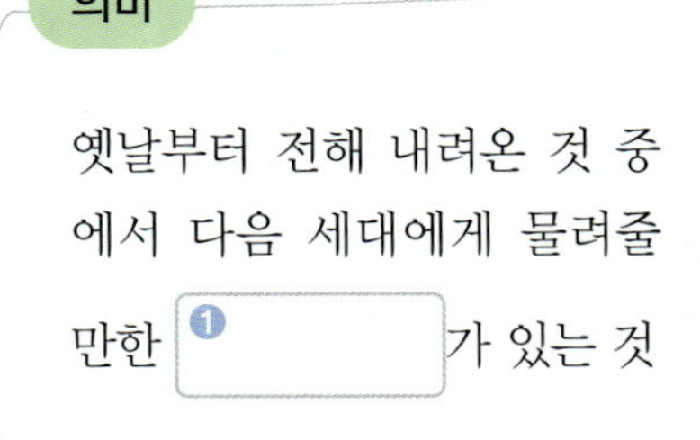

▲ 고인돌 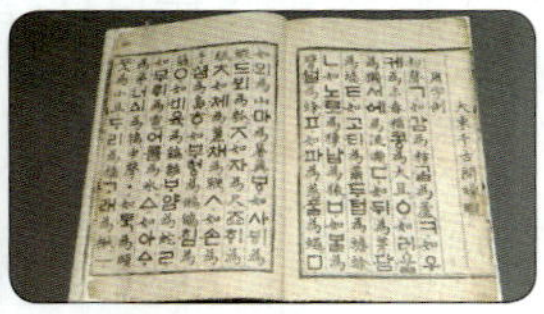　　▲ 훈민정음

▲ 안동 하회 마을 　　▲ 창덕궁

무형유산

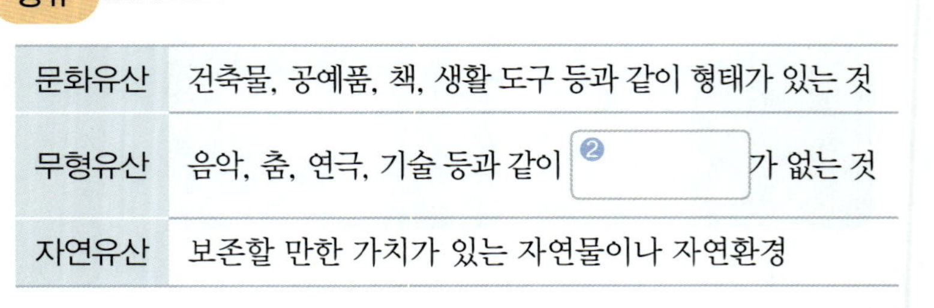

▲ 강강술래 　　▲ 종묘 제례악

▲ 하회 별신굿 탈놀이 　　▲ 판소리

(3) 국가유산의 가치

- 우리 조상들의 지혜와 생활 모습을 알 수 있습니다.
- 국가유산은 과거와 현재를 이어 주는 귀중한 자료로서 가치가 있습니다.

(4) 우리 지역의 국가유산 조사 방법

- 국가유산을 다룬 책이나 문서 읽기
- 인터넷에서 국가유산 검색하기
- 국가유산을 잘 아는 사람과 ❸[   ]하기
- 국가유산 ❹[   ]하기

② 우리 지역의 역사

(1) 지역의 박물관, 기념관, 유적지

박물관	기념관	유적지
옛날 사람들이 만들거나 사용했던 다양한 국가유산을 보관하고 ⑤ [ ] 하는 곳	과거의 뜻깊은 일이나 훌륭한 인물 등을 오래도록 ⑥ [ ] 하려고 세운 곳	옛날 사람들의 흔적이 남아 있는 곳이나 역사적인 사건이 벌어졌던 ⑦ [ ] 이 있는 곳

(2) 우리 지역의 역사 체험하기

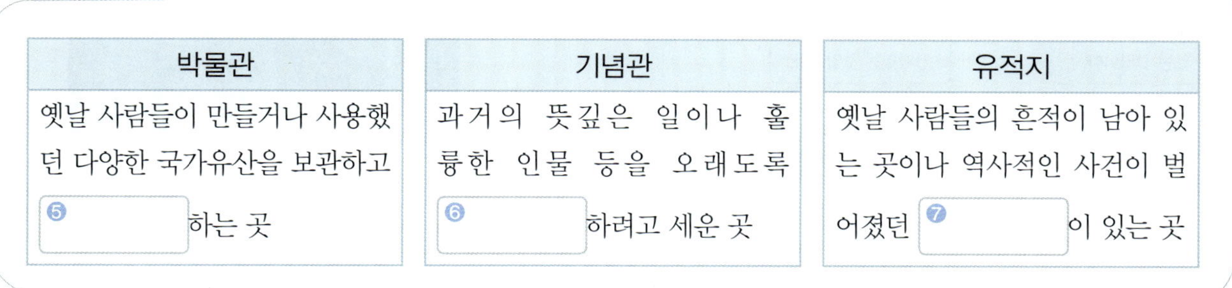

(3) 우리 지역의 역사 보존하기

역사의 중요성

- 지역의 국가유산에는 그 지역의 역사가 담겨 있음.
- 지역의 역사를 통해 ⑧ [ ] 들의 지혜와 생활 모습을 알 수 있음.

역사를 보존하려는 노력

- 지역의 국가유산을 발굴하고 관리하여 보존함.
- 국가유산을 가꾸고 지키는 활동을 함.
- ⑨ [ ] 를 열어 지역의 역사를 널리 알리고 그 가치를 전하려고 노력함.

(4) 지역의 역사를 보존하기 위해 내가 할 수 있는 노력

- 우리 지역의 역사와 관련 있는 책을 읽습니다.
- 우리 지역의 역사를 알리는 일에 참여합니다.
- 우리 지역의 박물관, 기념관, 유적지를 관람할 때 ⑩ [ ] 을 지킵니다.

국가유산의 의미와 종류

1 국가유산에 대해 알맞게 말한 친구를 골라 이름을 쓰시오.

(　　　　　　　　)

2 다음에서 설명하는 것은 무엇인지 쓰시오.

> • 국가유산의 한 종류입니다.
> • 예술 활동이나 기술처럼 일정한 형태가 없는 국가유산입니다.

(　　　　　　　　)

3 다음 〈보기〉에서 문화유산과 무형유산을 구분하여 기호를 쓰시오.

(1) 문화유산: (　　　　　　　)
(2) 무형유산: (　　　　　　　)

4 다음 ( ) 안에 들어갈 알맞은 말을 골라 ○표 하시오.

　(창덕궁 , 남한산성)은/는 조선 시대 수도 한성을 지키는 산성으로, 산으로 둘러싸여 적의 침입을 방어하는 데 유리하게 지었습니다.
　지금까지 남아 있는 성곽과 방어 시설은 옛날 사람들의 지혜와 뛰어난 건축 기술을 보여 줍니다.

5 자연유산에 대한 설명으로 알맞은 것에 ○표, 알맞지 <u>않은</u> 것에 ×표 하시오.

(1) 자연유산에는 진도의 바닷길이 있습니다.

(　　　)

(2) 건축물, 공예품, 책, 생활 도구 등과 같이 형태가 있는 것을 말합니다.

(　　　)

국가유산의 가치

6 다음 ( ) 안에 들어갈 알맞은 말을 쓰시오.

> 　국가유산을 통해 우리 (　　　)들의 지혜와 생활 모습을 알 수 있습니다. 또한 국가유산은 과거와 현재를 이어 주는 귀중한 자료로서 가치가 있습니다.

(　　　　　　　　)

7 다음은 어떤 국가유산에 대한 설명입니까?

(   )

> • 옛날 사람들은 추운 겨울에 강이 얼면 얼음을 잘라 이곳에 저장하였다가, 여름에 꺼내 사용하였습니다.
> • 천장에 뚫린 구멍으로 더운 공기가 빠져나가 내부가 시원하게 유지되는 구조입니다.

① 석빙고 　　　② 첨성대
③ 한산 모시 짜기 　　　④ 해인사 대장경판
⑤ 청자 투각 칠보무늬 뚜껑 향로

8 다음 (   ) 안에 들어갈 말로 알맞은 것을 (보기)에서 골라 기호를 쓰시오.

> 경상북도 경주시에 있는 경주 첨성대는 별의 움직임을 관찰하던 천문대로 알려져 있습니다. 첨성대를 통해 당시 우리 조상들의 높은 (   )을 알 수 있습니다.

┌─ (보기) ─────────────┐
ㄱ 과학 수준 　　　ㄴ 의료 기술
ㄷ 목판 인쇄술 　　　ㄹ 무기 제조술
└───────────────────┘

(   )

9 다음 (   ) 안에 들어갈 알맞은 말을 쓰시오.

> (   ) 문화는 겨울 동안 먹을 김치를 한꺼번에 담가 저장하는 우리 고유의 음식 문화입니다.
> 담근 김치를 가족, 이웃과 나누어 먹고 김치를 담그는 방법이 세대를 거쳐 내려오기 때문에 국가유산으로 자리잡았습니다.

(   )

10 우리 지역의 국가유산을 조사할 수 있는 누리집으로 알맞은 것을 (보기)에서 골라 기호를 쓰시오.

┌─ (보기) ─────────────┐
ㄱ 학교 누리집 　　　ㄴ 병원 누리집
ㄷ 시·도청 누리집 　　　ㄹ 국가유산청 누리집
└───────────────────┘

(   )

11 다음 (   ) 안에 공통으로 들어갈 말을 쓰시오.

> 국가유산을 잘 아는 사람을 만나 (   )을/를 하면 국가유산에 대해 궁금한 점을 직접 물어보고 자세한 설명을 들을 수 있습니다.
> (   )하기 전에는 미리 전화해 약속을 정하고 질문 내용을 미리 준비해야 합니다.

(   )

2
단원
A단계

12 국가유산을 답사하는 방법이 아닌 것은 어느 것입니까? (   )

① 국가유산을 둘러보며 사진을 찍거나 그림을 그립니다.
② 국가유산과 관련된 책이나 기록물을 찾아봅니다.
③ 국가유산에 대해 궁금한 점을 문화 관광 해설사께 질문합니다.
④ 안내판에 적혀 있는 국가유산 설명 글을 읽고 국가유산의 의미를 생각해 봅니다.
⑤ 답사를 다녀온 후에는 답하면서 기록한 내용을 바탕으로 답사 보고서를 작성합니다.

박물관, 기념관, 유적지 알아보기

1 다음 친구들이 설명하는 곳이 어디인지 쓰시오.

> • 이현: 옛날 사람들이 만들거나 사용했던 다양한 국가유산을 보관하고 전시하는 곳입니다.
> • 정우: 전문가의 설명을 제공하고, 다양한 체험 프로그램을 운영합니다.

(　　　　　　　　)

2 다음 (　　　) 안에 들어갈 알맞은 말을 골라 ○표 하시오.

> (기념관 , 유적지)은/는 옛날 사람들의 흔적이 남아 있는 곳이나 역사적인 사건이 벌어졌던 유적이 있는 곳입니다.

3 다음과 같은 일을 할 수 있는 곳은 어디인지 쓰시오.

> • 과거에 일어났던 중요한 일에 대한 자료를 살펴볼 수 있습니다.
> • 역사적 인물과 관련 있는 자료를 살펴볼 수 있습니다.
> • 역사적 사건이나 인물을 기념하는 비석을 볼 수 있습니다.

(　　　　　　　　)

4 다음 (　　　) 안에 공통으로 들어갈 말을 쓰시오.

> 수원 (　　　　) 박물관은 조선 정조 때 건설한 (　　　　)의 우수성을 알려 주는 박물관입니다. (　　　　)을/를 건설할 때 이용한 과학 기구나 건설 모습 등을 확인할 수 있습니다.

(　　　　　　　　)

5 다음은 어떤 장소인지 〈보기〉에서 골라 기호를 쓰시오.

> • 인천향교
> • 순천 낙안 읍성
> • 공주 무령왕릉과 왕릉원

〈보기〉
㉠ 기념관　　　㉡ 박물관　　　㉢ 유적지

(　　　　　　　　)

박물관, 기념관, 유적지 체험하기

6 우리 지역의 역사를 알아보기 위한 방법을 알맞게 말한 친구를 골라 이름을 쓰시오.

▲ 인규

▲ 희정

(　　　　　　　　)

7 우리 지역의 역사 체험 과정 중 가장 먼저 해야 할 일을 (보기)에서 골라 기호를 쓰시오.

(보기)
㉠ 체험하기　　　　㉡ 체험할 장소 정하기
㉢ 조사할 내용 정하기　㉣ 조사한 내용 정리하기

(　　　　　　　)

8 다음 내용은 우리 지역의 역사 조사 계획서의 어떤 항목에 들어갈 내용입니까? (　　　)

- 성우: 사진 촬영하기
- 하니: 안내판에 적힌 내용 요약하기
- 예린: 전시물 관찰하고 그림으로 그리기
- 동훈: 문화 관광 해설사의 설명 정리하기

① 조사 내용　　　　② 조사 방법
③ 조사 주제　　　　④ 주의할 점
⑤ 역할 나누기

9 우리 지역의 답사 보고서에 들어갈 내용으로 알맞지 <u>않은</u> 것은 어느 것입니까? (　　　)

① 느낀 점　　　　② 답사 날짜
③ 답사 장소　　　　④ 주의할 점
⑤ 더 알고 싶은 점

우리 지역의 역사 보존하기

10 우리 지역 역사의 중요성에 대해 알맞게 말한 친구를 골라 ○표 하시오.

(1)　　　　　　　　(2)

(　　　　)　　　　(　　　　)

2
단원
A단계

11 지역의 역사를 보존해야 하는 까닭으로 알맞은 것에 ○표, 알맞지 <u>않은</u> 것에 ×표 하시오.

(1) 우리 지역의 역사가 다른 지역의 역사보다 뛰어나기 때문입니다.　　　　　(　　　)
(2) 조상들에게 물려받은 소중한 역사를 다음 세대에 물려주어야 하기 때문입니다.　　(　　　)

12 다음은 지역의 역사를 지키기 위해 어떤 노력을 하는 모습입니까? (　　　)

① 국가유산을 연구한다.
② 국가유산을 가꾸고 지킨다.
③ 국가유산을 소개하는 책을 만든다.
④ 관광객들에게 국가유산을 설명한다.
⑤ 축제를 열어 지역의 역사를 사람들에게 알린다.

1 다음 국가유산에 대한 설명을 선으로 알맞게 연결하시오.

(1) 문화 유산 ·

(2) 무형 유산 ·

· ㉠ 음악, 춤, 연극, 기술 등과 같이 형태가 없는 것

· ㉡ 건축물, 공예품, 책, 생활 도구 등과 같이 형태가 있는 것

|2~3| 다음은 국가유산의 모습입니다. 물음에 답하시오.

(가)

▲ 안동 하회 마을

(나)

▲ 판소리

(다)

▲ 고인돌

2 위 (가)~(다) 중 무형유산을 골라 기호를 쓰시오.

( )

3 다음은 (다)에 대한 설명입니다. ( ) 안에 들어갈 알맞은 말을 쓰시오.

> 고인돌은 많은 사람이 힘을 모아 거대한 ( )을/를 올려서 만든 옛날 사람들의 무덤입니다.

( )

4 다음 제시된 국가유산의 종류가 무엇인지 쓰고, 까닭을 쓰시오.

▲ 창덕궁

____

____

5 다음에서 설명하는 국가유산은 무엇인지 쓰시오.

- 고려 시대에 외적이 쳐들어왔을 때 부처의 힘을 빌려 적의 침입을 물리치고자 하는 마음을 담아 만든 목판입니다.
- 내용이 정확하고 틀린 글자도 거의 없어 당시의 뛰어난 목판 인쇄술을 보여 줍니다.

( )

6 다음 제시된 국가유산에 대한 설명으로 알맞은 것을 (보기)에서 모두 골라 기호를 쓰시오.

▲ 석빙고

(보기)

㉠ 옛날에 얼음을 보관하던 창고입니다.
㉡ 900여 년 전에 만들어진 향로입니다.
㉢ 우리 조상들의 지혜를 알 수 있습니다.
㉣ 별의 움직임을 관찰하던 천문대로 알려져 있습니다.

(   )

7 김장 문화에 대해 알맞게 말한 친구를 골라 이름을 쓰시오.

• 수연: 옛날 사람들의 예술 감각과 기술력을 발견할 수 있습니다.
• 재환: 겨울 동안 먹을 김치를 한꺼번에 담가 저장하는 우리 고유의 음식 문화입니다.

(   )

서술형

8 무형유산인 한산 모시 짜기에 담긴 가치를 쓰시오.

____

____

9 다음에서 설명하는 국가유산 조사 방법은 어느 것입니까? (   )

• 우리 지역의 국가유산을 직접 가서 감상하고 살펴봅니다.
• 국가유산에 대해 궁금한 점을 문화 관광 해설사께 질문합니다.
• 국가유산을 둘러보며 사진을 찍거나 그림을 그립니다.

① 면담하기
② 답사하기
③ 기물록 찾아보기
④ 도서관에서 책 읽기
⑤ 인터넷에서 검색하기

2 단원
B단계

10 국가유산청 누리집에서 국가유산을 조사하면 좋은 점을 알맞게 말한 친구를 골라 ◯표 하시오.

(1)

(2)

(   )   (   )

11 다음과 같은 사람들을 볼 수 있는 장소를 쓰시오.

> • 고고학자　　　　• 보존 과학자
> • 전시 기획자　　　• 교육 연구사

(　　　　　　　　　)

서술형

12 박물관에 가면 할 수 있는 일을 두 가지 쓰시오.

____

____

13 지역의 역사가 담긴 유적이 있는 다음과 같은 장소를 무엇이라고 합니까? (　　　　)

▲ 인천향교

① 공연장　　　　② 유적지
③ 전시장　　　　④ 중심지
⑤ 체험관

14 다음 (　　) 안에 공통으로 들어갈 말을 쓰시오.

> (　　　　)은/는 과거의 뜻깊은 일이나 훌륭한 인물 등을 오래도록 기억하려고 세운 곳입니다.
> (　　　　)에서는 과거에 일어났던 중요한 일에 대한 자료와 역사적 인물과 관련 있는 자료를 살펴볼 수 있습니다.

(　　　　　　　　　)

15 다음은 우리 지역의 역사 체험 과정 중 어떤 것에 대한 설명인지 (보기)에서 골라 기호를 쓰시오.

> • 체험할 장소의 누리집을 검색하면 박물관, 기념관, 유적지의 위치와 특징, 사진, 동영상 등의 정보를 확인할 수 있습니다.
> • 박물관, 기념관, 유적지의 실제 모습을 확인하기 위해 직접 찾아가 살펴볼 수 있습니다.

(보기)
㉠ 체험하기
㉡ 조사할 내용 정하기
㉢ 체험할 장소 정하기
㉣ 조사한 내용 정리하기

(　　　　　　　　　)

| 16~18 | 다음은 우리 지역의 역사 조사 계획서입니다. 물음에 답하시오.

조사 주제	우리 지역의 역사 알아보기
조사 장소	한성 백제 박물관
조사 방법	인터넷 조사, 답사
㉠	• 아주 오래전 우리 지역에 살았던 사람들의 생활 모습은 어땠을까? • 우리 지역에 있는 서울 풍납동 토성은 어떻게 만들었을까?
역할 나누기	• 성우: 사진 촬영하기 • 하니: 안내판에 적힌 내용 요약하기 • 예린: 전시물 관찰하고 그림으로 그리기 • 동훈: 문화 관광 해설사의 설명 정리하기
㉡	수첩, 필기구, 사진기, 녹음기 등
주의할 점	㉢

16 위 표의 ㉠에 들어갈 알맞은 내용은 무엇입니까?

( )

① 조사 목적　　② 조사 비용
③ 조사 자료　　④ 조사 지역
⑤ 조사할 내용

17 위 표의 ㉡에 들어갈 알맞은 내용을 쓰시오.

( )

서술형

18 위 표의 ㉢에 들어갈 알맞은 내용을 한 가지만 쓰시오.

____

____

19 국가유산을 소중히 여겨야 하는 까닭을 알맞게 말한 친구를 골라 이름을 쓰시오.

( )

20 우리 지역의 역사를 보존하기 위해 내가 할 수 있는 노력으로 알맞지 <u>않은</u> 것은 어느 것입니까?

( )

① 우리 지역의 역사에 관심을 갖는다.
② 우리 지역의 역사를 알리는 일에 참여한다.
③ 우리 지역의 역사와 관련 있는 책을 읽는다.
④ 우리 지역의 박물관, 기념관, 유적지를 관람할 때 규칙을 지킨다.
⑤ 우리 지역의 문화유산을 유네스코 지정 문화유산으로 만든다.

① 경제활동과 합리적 선택

(1) 경제활동과 선택의 문제

경제활동

사람들이 ❶ [   ] 에 필요한 여러 가지를 만들고 사용하는 것과 관련된 모든 활동

선택의 문제

선택의 문제는 경제활동을 하는 모든 사람에게 일어날 수 있으며, 어떤 선택을 하는지는 사람마다 다를 수 있음.

(2) 선택의 문제가 일어나는 까닭과 희소성

선택의 문제가 일어나는 까닭

사람이 쓸 수 있는 돈이나 자원은 ❷ [   ] 되어 있으므로 원하는 것을 모두 가질 수는 없음.

희소성

사람들의 필요나 욕구에 비하여 ❸ [   ] 의 양이 상대적으로 부족한 상태

(3) 선택을 후회했던 경험과 만족했던 경험

선택을 후회했던 경험

▲ 집에 똑같은 장난감이 있는 것을 확인하지 않고 또 사서 후회함.

▲ 옷 크기를 확인하지 않고 옷을 샀더니 옷이 잘 맞지 않아 후회함.

선택에 만족했던 경험

▲ 용돈을 계획적으로 써서 쓸 수 있는 돈이 남아서 여유로움.

▲ 꼭 필요한 외투를 사서 추운 날씨에 입을 수 있어서 만족함.

(4) 합리적 선택의 의미와 필요한 까닭

합리적 선택의 의미

여러 가지 ❹ [   ] 을 고려하여 돈이나 시간 등 자원의 낭비를 막고 큰 만족감을 얻을 수 있는 선택

합리적 선택이 필요한 까닭

돈과 시간 등의 자원을 아낄 수 있고, ❺ [   ] 과 즐거움을 얻을 수 있기 때문임.

② 지역 간 교류와 상호 의존

(1) 생산과 소비의 의미

생산

생활에 필요한 물건을 만들거나 서비스를 제공하는 활동

소비

생활에 필요한 ⑥ [ ] 이나 서비스를 이용하는 활동

(2) 생산 활동의 종류

생활에 필요한 것을 ⑦ [ ] 에서 얻는 활동

생활에 필요한 것을 ⑧ [ ] 활동

생활을 편리하고 ⑨ [ ] 해 주는 활동

▲ 물고기 잡기　　　　▲ 건물 짓기　　　　▲ 공연하기

(3) 지역에서 이루어지는 생산과 소비

생산지

물건이 만들어진 곳 또는 그 물건이 저절로 생겨나는 곳

우리 주변 물건의 생산지

우리 주변의 물건들은 여러 지역과 나라에서 생산되었음.

(4) 지역 간 교류

교류의 의미

사람들이 오고 가거나 물건이나 자원, 기술, 문화 등을 주고 받는 것

교류가 일어나는 까닭

지역마다 자연환경, 시설, 생산물, 기술, 문화 등이 다르기 때문에 ⑩ [ ] 가 이루어짐.

3

단원

경제활동과 선택의 문제

1 다음 밑줄 친 '이것'은 무엇인지 쓰시오.

위 사진은 물건을 사고파는 모습입니다. 이와 같이 생활에 필요한 여러 가지를 만들거나 파는 것, 사는 것과 관련된 모든 활동을 <u>이것</u>이라 합니다.

(   )

2 다음 그림과 같이 경제활동을 하는 모든 사람에게 일어나는 문제를 무엇이라고 하는지 쓰시오.

(   )

3 선택의 문제를 겪고 있지 <u>않은</u> 친구는 누구인지 쓰시오.

- 예린: 등굣길에 같은 반 친구를 만났다.
- 지호: 분식집에서 떡볶이를 먹을까, 순대를 먹을까?
- 정현: 오늘 받은 용돈 중 얼마를 모으고 얼마를 쓸까?

(   )

4 경제활동과 관련하여 돈과 자원의 특징을 가장 알맞게 설명한 것은 어느 것입니까? (   )

① 사람마다 쓸 수 있는 돈은 무한하다.
② 누구나 원하는 만큼 돈을 가질 수 있다.
③ 사람마다 가지고 있는 돈의 양은 모두 같다.
④ 돈과 자원의 양은 선택의 문제와 관계가 없다.
⑤ 사람이 쓸 수 있는 돈이나 자원은 한정되어 있다.

합리적 선택의 필요성

5 경제활동에서 합리적 선택을 하지 <u>못한</u> 경우는 어느 것입니까? (   )

① 가격 비교를 해서 필통을 저렴하게 샀다.
② 디자인이 예쁘고 품질이 좋은 옷을 샀다.
③ 신발 가격이 싸서 샀더니 발이 불편하다.
④ 떡볶이를 먹을 양만큼 사서 남김없이 먹었다.
⑤ 용돈을 계획적으로 써서 쓸 수 있는 돈이 남았다.

6 다음 (보기)에서 합리적 선택이 필요한 까닭을 모두 골라 기호를 쓰시오.

(보기)
㉠ 만족감을 얻을 수 있기 때문에
㉡ 돈과 시간을 아낄 수 있기 때문에
㉢ 시간을 마음껏 쓸 수 있기 때문에
㉣ 원하는 물건을 모두 살 수 있기 때문에

(   )

7 다음 ㉠, ㉡에 들어갈 알맞은 말을 쓰시오.

> 합리적 선택은 여러 가지 기준을 고려하여 돈이나 시간 등 자원의 (㉠)을/를 막고 큰 (㉡)을/를 얻을 수 있는 선택을 말합니다.

㉠ (   ), ㉡ (   )

합리적 선택의 방법

8 합리적 선택의 과정 중 '정보 수집하기 단계'에서 해야 할 일로 알맞은 것은 어느 것입니까?

(   )

① 사고 싶은 물건이 무엇인지 생각한다.
② 현재 쓸 수 있는 돈이 얼마인지 확인한다.
③ 선택 기준을 정하고 선택 기준표를 만든다.
④ 선택 기준표의 점수가 가장 높은 물건을 선택한다.
⑤ 사려고 하는 물건의 가격, 디자인, 특징 등을 수집한다.

9 물건의 정보를 얻는 방법과 관련해 다음 (   ) 안에 들어갈 알맞은 말을 쓰시오.

> (   ) 검색으로 여러 물건의 정보를 비교하고, 물건을 산 다른 사람들의 의견도 살펴봅니다.

(   )

---

10 물건을 살 때 현명한 선택을 위해 고려할 점으로 알맞지 <u>않은</u> 것은 무엇입니까? (   )

① 가격   ② 품질   ③ 날씨
④ 디자인   ⑤ 필요성

3 단원 / A단계

11 다음 (   ) 안에 공통으로 들어갈 말을 쓰시오.

> 물건을 선택할 때는 (   )을/를 고려하여 선택하기도 합니다. 물건을 만드는 과정에서 오염 물질 배출 정도를 줄였는지, (   ) 오염 물질인 이산화 탄소가 얼마나 발생했는지를 확인합니다.

(   )

12 재희는 무게가 가볍고 디자인이 예쁜 운동화를 사려고 합니다. 다음 기준표에서 재희가 선택해야 할 운동화를 골라 기호를 쓰시오.

	㉮ 운동화	㉯ 운동화	㉰ 운동화
물건			
가격	60,000원	50,000원	70,000원
디자인	올해 유행하는 디자인	예쁨.	평범함.
무게	무거움.	가벼움.	가벼움.

(   ) 운동화

생산과 소비의 의미

1 시장에서 볼 수 있는 다음과 같은 활동은 무엇입니까? (　　)

> • 빵 가게에서 빵을 만드는 활동
> • 채소 가게에서 채소를 파는 활동
> • 미용실에서 머리를 손질해 주는 활동

① 문화 활동　　　　② 생산 활동
③ 소비 활동　　　　④ 여가 활동
⑤ 정치 활동

2 생산 활동의 종류가 나머지와 다른 하나는 어느 것입니까? (　　)

① 공연하기　　　　② 과일 따기
③ 물건 운반하기　　④ 환자 진료하기
⑤ 학생 가르치기

3 다음 중 생활에 필요한 것을 만드는 활동을 두 가지 고르시오. (　　)

① 
② 
③ 
④ 

4 다음 (보기)에서 생산과 소비에 대한 설명으로 알맞은 것을 모두 고른 것은 어느 것입니까? (　　)

(보기)
> ㉠ 생산하지 않으면 소비할 수 없다.
> ㉡ 생산과 소비는 동시에 일어날 수 없다.
> ㉢ 소비가 없어도 생산이 원활하게 이루어진다.
> ㉣ 생산 활동 덕분에 다양한 소비 활동을 할 수 있다.

① ㉠, ㉡　　　② ㉠, ㉢　　　③ ㉠, ㉣
④ ㉡, ㉣　　　⑤ ㉢, ㉣

지역에서 이루어지는 생산과 소비

5 다음 중 인터넷을 이용해 우리 주변의 물건이 어디에서 왔는지 조사하는 방법을 골라 기호를 쓰시오.

(가)

▲ 광고지 확인하기

(나)
▲ 누리집에서 검색하기

(　　)

6 다음 사진과 같이 상품의 생산지(원산지)를 확인하는 방법은 무엇입니까? (　　)

① 상품 판매대 정보 확인하기
② 큐아르(QR) 코드 스캔하기
③ 상품 정보 시스템 확인하기
④ 할인 매장의 광고지 확인하기
⑤ 상품의 품질 인증 표시 확인하기

7 다음 빈칸에 들어갈 알맞은 내용을 두 가지 고르시오. (   )

> 개인, 지역, 국가 간의 경제적 교류가 발생하는 까닭은 ________________ 때문입니다.

① 사는 곳의 자원이 다르기
② 사람들의 생각이 비슷하기
③ 사는 곳의 자연환경이 다르기
④ 사람들이 먹는 음식이 비슷하기
⑤ 사는 곳의 생산 기술이 비슷하기

8 다음 그림과 관련해 교류가 일어나는 까닭은 무엇인지 쓰시오.

(   )의 차이

9 교류를 하면 좋은 것으로 알맞지 <u>않은</u> 것은 어느 것입니까? (   )

① 지역 간의 화합을 가져온다.
② 지역 간의 경쟁에서 이길 수 있다.
③ 기술 협력으로 더 나은 상품을 개발할 수 있다.
④ 지역의 특산물을 소개해 경제적 이익을 얻을 수 있다.
⑤ 다른 지역의 경제 소식 등 여러 가지 유용한 정보를 주고받을 수 있다.

10 지역 간 교류에 대한 설명으로 알맞은 것은 어느 것입니까? (   )

① 다른 나라와는 경제 교류만 이루어진다.
② 문화 교류는 다른 나라와만 이루어진다.
③ 경제 교류보다는 문화 교류가 더 중요하다.
④ 교통과 통신의 발달로 나라 간 교류가 어려워지고 있다.
⑤ 다른 나라와 경제 및 문화 분야에서 다양한 교류가 이루어진다.

3
단원
A단계

11 다음 (보기)에서 지역의 대표 상품에 대한 설명으로 알맞은 것을 모두 골라 기호를 쓰시오.

> (보기)
> ㉠ 지역 내에서만 소비가 이루어집니다.
> ㉡ 지역 간 경제 교류는 지역의 대표 상품을 중심으로 이루어집니다.
> ㉢ 자연환경, 생산 기술, 자원이 다르기 때문에 지역마다 대표 상품이 다릅니다.

(   )

12 다음 (   ) 안에 들어갈 내용을 알맞게 짝지은 것은 어느 것입니까? (   )

> 오늘날에는 (   )과 (   )의 발달로 다양한 장소에서 여러 가지 방법으로 경제적 교류를 하고 있습니다.

① 교통, 역사   ② 과학, 문화
③ 교통, 통신   ④ 통신, 역사
⑤ 과학, 예술

| 1~2 | 다음 그림을 보고, 물음에 답하시오.

1 위와 같이 사람들이 경제활동을 하며 겪는 문제를 무엇이라고 하는지 쓰시오.

(　　　　　)의 문제

서술형

2 위 **1**번과 같은 문제가 발생하는 까닭을 쓰시오.

____

____

3 다음 중 합리적 선택을 한 친구는 누구입니까?

(　　)

① 규빈: 별로 필요하지 않은 스티커를 샀어.
② 보영: 다른 곳보다 비싸게 파는 연필을 샀어.
③ 소은: 맛있어 보여서 산 과자가 맛이 없었어.
④ 주한: 필통이 망가져 가격이 적당한 필통을 샀어.
⑤ 해솔: 가격은 저렴하지만 모양이 예쁘지 않은 공책을 샀어.

4 현진이의 소비 생활에 나타난 문제점으로 알맞은 것은 어느 것입니까? (　　　　)

① 돈을 모으기만 한다.
② 물건을 지나치게 적게 산다.
③ 계획을 세우지 않고 돈을 쓴다.
④ 다른 사람을 따라서 물건을 산다.
⑤ 비싸고 유명한 상표의 물건만 산다.

5 다음 빈칸에 들어갈 내용으로 알맞은 것은 어느 것입니까? (　　　)

(　　　)를 통해 물건의 정보를 얻으면 물건을 직접 보고 비교할 수 있고, 판매원에게 궁금한 것을 직접 물어볼 수 있습니다.

① 책 찾아보기
② 상점 방문하기
③ 인터넷 검색하기
④ 텔레비전 광고 보기
⑤ 주변 사람에게 물어보기

6 다음 (보기)에서 합리적 선택을 하기 위해 고려해야 할 점을 모두 고른 것은 어느 것입니까?
( )

> (보기)
> ㉠ 유행하는 물건인가?
> ㉡ 나에게 꼭 필요한 것인가?
> ㉢ 모양과 색깔이 마음에 드는가?
> ㉣ 친구들에게 자랑할 만한 것인가?

① ㉠, ㉡ ② ㉠, ㉢ ③ ㉡, ㉢
④ ㉡, ㉣ ⑤ ㉢, ㉣

7 소비 활동으로 알맞은 것을 골라 ○표 하시오.

(1)

▲ 떡볶이를 만들어 팝니다.
( )

(2)

▲ 떡볶이를 사 먹습니다.
( )

8 다음 ㉠, ㉡에 해당하는 경제활동의 모습을 알맞게 짝지은 것은 어느 것입니까? ( )

> 생활에 필요한 물건이나 서비스를 만들어 내는 활동을 (㉠)(이)라고 합니다. 그리고 생활에 필요한 물건이나 서비스를 이용하는 활동을 (㉡)(이)라고 합니다.

① ㉠ – 병원에서 진찰받기
② ㉠ – 버스 타고 이동하기
③ ㉡ – 버섯 재배하기
④ ㉡ – 아이스크림 만들기
⑤ ㉡ – 극장에서 연극 보기

9 다음 생산 활동 중에서 생활을 편리하고 즐겁게 해 주는 활동은 어느 것입니까? ( )

① 과자를 만든다.
② 물건을 배달한다.
③ 목장에서 소를 키운다.
④ 과수원에서 과일을 딴다.
⑤ 음식점에서 음식을 만든다.

10 우유가 우리에게 오기까지 이루어지는 생산 활동이 <u>아닌</u> 것은 어느 것입니까? ( )

11 시장에 대한 설명으로 알맞지 <u>않은</u> 것은 어느 것입니까? (   )

① 온라인 쇼핑도 시장에 해당한다.
② 시장에 가면 소비 활동만 찾아볼 수 있다.
③ 대형 할인점은 다양한 물건을 대량으로 판매한다.
④ 사람들이 생활하면서 필요한 여러 가지 상품을 사고파는 곳이다.
⑤ 전통 시장은 예전부터 사람들이 모여 물건을 사고팔면서 만들어졌다.

| 12~13 | 다음은 우리 지역에서 판매되는 물건이 어디에서 왔는지 정리한 표입니다. 물음에 답하시오.

물건	생산지
감귤	제주특별자치도
김치	강원특별자치도 평창군
전복	전라남도 완도군
운동화	베트남
텔레비전	경상북도 구미시

12 다른 나라에서 온 물건을 골라 쓰시오.

(   )

서술형

13 위와 같이 다양한 지역의 물건이 우리 지역으로 들어 오는 까닭을 쓰시오.

____

____

14 다음 그림과 같이 사람들이 오고 가거나 물건이나 자원, 기술 등을 주고받는 것을 무엇이라고 하는지 쓰시오.

(   )

15 다음 밑줄 친 '좋은 영향'에 해당하는 것으로 알맞지 <u>않은</u> 것은 어느 것입니까? (   )

> 지역 간 교류로 각 지역들은 서로 <u>좋은 영향</u>을 미칠 수 있습니다.

① 지역 간의 경쟁에서 이길 수 있다.
② 우리 지역에서 일하는 사람들이 늘어날 수 있다.
③ 다른 지역과 교류하면서 좋은 관계를 맺을 수 있다.
④ 지역의 특산물을 소개해 경제적 이익을 얻을 수 있다.
⑤ 우리 지역을 찾는 사람들이 많아져서 지역이 발전할 수 있다.

백점

사회 4·1

해설북

- 한눈에 보이는 **정확한 답**
- 한번에 이해되는 **자세한 풀이**

모바일
빠른 정답

동아출판

○ 해설북 **구성과 특징**

1 다양한 보충 설명이 있습니다.
문제 관련 내용을 깊이 있게 이해할 수 있도록 '문제 속
개념', '왜 답이 아닐까' 등의 보충 설명 제시

2 자세한 서술형 풀이가 있습니다.
편리한 서술형 문제 채점을 위해 '채점 기준'과 '채점 TIP',
'이런 답도 가능해' 등의 구체적인 풀이 제시

○ 차례

개념북	1쪽
평가북	26쪽

○ 백점 사회 **빠른 정답**

QR코드를 찍으면 **정답과 풀이**를
쉽고 빠르게 확인할 수 있습니다.

1. 지도로 만나는 우리 지역

1회 문제 학습 10~11쪽

1 지도   **2** 약속   **3** 항공 사진   **4** 정보

5 (1) ○   **6** ⑩ 위에서 내려다본 땅의 실제 모습을 정해진 약속에 따라 일정하게 줄여서 나타낸 그림입니다.   **7** (나)   **8** (1) ㉠ (2) ㉠   **9** 서아   **10** ㉠, ㉢   **11** 동엽   **12** 기호   **13** (2) ○

5 위에서 내려다보면 길이나 건물이 가려진 것 없이 한눈에 잘 보입니다. 따라서 위에서 내려다본 그림이 길이나 장소의 위치를 찾기 알맞습니다.

6 지도는 위에서 내려다본 땅의 모습을 나타낸 그림으로 지역의 실제 모습보다 작게 나타냅니다.

채점 ⑩ 제시된 단어를 모두 포함해서 지도의 의미를 정확히 썼으면 정답으로 합니다.

문제 속 개념
지도를 만들 때 필요한 약속
- 땅의 높낮이를 어떻게 나타낼지 정해야 합니다.
- 지도에서 방향을 어떻게 나타낼지 정해야 합니다.
- 지도에서 실제 거리를 줄인 정도를 어떻게 나타낼지 정해야 합니다.
- 건물이나 산, 하천 등을 어떻게 나타낼지 정해야 합니다.

7 ㉮는 그림, ㉯는 지도입니다. 두 자료 모두 같은 지역을 위에서 내려다본 모습을 그린 그림입니다.

문제 속 개념
그림과 비교한 지도의 특징
- 그림은 그리는 사람마다 다르게 땅의 모습을 그릴 수 있어서 실제 모습을 정확히 알기 어렵습니다.
- 위에서 내려다본 땅의 모습을 나타낸 그림이 모두 지도인 것은 아닙니다. 지도는 정해진 약속에 따라 정확히 그려야 합니다.

8 그림은 그리는 사람마다 다르게 표현할 수 있습니다. 지도는 정해진 약속에 따라 그립니다.

9 제시된 자료는 항공 사진입니다. 항공 사진은 비행 중인 항공기에서 사진기로 땅의 모습을 찍은 사진입니다.

문제 속 개념
항공 사진과 지도 비교하기

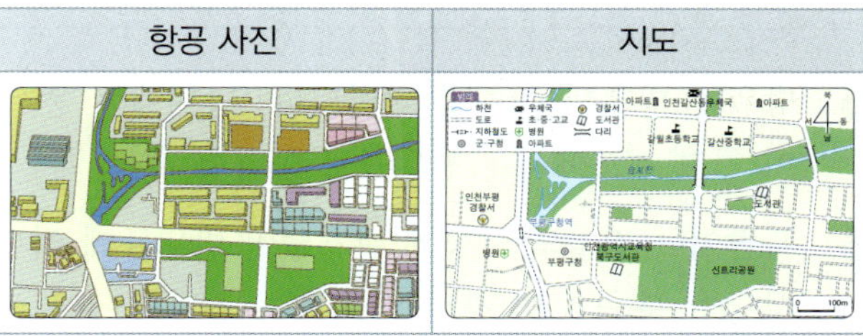

항공 사진	지도
· 위에서 내려다본 땅의 모습임.	
· 지역의 실제 모습보다 작게 나타남.	
· 모든 것이 사실적으로 나타나 있고, 실제 모습을 볼 수 있음. · 건물이나 지역의 이름이 나타나 있지 않음.	· 필요한 정보가 보기 쉽게 나타나 있음. · 주요 건물이나 지역의 이름이 표시되어 있어 위치를 찾기가 쉬움.

10 지도는 가려진 것이 없어서 찾아가야 하는 곳을 잘 볼 수 있습니다. 또한 건물이나 지역의 이름이 있어 필요한 정보를 쉽게 찾을 수 있습니다. ㉢ 지도는 위에서 본 모습을 나타낸 그림입니다.

11 지도를 보면 지역의 이름, 산이나 바다의 위치, 도로의 위치와 방향, 지역에 있는 장소들의 위치 등을 알 수 있습니다.

12 지도에서 기호를 보면 땅 위에 있는 건물이나 땅의 모습을 알 수 있습니다.

문제 속 개념
지도의 기본 요소

등고선	땅의 모습과 땅의 높낮이를 나타냄.
방위표	지도에서 동서남북의 방향을 나타냄.
축척	지도에서 실제 거리를 얼마나 줄였는지 나타냄.
기호	땅 위에 있는 건물이나 도로, 산, 하천 등을 나타냄.

13 (1) 등고선은 지도에서 땅의 모습과 땅의 높낮이를 나타냅니다.

2회 **문제** 학습　　　14~15쪽

1 방위　　**2** 방위표　　**3** 북쪽　　**4** 위치

5 ③　　**6** 동　　**7** 예 왼쪽을 서쪽이라고 약속합니다.　　**8** (2) ○　　**9** (2) ○　　**10** 나침반　　**11** 충북 교육 박물관　　**12** ㉡, ㉣　　**13** ㉠ 북 ㉡ 동

5 방위는 방향의 위치를 말합니다. 방위에는 동서남북이 있고 지도에서는 방위표로 나타냅니다.

6 사람이나 건물의 방향에 관계없이 방위표에 적힌 동, 서, 남, 북을 보면 방위를 알 수 있습니다.

7 지도에 방위표가 없으면 위쪽이 북쪽, 아래쪽이 남쪽, 왼쪽이 서쪽, 오른쪽이 동쪽이라고 약속합니다.

채점 tip 왼쪽이 서쪽이라는 내용을 썼으면 정답으로 합니다.

이런 답도 가능해!

지도의 왼쪽을 서쪽이라고 합니다.

8 (1) 도서관은 문구점의 북쪽에 있습니다.

문제 속 개념

장소의 위치 표현하기

- 도서관의 동쪽에는 학교가 있습니다.
- 도서관의 서쪽에는 놀이터가 있습니다.
- 문구점의 북쪽에는 도서관과 소방서가 있습니다.
- 놀이터의 동쪽에는 도서관과 학교가 있습니다.

9 방위를 사용하면 사람이나 건물의 방향에 관계없이 위치를 나타낼 수 있습니다.

왜 답이 아닐까?

어디를 바라보고 있느냐에 따라 오른쪽, 왼쪽과 같은 방향이 달라질 수 있습니다.

10 나침반이 가리키는 방위를 읽으면 방향을 찾을 수 있습니다.

문제 속 개념

나침반으로 방향 찾기

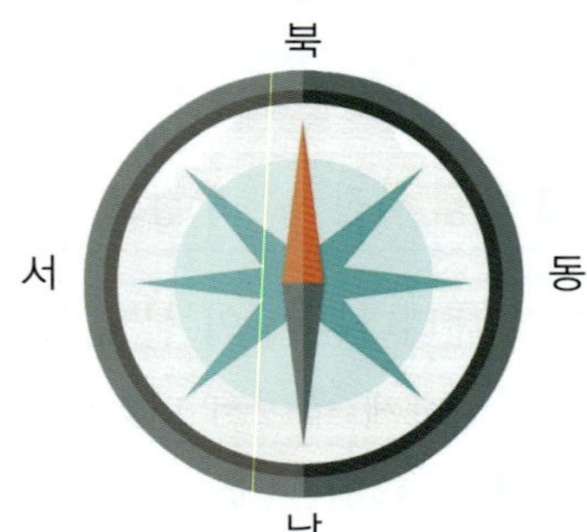

빨간 바늘과 '북'을 일치시킨 후 나침반이 가리키는 방위를 읽습니다.

11 주성 초등학교의 남쪽, 청주 공업 고등학교의 북쪽이라는 것을 통해 현장 체험 학습 장소는 충북 교육 박물관이라는 것을 알 수 있습니다.

12 전북특별자치도의 남쪽에는 전라남도, 제주특별자치도, 광주광역시 등이 있습니다.

13 경상북도는 강원특별자치도의 남쪽에, 경기도는 강원특별자치도의 서쪽에 있습니다.

문제 속 개념

우리 지역의 위치를 방위로 나타내기

- 강원특별자치도는 경상북도의 북쪽에 있습니다.
- 전북특별자치도는 대구광역시의 서쪽에 있습니다.
- 광주광역시는 충청남도의 남쪽에 있습니다.
- 제주특별자치도는 경기도의 남쪽에 있습니다.
- 부산광역시의 북쪽에는 울산광역시가 있습니다.

1 기호　**2** 범례　**3** 정보　**4** 다를

5 ㉠ 기호　㉡ 범례　**6** (1) ○　**7** ②　**8** ㉡
9 (1) ×　(2) ○　**10** 8　**11** 범례
12 예 지도에 쓰인 기호와 그 뜻을 알 수 있습니다. 지도에서 나타내는 정보를 쉽고 정확하게 알 수 있습니다.　**13** ④

5 지도마다 쓰이는 기호가 다를 수 있고, 모든 기호를 외울 수 없기 때문에 범례가 필요합니다.

6 약속된 기호를 사용하여 지도를 나타내면 지도에 나타난 정보를 한눈에 파악할 수 있습니다.

문제 속 개념

같은 지역을 나타낸 지도 비교하기

실제 모습을 그림으로 그린 지도	약속된 기호로 나타낸 지도

어떤 건물을 어디에 나타냈는지 알아보기 어려움.	필요한 정보만 제시되어 지도를 읽기가 쉬움.

7 지도에서 사용하는 과수원 기호는 과일 모양입니다.

8 ㉠은 시·군·구청 기호, ㉢은 소방서 기호입니다. ㉡은 학교의 모습을 본떠서 만든 기호입니다.

문제 속 개념

기호가 만들어진 과정
• 실제 모습을 본떠서 만듭니다.

▲ '학교' 기호가 만들어진 과정

• 의미를 약속하여 상징적으로 표현하여 만듭니다.

▲ '소방서' 기호가 만들어진 과정

9 기호를 활용하면 지도에 쉽고 간단하게 정보를 나타낼 수 있습니다.

10 범례를 보고 학교를 나타내는 기호가 무엇인지 찾아본 후, 지도에서 학교 기호가 몇 곳이 있는지 세어 봅니다.

11 범례는 지도에 쓰인 기호와 그 뜻을 한곳에 모아 놓은 것입니다.

12 지도에 있는 모든 기호를 외울 수 없기 때문에 범례를 활용하면 지도에서 나타내는 정보를 좀 더 쉽고 정확하게 알 수 있습니다.

채점 기준	상	지도에 쓰인 기호와 그 뜻을 알 수 있다고 쓴 경우
	중	지도를 좀 더 쉽게 볼 수 있다고만 쓴 경우

이런 답도 가능해!

지도에 있는 모든 기호를 외울 수 없기 때문에 범례가 필요합니다.

13 ①은 밭을, ②는 다리를, ③은 산을, ⑤는 경찰서를 나타내는 기호입니다.

문제 속 개념

지도에서 사용하는 다양한 기호

4회 **문제** 학습　　22~23쪽

1 축척　　**2** 자세한　　**3** 막대자　　**4** 간략

5 축척　　**6** ④　　**7** 간략하게　　**8** ⓒ　　**9** ㈎
10 ㈏　　**11** (1) 많이 (2) 조금　　**12** 축척 막대
자, ⑩ 지도에 있는 두 지점 사이의 거리를 쉽게 알
수 있습니다.　　**13** 현수

5 축척은 지도에서 실제 거리를 줄인 정도를 말합니다.

6 제시된 축척을 보면 지도의 1㎝는 실제 거리가 5㎞인
것을 알 수 있습니다.

문제 속 개념
지도에서 축척이 나타내는 실제 거리

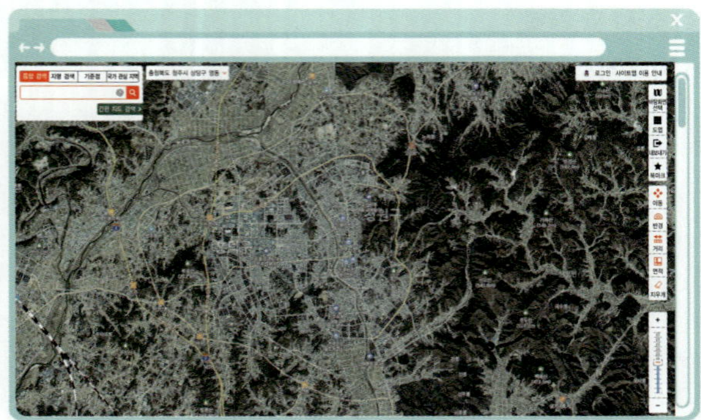

7 축척은 많이 줄일수록 간략하게 보여 주고, 축척을
조금 줄일수록 자세하게 보여 줍니다.

8 ⓒ 축척에 따라 지도의 자세한 정도가 달라집니다.

문제 속 개념
디지털 영상지도로 우리 지역 살펴보기

• 지도를 확대하면 좁은 지역이 자세하게 보입니다.
• 지도를 축소하면 넓은 지역이 간략하게 보입니다.

9 실제 거리를 많이 줄인 지도는 넓은 지역을 간략하게
보여 줍니다.

10 실제 거리를 조금 줄인 지도는 좁은 지역을 자세하게
보여 줍니다.

11 실제 거리를 많이 줄인 지도는 넓은 지역을 간략하게
나타냅니다. 실제 거리를 조금 줄인 지도는 좁은 지
역을 자세하게 나타냅니다.

문제 속 개념
축척에 따른 지도의 모습

• ㈎ 지도는 ㈏ 지도에 비해 실제 거리를 많이 줄여서 나타내
므로 넓은 지역을 간략하게 볼 수 있습니다.
• ㈏ 지도는 ㈎ 지도에 비해 실제 거리를 조금 줄여서 나타내
므로 좁은 지역을 자세하게 볼 수 있습니다.

12 축척 막대자로 지도에 있는 두 지점 사이의 거리를 잰
뒤, 축척 막대자에 표시된 실제 거리를 확인합니다.

채점 기준	상	축척 막대자라고 쓰고, 두 지점 사이의 거리를 쉽게 알 수 있다고 쓴 경우
	중	축척 막대자라고만 쓴 경우

문제 속 개념
축척 막대자

축척 막대자로 지도 위에 있는 두 지점의 거리를 재면 실제 거
리를 알 수 있습니다.

13 제시된 지도에서 청주시가 충청북도에서 어디에 있
는지 확인하기는 어렵습니다.

1 등고선   **2** 높이   **3** 낮은   **4** 갈색

5 ㉢   **6** 예 지도에서는 등고선과 색깔로 땅의 높낮이를 나타냅니다.   **7** 진한   **8** 서하

9 ㈏   **10** ㉢   **11** ⑴ × ⑵ ○   **12** ㉡

13 ⑴ ㉠ ⑵ ㉡

5 ㉢ 등고선에 적힌 숫자가 작을수록 땅의 높이가 낮은 곳이며, 숫자가 클수록 땅의 높이가 높은 곳입니다.

6 지도에서 땅의 높낮이는 등고선과 색깔을 사용해 나타냅니다.

채점 tip 등고선과 색깔이라고 모두 썼으면 정답으로 합니다.

문제 속 개념

땅의 높낮이를 나타내는 방법

등고선을 사용하여 나타내기	등고선에 적힌 숫자가 작을수록 땅의 높이가 낮은 곳이며, 숫자가 클수록 땅의 높이가 높은 곳
색깔을 사용하여 나타내기	땅의 높이가 낮은 곳은 초록색으로, 땅의 높이가 높아질수록 진한 갈색으로 표현함.

7 땅의 높이가 낮은 곳은 초록색으로, 땅의 높이가 높아질수록 진한 갈색으로 표현합니다.

문제 속 개념

등고선 모형 만들기

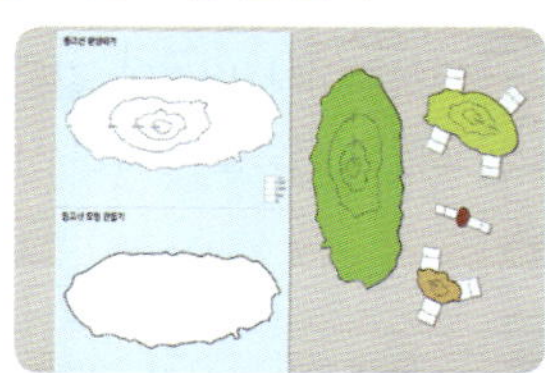

① 종이판을 모두 뜯습니다.   ② 종이판의 다리를 접습니다.

③ 순서에 맞게 등고선을 끼웁니다.   ④ 여러 방향에서 땅의 높낮이를 살펴봅니다.

8 등고선은 지도에서 높이가 같은 곳을 연결한 선입니다. 축척은 지도에서 실제 거리를 줄인 정도입니다.

왜 답이 아닐까?

축척은 지도에서 실제 거리를 얼마나 줄였는지 나타냅니다.

9 ㈎는 산을 옆에서 바라본 모습이고, ㈏는 산을 위에서 내려다본 모습입니다.

10 지도에서 등고선을 보면 땅의 높낮이를 알 수 있습니다. ㉢이 가장 높은 곳이고, ㉠으로 갈수록 낮아집니다.

11 ⑴ 땅의 높이가 높아질수록 갈색이 진해집니다.

12 ㉡ 지도에서 진한 갈색으로 칠해진 부분이 가장 높은 곳입니다.

1
단원

개념북

문제 속 개념

지도에서 땅의 높낮이 나타내기

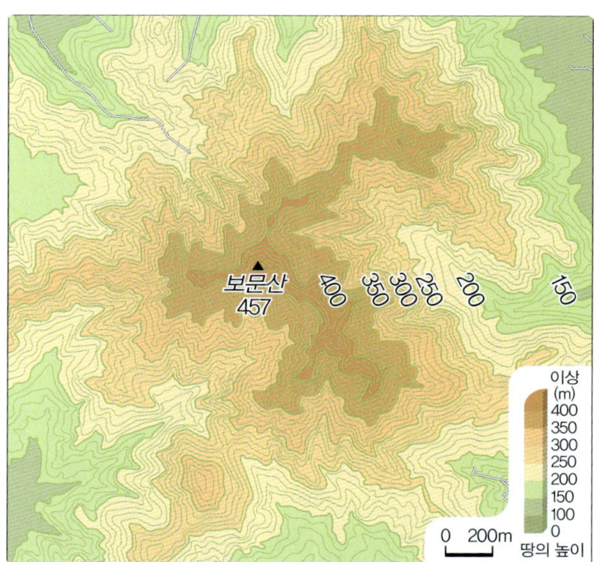

- 땅의 높이에 따라 다른 색을 칠했습니다.
- 기호와 같이 있는 숫자는 산의 높이를 뜻합니다.
- 같은 등고선으로 이어진 곳은 높이가 같습니다.
- 등고선의 간격이 좁을수록 경사가 급하고, 등고선의 간격이 넓을수록 경사가 완만합니다.

13 등고선의 간격이 넓을수록 완만하고, 좁을수록 가파릅니다.

문제 속 개념

등고선으로 알 수 있는 것

- 등고선을 보면 땅의 높낮이뿐만 아니라 땅이 경사진 정도도 알 수 있습니다.
- 등고선의 간격이 넓을수록 완만하고, 등고선의 간격이 좁을수록 가파릅니다.

6회 문제 학습 30~31쪽

1 거리 **2** 정보 **3** 안내도 **4** 노선도

5 방위표 **6** ⑤ **7** ㉢, ㉣ **8** 길 도우미
9 관광 **10** ㈎ **11** ⑩ 비상 상황에서 대피하는 길을 쉽게 찾아볼 수 있도록 만든 지도입니다.
12 ① **13** 재휘

5 지도에서 방위표를 보면 지역이나 장소의 방향을 알 수 있습니다.

문제 속 개념
지도를 보고 알 수 있는 것
- 산이나 바다가 있는 방향을 알 수 있습니다.
- 지도에서 1㎝는 실제 거리가 얼마인지 알 수 있습니다.
- 내가 사는 곳의 위치를 알 수 있습니다.
- 고속 국도와 고속 철도가 지나는 길을 알 수 있습니다.

6 ⑤ 지도를 보고 우리 지역의 인구를 알기는 어렵습니다.

문제 속 개념
지도에서 찾을 수 있는 다양한 정보

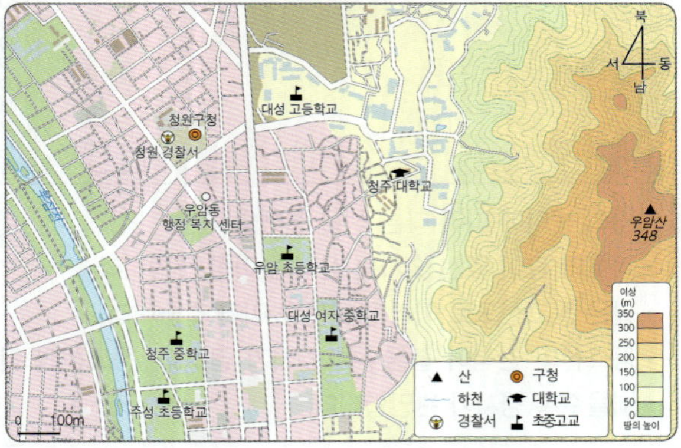

- 지도에는 학교가 5개 있고, 대학교가 1개 있습니다.
- 지도에서 1㎝는 실제 거리로 100m입니다.
- 주성 초등학교에서 대성 여자 중학교까지의 거리는 400m입니다.
- 지도에서는 우암산이 제일 높은 곳으로, 348m입니다.
- 우암동 행정 복지 센터를 기준으로 청주 대학교는 동쪽에 있습니다.

7 우리가 생활 속에서 사용하는 지도에는 버스 노선도, 박물관 약도, 길 도우미(내비게이션) 등이 있습니다.

왜 답이 아닐까?
㉠ 그림일기와 ㉡ 항공 사진은 지도가 아닙니다.

8 길 도우미(내비게이션)는 자동차 운전을 돕기 위해 길을 안내해 줍니다.

9 관광 안내도는 지역에 있는 여러 관광지의 위치를 그림이나 기호로 표시한 지도입니다.

10 노선도는 지하철이나 버스와 같은 대중교통의 경로를 나타낸 지도입니다.

11 비상 대피도를 보면 대피하는 길을 쉽게 알 수 있습니다.

채점 **tip** 대피하는 길을 나타낸 지도라고 썼으면 정답으로 합니다.

이런 답도 가능해!
불이나 위험을 피하기 위해 사용하는 지도입니다.

12 제시된 지도는 약도입니다. 약도는 목적지까지 가는 길을 간략하게 줄여서 나타낸 지도입니다.

문제 속 개념
생활 속에서 사용하는 지도

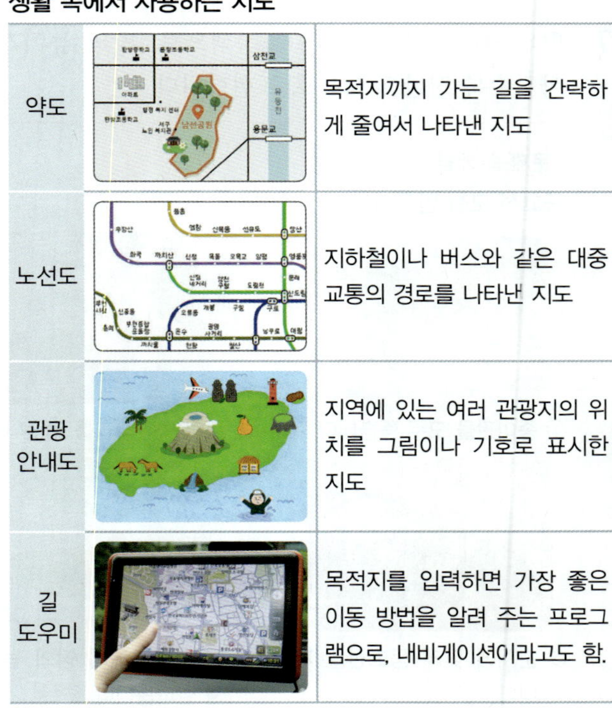

약도	목적지까지 가는 길을 간략하게 줄여서 나타낸 지도
노선도	지하철이나 버스와 같은 대중교통의 경로를 나타낸 지도
관광 안내도	지역에 있는 여러 관광지의 위치를 그림이나 기호로 표시한 지도
길 도우미	목적지를 입력하면 가장 좋은 이동 방법을 알려 주는 프로그램으로, 내비게이션이라고도 함.

13 전학 온 친구에게 학교를 안내해 줄 때는 학교 안내도를 이용하는 것이 알맞습니다.

1 행정구역　　**2** 특별시　　**3** 전주　　**4** 땅

5 행정구역　　**6** (1) ×　(2) ○　　**7** (1) ㉠　(2) ㉡

8 <예> 충청도는 충주의 '충' 자와 청주의 '청' 자를 따서 지역의 명칭을 정했습니다.　　**9** 1　　**10** 연우

11 지형　　**12** 섬　　**13** (2) ○

---

5 우리 국토를 자연환경 이외에 행정구역으로 지역을 구분하기도 합니다. 나라를 효율적으로 관리하기 위해 행정구역별로 나눕니다.

6 (1) 북한 지역을 제외한 우리나라의 행정구역은 특별시, 광역시, 특별자치시, 특별자치도, 도 등으로 구분합니다.

문제 속 개념

우리나라의 행정구역
- 우리나라의 행정구역은 북한 지역을 제외하면 특별시 1곳, 특별자치시 1곳, 광역시 6곳, 도 6곳, 특별자치도 3곳으로 이루어져 있습니다.
- 특별시 · 특별자치시 · 광역시 · 도 · 특별자치도 등의 행정구역에는 시 · 군 · 구 등이 속해 있기도 합니다.

7 도와 특별자치도에는 도청이 있고, 특별시, 특별자치시, 광역시에는 시청이 있습니다.

8 각 도의 명칭을 정할 때는 대부분 그 지역에서 중요한 도시의 이름을 따서 정했습니다.

　채점 **tip** 충주의 '충' 자와 청주의 '청' 자를 따서 지역의 명칭을 정했다고 썼으면 정답으로 합니다.

문제 속 개념

우리나라 행정구역 명칭의 유래
- 우리나라에서 사용하는 행정구역의 이름은 조선 시대에 정한 행정구역을 기본으로 하고 있습니다.
- 각 도의 명칭을 정할 때는 대부분 그 지역에서 중요한 도시의 이름을 따서 정했습니다.

9 우리나라는 북한 지역을 제외하면 서울특별시 1곳이 있습니다.

10 특별자치도는 제주특별자치도, 강원특별자치도, 전북특별자치도 모두 3곳이 있습니다.

문제 속 개념

지도를 이용하여 우리 지역의 위치 찾기

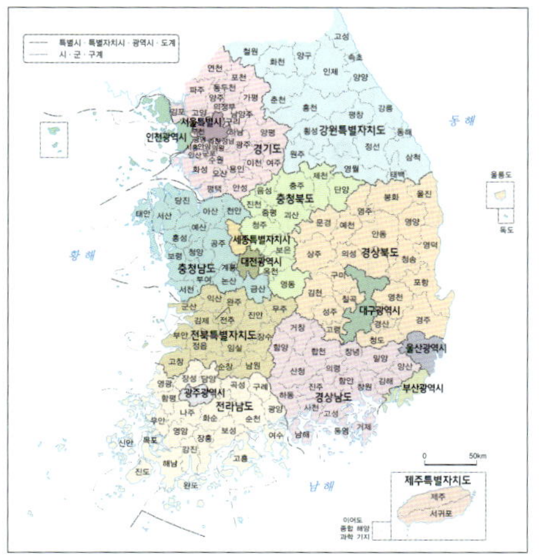

- 우리 지역은 경기도 화성시입니다. 화성시는 안산시, 수원시, 오산시, 평택시 등과 이웃해 있습니다.
- 우리 지역은 강원특별자치도 강릉시입니다. 강원특별자치도는 경상북도의 북쪽에 있습니다.
- 우리 지역은 충청북도 단양군입니다. 단양군은 충청북도 안에서 동쪽에 있고, 단양군의 서쪽에는 제천시가 있습니다.

11 지형은 지역마다 다양하게 나타납니다. 평야가 넓게 펼쳐진 지역도 있고, 산이 많은 지역도 있습니다.

문제 속 개념

지형의 의미

▲ 산

▲ 바다

▲ 평야

▲ 하천

산, 평야, 하천, 바다와 같은 땅의 생김새를 말합니다.

12 바다로 둘러싸인 땅을 섬이라고 합니다.

13 (1) 지형은 지역마다 다양하게 나타납니다.

8회 문제 학습　　38~39쪽

1 넓이　**2** 사람　**3** 기온　**4** 물

5 (1) ㉡ (2) ㉠　**6** (1) × (2) × (3) ○　**7** 넓습니다　**8** 우진　**9** 강수량　**10** ㉠ 여름 ㉡ 겨울　**11** 예 여름에 기온이 가장 높고, 겨울에 기온이 가장 낮습니다.　**12** ⑤　**13** ㉡, ㉢

5 인구는 일정한 지역에 사는 사람의 수를 말하고, 면적은 어떤 장소가 차지하는 넓이의 크기를 말합니다.

6 ⑴ 산이 많은 지역은 인구가 적은 편입니다. ⑵ 지역의 면적이 넓다고 해서 인구가 반드시 많은 것은 아닙니다.

문제 속 개념
지역의 면적과 인구의 관계
- 지역의 면적이 넓다고 해서 인구가 반드시 많은 것은 아닙니다.
- 편의시설이 많거나 교통이 편리한 지역은 인구가 많습니다. 반면 산이 많은 지역은 인구가 적은 편입니다.

7 지역마다 면적이 달라 우리 지역보다 면적이 넓은 지역도 있지만 좁은 지역도 있으며, 면적이 비슷한 지역도 있습니다.

8 청주시는 괴산군보다 인구가 많습니다. 청주시의 인구는 약 85만 명이고, 괴산군의 인구는 약 4만 명입니다.

문제 속 개념
지역별 면적과 인구 비교하기

- 청주시는 괴산군보다 면적이 넓습니다.
- 청주시는 괴산군보다 인구가 많습니다.
- 우리 지역과 다른 지역의 면적과 인구는 시·군·구청에서 발행하는 안내 책자나 지역 누리집의 소개 등을 참고하여 조사할 수 있습니다.

9 기온은 공기의 온도를 말합니다. 강수량은 비, 눈, 우박, 안개 등이 일정 기간 동안 일정한 곳에 내린 물의 총량을 말합니다.

문제 속 개념
기온과 강수량의 의미

기온	공기의 온도
강수량	비, 눈, 우박, 안개 등이 일정 기간 동안 일정한 곳에 내린 물의 총량

10 우리나라는 대체로 여름에 기온이 높고 강수량이 많으며, 겨울에는 기온이 낮고 강수량이 적습니다.

11 기온이 가장 높은 계절은 여름이고, 기온이 가장 낮은 계절은 겨울입니다.

　채점 tip 여름에 기온이 높고, 겨울에 기온이 낮다고 썼으면 정답으로 합니다.

이런 답도 가능해!
우리 지역은 겨울에 기온이 가장 낮습니다. 우리 지역은 봄보다 여름에 기온이 더 높습니다.

12 제시된 그래프에서 강수량이 가장 많은 계절은 여름이고, 가장 적은 계절은 겨울입니다.

왜 답이 아닐까?
⑤ 가을보다 여름에 강수량이 많은 편입니다.

13 ㉠ 그래프를 읽을 때는 가장 먼저 그래프의 제목을 확인합니다.

문제 속 개념
그래프 읽는 방법

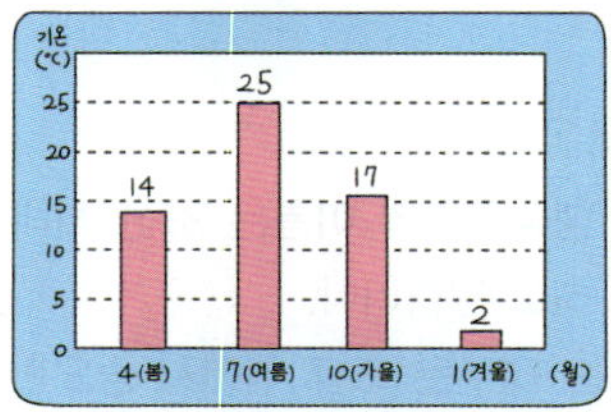

❶ 그래프의 제목을 보고 그래프가 무엇을 나타내는지 확인합니다.
❷ 그래프의 가로와 세로가 각각 무엇을 나타내는지 확인합니다.
❸ 그래프에서 세로 눈금 한 칸의 크기가 얼마인지 확인합니다.
❹ 각각의 막대가 나타내는 크기를 보고 원하는 정보를 확인합니다.

1 지리 정보　　**2** 조사　　**3** 정리　　**4** 비교

5 지리 정보　　**6** 예 면적, 인구, 지형 등이 있습니다.　　**7** ㉠ → ㉡ → ㉢　　**8** ㉡　　**9** ㉡　　**10** (1) ㉡　(2) ㉠　　**11** (1) ×　(2) ○　　**12** 성헌　　**13** (2) ○

---

5 위치와 지형, 인구와 면적 등 지역의 특징을 나타내는 모든 정보를 지리 정보라고 합니다.

문제 속 개념

지리 정보의 의미

- 우리가 살아가는 지역에 대한 여러 가지 정보를 지리 정보라고 합니다.
- 지리 정보에는 위치, 지형, 면적, 인구, 기온, 강수량 등이 있습니다.

6 위치, 지형, 면적, 인구, 기온, 강수량 등의 정보를 조사할 수 있습니다.

채점 **tip** 위치, 지형, 면적, 인구, 기온, 강수량 등의 지리 정보를 썼으면 정답으로 합니다.

이런 답도 가능해!

지리 정보에는 위치, 기온, 강수량 등이 있습니다.

7 지역의 지리 정보를 조사할 때는 ㉠ 조사할 지리 정보를 선택하고, ㉡ 지역의 정보를 조사한 후, ㉢ 조사한 내용을 정리하고 발표합니다.

문제 속 개념

지리 정보 조사 과정

조사할 지리 정보 정하기 ➡ 지리 정보 조사하기 ➡ 조사 내용 정리 및 발표하기

8 지역의 지리 정보를 조사할 때 지도나 지역 소개 게시판, 홍보 책자 등을 찾아봅니다.

문제 속 개념

지역 누리집에서 조사하기

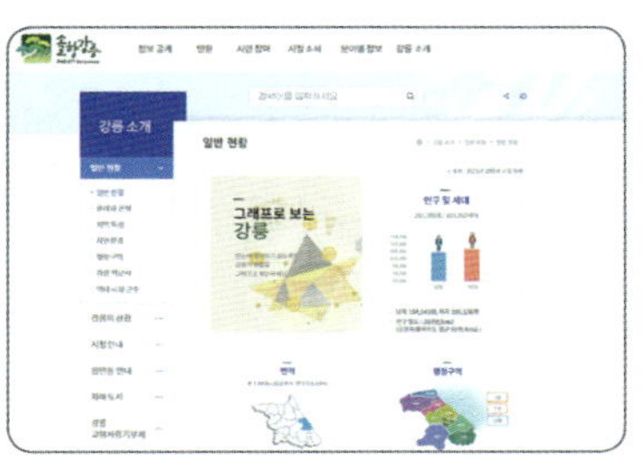

지역 누리집에 방문하여 지역 소개 게시판을 찾아봅니다. 지역 소개 게시판에서는 지역의 위치, 면적, 인구, 기온, 강수량 등 다양한 지리 정보를 알아볼 수 있습니다.

9 ㉡ 학급 게시판에서 수업 시간표를 살펴보는 것은 지리 정보를 조사하는 방법으로 알맞지 않습니다.

문제 속 개념

지리 정보를 조사하는 방법

- 지도나 디지털 영상 지도를 살펴봅니다.
- 지역 누리집의 지역 소개 게시판을 찾아봅니다.
- 지역의 통계 자료를 알 수 있는 누리집을 방문합니다.
- 지역에서 만든 홍보물을 살펴봅니다.

10 양 떼 목장이 있다는 점을 통해 ㉮는 평창, 바닷가에서 물놀이를 했다는 점을 통해 ㉯는 강릉에 놀러 간 내용이라는 점을 알 수 있습니다.

11 (1) ㉯ 지역에 놀러 간 친구는 날씨가 더워서 물놀이를 했습니다.

문제 속 개념

평창

강원도 남부 가운데에 있는 군으로, 옥수수나 감자 등의 농산물이 나며, 가축을 기르는 축산업이 활발합니다.

12 태백시의 여름 기온은 약 20.3 ℃이고, 해운대구는 약 24 ℃입니다. 태백시는 해운대구보다 여름 기온이 낮습니다.

13 서로 다른 지역의 지리 정보를 비교하면 우리 지역의 특징을 더 잘 이해할 수 있습니다.

10회 마무리 평가 44~47쪽

1 지도 **2** ⑤ **3** ② **4** ④ **5** 예 지도에서 범례를 보면 나타내는 정보를 좀 더 쉽고 정확하게 알 수 있으며 가고자 하는 곳의 위치를 쉽게 찾을 수 있습니다. **6** ④ **7** ⑤ **8** (1) ○ (2) × (3) × **9** ③ **10** ㉠, ㉣ **11** 경은 **12** ㉢ **13** ① **14** (1) ㉡ (2) ㉠ **15** ③, ⑤ **16** (1) 상주 (2) 청주 **17** 지리 정보 **18** ㉠ **19** (1) 25℃ (2) 2℃ **20** 예 재현이네 지역은 여름에 강수량이 가장 많고, 겨울에 강수량이 가장 적습니다.

1 위에서 내려다본 땅의 실제 모습을 일정하게 줄여서 약속된 기호로 나타낸 그림을 지도라고 합니다.

2 ① 경기도는 전라남도의 북쪽에 있습니다. ② 서울특별시의 동쪽에 울릉도가 있습니다. ③ 대전광역시는 경상북도의 서쪽에 있습니다. ④ 충청남도의 남쪽에 광주광역시가 있습니다.

3 지도에 방위표가 없으면 오른쪽이 동쪽, 왼쪽이 서쪽, 아래쪽이 남쪽, 위쪽이 북쪽이라고 약속합니다.

4 ㉠은 초·중·고교를 나타내는 기호입니다.

5 범례를 활용하여 지도를 보면 좀 더 쉽고 정확하게 정보를 알 수 있습니다.

채점 기준		
	상	범례를 활용하면 지도의 정보를 정확히 알 수 있다고 쓴 경우
	중	범례를 활용하면 편리하다고만 쓴 경우

문제 속 개념

지도에서 범례가 필요한 까닭
- 지도에 있는 모든 기호를 외울 수 없기 때문입니다.
- 지도마다 쓰이는 기호가 다를 수 있기 때문입니다.
- 지도에서 나타내는 정보를 쉽고 정확하게 알 수 있기 때문입니다.

6 범례는 지도에 쓰인 기호와 그 뜻을 나타내는 것으로, 범례를 보면 지도의 내용을 쉽고 정확하게 알 수 있습니다.

7 축척은 지도에서 실제 거리를 줄인 정도를 말합니다.

8 ② 축척이 달라지면 지도에 담는 내용이 달라집니다. ③ 같은 크기의 지도에 넓은 지역을 나타낼수록 간단하게 나타납니다.

9 제시된 지도의 축척은 지도에서 1cm는 실제 거리가 1km입니다. 따라서 지도에서 3cm는 실제 거리가 3km입니다.

10 지도에서는 땅의 높낮이를 등고선과 색깔로 나타냅니다.

왜 답이 아닐까?

㉡ 방위는 동서남북 방향을 나타냅니다. ㉢ 축척은 지도에서 실제 거리를 얼마나 줄였는지 나타냅니다.

11 땅의 높이가 낮은 곳은 초록색으로, 땅의 높이가 높아질수록 진한 갈색으로 표현합니다.

12 지도에서는 땅의 높이가 높을수록 색이 진해집니다. 땅의 높이가 낮은 곳은 초록색으로, 높은 곳은 갈색으로 표시합니다.

13 ① 지도는 정해진 약속에 따라 그린 것이므로 강의 실제 모습을 볼 수는 없습니다.

14 ㉠ 약도는 목적지까지 가는 길을 간단히 나타낸 지도입니다. ㉡ 지하철 노선도는 지하철이 다니는 길을 표시한 지도입니다.

15 ① 우리나라에는 광역시가 6곳 있습니다. ② 도와 특별자치도에는 도청이 있습니다. ④ 세종특별자치시는 서울특별시의 남쪽에 있습니다.

16 지금 우리가 사용하는 행정구역은 조선 시대 초기에 정해졌습니다. 조선 시대에는 전국을 8개의 도로 나누어 나라를 관리했습니다.

17 지리 정보는 산, 바다 등의 위치나 땅의 높낮이 등의 특성을 알려 주는 자료를 말합니다.

18 지역의 누리집, 홍보 책자, 축제 포스터, 디지털 영상 지도 등을 이용하여 지리 정보를 알 수 있습니다.

19 재현이네 지역은 7월의 평균 기온이 25℃로 가장 높고, 1월의 평균 기온이 2℃로 가장 낮습니다.

20 재현이네 지역은 여름의 강수량이 203mm로 가장 많고, 겨울 강수량이 37mm로 가장 적습니다.

채점 tip 여름 강수량이 가장 많고, 겨울 강수량이 가장 적다고 썼으면 정답으로 합니다.

2. 우리 지역의 국가유산

○ 1회 문제 학습   52~53쪽

1 가치   **2** 문화유산   **3** 자연유산   **4** 무형유산

5 국가유산   **6** ②   **7** (1) ㉠, ㉡ (2) ㉢, ㉣
8 ⑩ 문화유산은 책, 건축물처럼 형태가 있는 것이고, 무형유산은 음악, 춤, 기술처럼 형태가 없는 것입니다.   **9** ㉠   **10** (1) ㈐, ㈑ (2) ㈎, ㈒
11 고인돌   **12** ①   **13** (1) ㉡ (2) ㉠

5 국가유산은 조상 대대로 전해 내려온 문화 중에서 다음 세대에게 물려줄 만한 가치가 있는 것을 말합니다.

6 ② 음악, 춤, 기술처럼 형태가 없는 국가유산을 무형유산이라고 합니다.

7 문화유산은 석탑, 건축물, 책처럼 형태가 있는 국가유산입니다. 무형유산은 음악이나 기술처럼 일정한 형태가 없는 국가유산입니다.

문제 속 개념

국가유산의 종류

문화유산	건축물, 공예품, 책, 생활 도구 등과 같이 형태가 있는 것
무형유산	음악, 춤, 연극, 기술 등과 같이 형태가 없는 것
자연유산	동물, 식물, 지형 등 보존할 만한 가치가 있는 자연물이나 자연환경과 관련 있는 것

8 국가유산에는 문화유산, 무형유산, 자연유산이 있습니다.

채점 tip 형태가 있는지 없는지에 대해 정확히 쓴 경우 정답으로 합니다.

이런 답도 가능해!

문화유산은 형태가 있는 국가유산이고, 무형유산은 형태가 없는 국가유산입니다.

9 ㉡, ㉢, ㉣은 무형유산입니다. ㉠ 창덕궁은 문화유산입니다.

문제 속 개념

창덕궁

조선 시대의 궁궐로 왕이 살면서 신하들과 나랏일을 처리했습니다.

10 ㈐ 하회 마을, ㈑『훈민정음』은 문화유산입니다. ㈎ 판소리, ㈒ 씨름은 무형유산입니다.

문제 속 개념

국가유산

판소리	소리꾼이 고수의 북장단에 맞추어 줄거리가 있는 긴 이야기를 몸동작과 함께 노래로 부르는 음악
『훈민정음』	한글을 만든 까닭과 한글을 읽고 쓰는 법을 설명한 책
안동 하회 마을	성씨가 같은 사람들이 모여 약 600년간 대대로 살아온 마을로, 우리나라의 전통문화가 잘 보존된 곳임.
씨름	두 사람이 샅바를 잡고 힘과 재주를 부리어 먼저 넘어뜨리는 것으로 승부를 겨루는 우리 고유의 운동

11 고인돌은 먼 옛날 사람들이 돌로 만든 무덤입니다.

12 ② 봉산탈춤, ③ 종묘 제례악, ⑤ 하회 별신굿 탈놀이는 무형유산입니다. ④ 진도의 바닷길은 자연유산입니다.

문제 속 개념

진도의 바닷길

- 이곳에서는 썰물 때에 바닷물이 빠져나가면 바다가 좌우로 갈라지는 모습을 볼 수 있어 '신비의 바닷길'이라고도 불립니다.
- 신기하고 아름다운 풍경을 가지고 있는 진도의 바닷길은 자연유산으로 지정되어 보호받고 있습니다.

13 판소리는 소리꾼이 고수의 북장단에 맞추어 줄거리가 있는 긴 이야기를 몸동작과 함께 노래로 부르는 음악입니다.

2회 문제 학습

56~57쪽

1 지혜　　**2** 첨성대　　**3** 모시　　**4** 김장

5 첨성대　　**6** 지은　　**7** 대장경판　　**8** ㉢
9 석빙고　　**10** 동엽　　**11** (1) ×　(2) ○
12 예술적　　**13** ⓔ 담근 김치를 가족, 이웃과 나누어 먹고 김치를 담그는 방법이 세대를 거쳐 내려오기 때문입니다.

5 경주 첨성대는 별의 움직임을 관찰하던 천문대로 알려져 있습니다.

6 첨성대는 당시 우리 조상들의 높은 과학 수준을 보여 줍니다.

문제 속 개념
첨성대

- 경상북도 경주시에 있는 첨성대는 별의 움직임을 관찰하던 천문대로 알려져 있습니다.
- 동양에 남아 있는 천문대 가운데 가장 오래된 것입니다.

7 합천 해인사 대장경판은 적의 침입을 물리치고자 하는 마음을 담아 만든 목판으로, 팔만 대장경판이라고도 부릅니다.

8 합천 해인사 대장경판으로 당시의 뛰어난 목판 인쇄술을 알 수 있습니다.

문제 속 개념
합천 해인사 대장경판

- 고려 시대에 외적이 쳐들어왔을 때 부처의 힘을 빌려 적의 침입을 물리치고자 하는 마음을 담아 만든 목판입니다.
- 그 경판 수가 약 8만여 장이라고 하여 팔만 대장경판이라고도 부릅니다. 내용이 정확하고 틀린 글자도 거의 없어 당시의 뛰어난 목판 인쇄술을 보여 줍니다.

9 석빙고는 얼음을 저장하려고 돌을 쌓아 만든 창고입니다.

10 천장에 뚫린 구멍으로 더운 공기가 빠져나가 내부가 시원하게 유지되는 구조를 통해 조상들의 지혜를 알 수 있습니다.

문제 속 개념
석빙고의 원리

- 석빙고 위의 잔디가 바깥의 열을 막아 주었습니다. 지붕의 환기구로 안쪽의 더운 공기가 빠져나갔습니다.
- 석빙고의 입구는 양쪽에 날개벽이 있어서 더 많은 바람이 석빙고 안으로 들어갈 수 있었습니다.

11 (1) 여름철 더위를 이겨낸 우리 조상들의 지혜와 생활 모습이 담겨 있습니다.

문제 속 개념
한산 모시 짜기

- 우리 조상들은 더운 여름에 모시로 만든 옷을 입었습니다. 모시는 바람이 잘 통하는 옷감으로, 오랫동안 우리나라 여름 옷감을 대표했습니다.
- 특히 서천 지역에서 만드는 모시는 품질이 우수해서 무형유산으로 지정해 그 기술을 이어 가고 있습니다.

12 청자 투각 칠보무늬 뚜껑 향로를 통해 옛날 사람들의 뛰어난 예술 감각을 알 수 있습니다.

13 김장을 통해 우리나라에서 오랫동안 이어 온 문화를 알 수 있습니다.

채점 tip 여러 사람이 공유하고 세대를 거쳐 내려 온다는 점을 썼으면 정답으로 합니다.

문제 속 개념
김장 문화

- 김장 문화는 겨울 동안 먹을 김치를 한꺼번에 담가 저장하는 우리 고유의 음식 문화입니다.
- 담근 김치를 가족, 이웃과 나누어 먹고 김치를 담그는 방법이 세대를 거쳐 내려오기 때문에 국가유산으로 자리잡았습니다.

1 책   **2** 누리집   **3** 면담   **4** 보고서

5 ㉠, ㉡, ㉢   **6** 인터넷   **7** ④   **8** ㉡ → ㉠ → ㉢   **9** 📵 국가유산에 대해 궁금한 점을 직접 물어볼 수 있습니다.   **10** 답사   **11** ②   **12** ㉣   **13** (2) ◯

5 ㉣ 국가유산청이나 지역 문화원 등 국가유산과 관련 있는 기관의 누리집에서 국가유산을 조사할 수 있습니다.

6 인터넷 누리집을 검색하여 국가유산을 조사하면 언제든지 필요한 정보를 얻을 수 있고, 사진이나 영상 자료를 볼 수 있습니다.

인터넷에서 국가유산 검색하기

- 시·도청 누리집이나 국가유산청 누리집 등에서 우리 지역의 국가유산을 검색할 수 있습니다.
- 누리집을 검색하면 우리 지역의 국가유산에 대한 자세한 설명과 사진이나 영상 자료를 볼 수 있습니다.

7 우리 지역의 국가유산을 알아보기 위해서는 국가유산 관련 기관의 누리집에서 국가유산을 검색해야 합니다.

8 국가유산청 누리집에서 국가유산을 검색하면 언제 어디서든 필요한 정보를 빠르게 얻을 수 있습니다.

인터넷에서 국가유산을 조사하는 방법

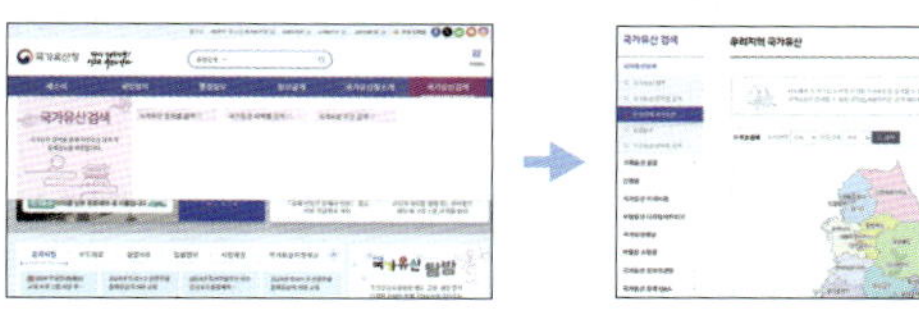

❶ 국가유산청 누리집에 방문해 '국가유산검색 – 국가유산 지역별 검색'을 선택합니다.

❷ 지도에서 우리 지역을 선택합니다.

❸ 검색된 국가유산 중 조사하고 싶은 국가유산을 선택합니다.

❹ 내가 선택한 우리 지역의 국가유산을 자세히 알아봅니다.

9 국가유산을 잘 아는 사람을 만나서 면담을 하면 국가유산에 대해 궁금한 점을 직접 물어보고 자세한 설명을 들을 수 있습니다.

채점 **tip** 국가유산에 대해 직접 물어보고 자세한 설명을 들을 수 있다고 썼으면 정답으로 합니다.

이런 답도 가능해!

국가유산을 잘 아는 사람을 만나서 면담을 하면 국가유산에 대해 자세한 설명을 들을 수 있습니다.

국가유산을 잘 아는 사람과 면담하기

- 국가유산을 잘 아는 사람을 만나서 면담을 하면 국가유산에 대해 궁금한 점을 직접 물어보고 자세한 설명을 들을 수 있습니다.
- 면담하기 전에는 미리 전화를 해서 면담 약속을 정하고 질문할 내용을 미리 준비해야 합니다.

10 답사는 현장에 직접 가서 살펴보고 조사하는 활동입니다.

11 지역의 국가유산에 대하여 궁금한 점을 문화 관광 해설사께 질문하여 설명을 듣습니다.

12 ㉣ 안내판에 설명된 내용을 읽고 국가유산의 의미를 생각해 보아야 합니다.

국가유산 답사하기

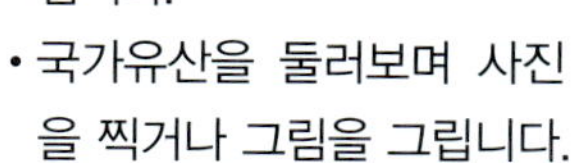

- 우리 지역의 국가유산을 직접 가서 감상하고 살펴봅니다.
- 국가유산에 대해 궁금한 점을 문화 관광 해설사께 질문합니다.
- 국가유산을 둘러보며 사진을 찍거나 그림을 그립니다.
- 답사를 다녀온 후에는 답하면서 기록한 내용을 바탕으로 답사 보고서를 작성합니다.

13 국가유산을 조사하면 우리 지역의 다양한 국가유산과 그 우수성을 알 수 있습니다.

4회 문제 학습   64~65쪽

1 박물관   **2** 기념관   **3** 유적   **4** 수원

5 박물관   **6** ⑩ 유물이나 유적, 역사적 사건 등 옛날 사람들이 남긴 흔적을 보존하고 널리 알리기 위해서입니다.   **7** ㉣   **8** ⑵ ○   **9** ⑴ ㉠ ⑵ ㉡   **10** 기념관   **11** 김만덕   **12** 상준   **13** 유적지

---

5 제시된 글은 박물관에 대한 설명입니다.

> **문제 속 개념**
> **박물관에서 일하는 사람들**
>
> | | |
> |---|---|
> | 고고학자 | 옛날 사람들이 남긴 흔적을 발굴하고 기록하여 그것을 바탕으로 옛날 사람들의 역사와 문화, 생활 모습을 연구함. |
> | 보존 과학자 | 유물을 조사하고 훼손된 유물을 원래의 모습으로 되돌리거나 유물이 벌레나 외부 환경에 의해 손상되지 않게 관리함. |
> | 전시 기획자 | 박물관에 있는 다양한 유물을 하나의 주제로 엮고, 이야기를 만들어 사람들에게 보여 주는 일을 함. |
> | 교육 연구사 | 박물관을 찾는 사람들이 전시를 잘 이해할 수 있도록 연구하고, 교육 프로그램과 체험물을 개발함. |

6 박물관, 기념관, 유적지 등을 통해 지역의 역사를 알 수 있습니다.

> 채점 **tip** 옛날 사람들이 남긴 흔적을 보존하고 알리기 위해서라고 썼으면 정답으로 합니다.

7 ㉣ 유적지에서 하는 일에 해당합니다.

> **문제 속 개념**
> **박물관에서 하는 일**
> • 전문가의 설명을 제공합니다.
> • 다양한 체험 프로그램을 운영합니다.
> • 시대와 주제에 맞게 유물을 전시합니다.
> • 유물을 보존하고 유물에 대해 연구합니다.

8 박물관에 가면 옛날 사람들의 생활 모습을 알 수 있는 유물을 보고, 전문가의 설명을 들을 수 있습니다. 또한 옛날 사람들의 생활을 직접 체험해 볼 수 있습니다.

> **왜 답이 아닐까?**
> ⑴ 과거의 훌륭한 인물을 직접 만날 수는 없습니다.

9 기념관은 어떤 뜻깊은 일이나 훌륭한 인물 등을 오래도록 기억하려고 세운 곳입니다. 유적지는 옛날 사람들이 만든 건축물이나 싸움터 또는 역사적인 사건이 벌어졌던 유적이 있는 곳입니다.

10 기념관은 지역의 역사적 사건이나 인물 등을 오래 기억하려고 자료나 유품을 전시하는 곳입니다.

> **문제 속 개념**
> **기념관에서 할 수 있는 일**
>
> 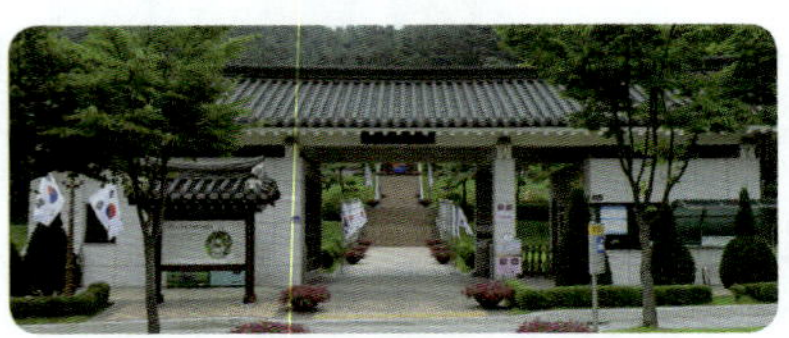
> ▲ 안성 3·1 운동 기념관
>
> • 과거에 일어났던 중요한 일에 대한 자료를 살펴볼 수 있습니다.
> • 역사적 인물과 관련 있는 자료를 살펴볼 수 있습니다.
> • 역사적 사건이나 인물을 기념하는 비석을 볼 수 있습니다.

11 김만덕 기념관은 나눔을 실천한 김만덕의 삶과 정신을 기억하고 전하려고 만든 곳입니다.

> **문제 속 개념**
> **김만덕 기념관**
> 김만덕은 조선 시대에 제주에서 굶주리던 백성들을 도운 상인입니다. 김만덕 기념관에는 김만덕과 관련된 자료들이 전시되어 있습니다.

12 충무공 이순신 기념관은 이순신 장군을 오래도록 기념하려고 세운 곳입니다. 고인돌 유적을 찾아보는 것은 알맞지 않습니다.

13 유적지에 가면 옛날 사람들이 어떤 일을 겪었는지, 어떻게 살았는지 알 수 있습니다.

> **문제 속 개념**
> **유적지에서 할 수 있는 일**
> • 역사적 사건이 일어난 곳이나 옛날 건축물 등을 직접 볼 수 있습니다.
> • 옛날 사람들이 어떤 일을 겪었는지 알 수 있습니다.
> • 옛날 사람들이 어떻게 살았는지 알 수 있습니다.

5회 문제 학습 68~69쪽

1 장소　　**2** 계획서　　**3** 누리집　　**4** 보고서

5 (2) ○　　**6** ㉡ → ㉢ → ㉠ → ㉣　　**7** ㉠, ㉡, ㉣

8 ④　　　**9** (1) ×　 (2) ○　　**10** 인터넷

11 예 보호자와 함께 찾아갑니다. 사진 촬영을 하면 안 되는 곳에서는 조사할 대상을 그리거나 글로 씁니다.　　**12** 답사 보고서　　**13** 느낀 점

---

5 체험할 장소를 찾는 방법으로는 관광 안내도를 살펴보거나, 시·군·구청 누리집을 방문하여 살펴볼 수 있습니다.

왜 답이 아닐까?

학교 안내도는 학교에 있는 여러 시설의 위치를 그림이나 기호로 표시한 지도입니다.

---

6 우리 지역의 역사 체험 과정은 '체험할 장소 정하기' → '조사할 내용 정하기' → '체험하기' → '조사한 내용 정리하기'의 순서입니다.

문제 속 개념

우리 지역의 역사 체험 과정

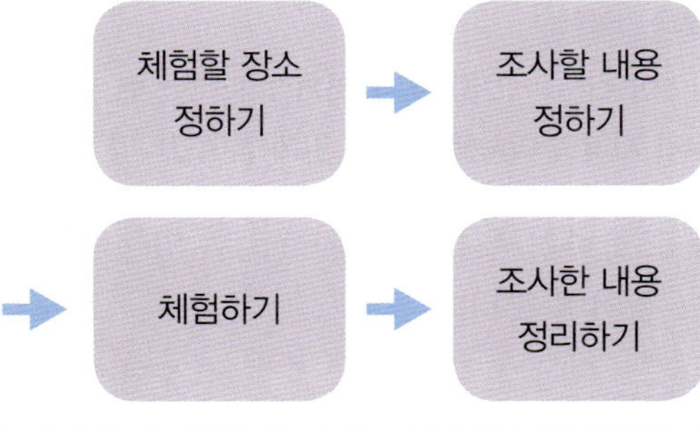

---

7 ㉢은 답사 보고서에 들어갈 내용입니다.

8 우리 지역의 역사를 알아보기 위해 답사할 때 필요한 준비물에는 수첩, 필기도구, 사진기, 녹음기 등이 있습니다.

왜 답이 아닐까?

④ 라디오는 우리 지역의 역사를 알아보기 위해 답사할 때 필요한 준비물이 아닙니다.

---

9 (1) 역할 나누기에 해당하는 내용입니다.

문제 속 개념

조사 계획서 작성하기

조사 주제	우리 지역의 역사 알아보기
조사 장소	한성 백제 박물관
조사 날짜	20○○년 △△월 □□일
조사 방법	인터넷 조사, 답사
조사할 내용	• 아주 오래전 우리 지역에 살았던 사람들의 생활 모습은 어땠을까? • 우리 지역에 있는 서울 풍납동 토성은 언제, 어떻게 만들었을까?
역할 나누기	• 안내판에 적힌 내용 요약하기 • 문화 관광 해설사의 설명 정리하기 • 전시물 촬영하기
준비물	수첩, 필기구, 사진기, 녹음기 등
주의할 점	• 안전에 유의하기 • 보호자와 함께 답사하기

---

10 제시된 글은 인터넷으로 우리 지역의 역사를 조사하는 방법에 대한 설명입니다.

11 이 외에도 박물관, 기념관, 유적지의 관람 시간을 미리 알아봅니다.

채점 기준	상	답사할 때 주의할 점을 두 가지 모두 알맞게 쓴 경우
	중	답사할 때 주의할 점을 한 가지만 알맞게 쓴 경우

이런 답도 가능해!

뛰거나 큰 소리로 떠들지 않고 질서 있게 답사합니다.

---

12 제시된 자료는 국립 부여 박물관을 답사하면서 보고 들은 내용을 정리한 답사 보고서입니다.

13 ㉠의 내용은 체험을 하고 나서 느낀 점입니다.

문제 속 개념

지역의 역사를 체험하며 알 수 있는 점
• 옛날 사람들의 생활 모습을 떠올릴 수 있습니다.
• 지역의 역사를 탐구하며 조상들의 삶의 지혜를 배웁니다.
• 옛날에 그 지역에서 있었던 일을 기억 하고 기념할 수 있습니다.
• 지역의 역사는 고유한 특징을 지니며, 지역에 따라 다양하게 나타납니다.

6회 문제 학습　72~73쪽

1 역사　**2** 보호　**3** 조상　**4** 축제

5 (1) ○　**6** ①　**7** 역사　**8** (1) ×　(2) ○

9 ㉠ 훼손　㉡ 보호　**10** ①　**11** ③

12 ⒠ 우리 지역의 역사와 관련 있는 책을 읽습니다.

13 하영

5 역사를 통해 조상들의 지혜와 생활 모습을 알 수 있습니다.

문제 속 개념

지역 역사의 중요성

• 지역의 국가유산에는 그 지역의 역사가 담겨 있기 때문에 중요합니다.

• 지역의 역사를 알면 우리가 생활하는 환경을 더 잘 이해할 수 있습니다.

• 지역의 박물관, 기념관, 유적지는 그 지역의 역사를 담고 있기 때문에 소중한 곳입니다.

• 지역의 역사를 통해 조상들의 지혜와 생활 모습을 알 수 있기 때문에 중요합니다.

6 ① 국가유산을 소중히 여기는 까닭을 단순히 값으로 판단하면 안 됩니다.

7 국가유산에는 우리의 역사가 담겨 있기 때문에 보존해야 합니다.

문제 속 개념

지역의 역사를 보존해야 하는 까닭

• 국가유산에는 우리의 역사와 조상들의 정신이 담겨 있기 때문입니다.

• 조상들에게 물려받은 소중한 역사를 다음 세대에 물려주어야 하기 때문입니다.

• 우리 역사를 보호하지 않으면 훼손되거나 전통을 잇지 못할 수 있기 때문입니다.

8 (1) 우리 지역의 역사가 다른 지역의 역사보다 뛰어나다고 생각하는 것은 옳지 않습니다.

9 국가유산이 훼손되거나 사라질 위기에 처해 있습니다. 우리는 국가유산을 소중히 여기고 보호하기 위해 노력해야 합니다.

10 국가유산을 보호하기 위해서 축제를 열어 지역의 역사를 널리 알리고 그 가치를 전하려고 노력합니다.

문제 속 개념

지역의 역사를 보존하려는 다양한 노력

지역의 국가유산을 발굴하고 관리하여 보존함.

국가유산을 청소하거나 점검하는 활동을 함.

축제를 열어 지역의 역사를 널리 알리고 그 가치를 전하려고 노력함.

지역의 역사와 관련된 여러 가지 주제로 교육 프로그램을 만들어 운영함.

11 문화재 지킴이는 국가유산 주변 청소, 훼손 감시 등 국가유산을 보호하고 관리하는 활동을 합니다.

12 우리 지역의 국가유산을 보호하기 위해 우리가 할 수 있는 다양한 방법을 생각해 봅니다.

채점 tip 지역의 역사를 보존하기 위해 내가 할 수 있는 일을 알맞게 쓴 경우 정답으로 합니다.

이런 답도 가능해!

우리 지역의 박물관, 기념관, 유적지를 관람할 때 규칙을 지킵니다. 우리 지역의 역사를 알리는 일에 참여합니다.

13 역사를 보호하기 위해 우리가 할 수 있는 일을 떠올려 보고 실천해 봅니다.

왜 답이 아닐까?

지역의 역사를 보존하기 위해 국가유산을 세계적으로 알릴 수 있는 큰 행사를 개최하는 것은 우리가 할 수 있는 일이 아닙니다.

문제 속 개념

지역의 역사를 보존하기 위해 내가 할 수 있는 노력

• 우리 지역의 역사와 관련 있는 책을 읽습니다.

• 우리 지역의 역사를 알리는 일에 참여합니다.

• 우리 지역의 박물관, 기념관, 유적지를 관람할 때 규칙을 지킵니다.

1 국가유산　　**2** ㉠, ㉢　　**3** ㉡, ㉣
4 ③　　**5** 판소리　　**6** 정원　　**7** 석빙고
8 첨성대　　**9** ⑩ 여름철 더위를 이겨낸 우리 조상들의 지혜와 생활 모습이 담겨 있기 때문입니다.
10 ㉠　　**11** 기념관　　**12** 박물관　　**13** (1) ㉠
(2) ㉡　　**14** ㉡　　**15** ①　　**16** ⑩ 조사할 대상을 그리거나 글로 씁니다.　　**17** ②, ⑤　　**18** (1) ○
(2) ×　　**19** 조상　　**20** ⑩ 지역의 국가유산을 발굴하고 관리하여 보존합니다.

1 국가유산은 다음 세대에게 물려줄 만한 가치가 있는 문화유산, 무형유산, 자연유산을 말합니다.

2 『훈민정음』, 고인돌은 형태가 있는 문화유산입니다.

3 강강술래, 종묘 제례악은 형태가 없는 무형유산입니다.

4 ①, ②, ④는 형태가 있는 문화유산이고, ③은 형태가 없는 무형유산입니다.

문제 속 개념

하회 별신굿 탈놀이

안동 하회 마을에서 전해 내려오는 탈놀이로 마을의 수호신에게 마을의 평화와 농사가 잘되기를 비는 의식

5 판소리는 기쁨, 노여움, 슬픔, 즐거움을 음악으로 풀어냈던 옛날 사람들의 모습과 정서를 알 수 있는 국가유산입니다.

6 국가유산을 살펴보면 옛날 사람들의 생활 모습과 옛날 사람들이 중요하게 여겼던 것을 알 수 있습니다.

7 석빙고는 옛날 얼음을 보관하던 창고입니다. 석빙고의 구조에는 우리 조상들의 지혜가 담겨 있습니다.

8 첨성대는 천문 현상을 관측하고 연구하기 위하여 설치한 시설로, 당시 우리 조상들의 높은 과학 수준을 보여 줍니다.

9 국가유산을 통해 옛날 사람들의 생활 모습과 지혜를 알 수 있습니다.

채점 tip 조상들의 지혜와 생활 모습을 알 수 있기 때문이라고 썼으면 정답으로 합니다.

10 면담은 궁금한 점을 알려고 적절한 사람을 만나 이야기를 나누는 조사 방법입니다.

11 기념관은 뜻깊은 일이나 역사적 인물을 기념하기 위한 장소입니다.

12 박물관은 옛날 사람들이 만들거나 사용했던 다양한 국가유산을 보관하고 전시하는 곳입니다. 박물관에서는 유물을 보거나, 전문가의 설명을 들을 수 있습니다.

13 유적지는 옛날 사람들의 흔적이 남아 있는 곳이나 역사적인 사건이 벌어졌던 유적이 있는 곳입니다.

14 ㈎에 들어갈 내용은 주의할 점입니다.

15 우리 지역의 국가유산을 조사하기 위해 국가유산이 있는 장소에 직접 찾아가 조사하는 답사를 할 수 있습니다.

16 국가유산을 답사할 때 사진 촬영을 하면 안 되는 곳에서는 조사할 대상의 모습을 그리거나 글로 써서 기록할 수 있습니다.

채점 tip 조사할 대상을 그리거나 글로 쓴다는 방법을 썼으면 정답으로 합니다.

17 답사 결과를 정리하여 답사로 알게 된 점, 더 알고 싶은 점, 느낀 점 등의 내용을 포함한 답사 보고서를 만들 수 있습니다.

18 지역의 역사를 체험하면 옛날 사람들의 생활 모습과 삶의 지혜를 알 수 있습니다.

왜 답이 아닐까?

지역의 역사를 체험하며 오늘날에 지역에서 가장 인기 있는 인물을 알 수는 없습니다.

19 조상들에게 물려받은 소중한 역사를 다음 세대에 물려주어야 합니다.

20 이 외에도 축제를 열어 지역의 역사를 널리 알리고 그 가치를 전하려고 노력합니다.

채점 tip 역사를 보존하기 위한 노력을 알맞게 썼으면 정답으로 합니다.

2
단원
개념북

3. 경제활동과 지역 간 교류

1회 **문제** 학습   82~83쪽

1 선택   **2** 경제활동   **3** 부족한   **4** 한정되어 있기

- -

5 경제활동   **6** (1) ○   **7** ②   **8** (1) ○
(2) ×   **9** (1) ○   **10** ⑤   **11** ㉢
12 영은   **13** ⑩ 내가 가지고 있는 돈이 한정적이기 때문입니다.

---

5 경제활동을 하는 모든 사람에게 선택의 문제가 일어납니다.

6 우리는 생활 속에서 여러 가지 크고 작은 선택을 합니다. 무엇을 선택하는지는 사람에 따라 다를 수 있습니다.

> **문제 속 개념**
>
> **경제활동에서의 선택**
> - 여럿 가운데서 필요한 것을 골라 뽑는 것을 말합니다.
> - 우리는 경제활동을 하면서 여러 가지 선택을 해야 하는 상황을 만나게 됩니다.
> - 선택의 문제는 경제활동을 하는 모든 사람에게 일어날 수 있으며, 어떤 선택을 하는지는 사람마다 다를 수 있습니다.

7 제시된 그림은 돈이 부족해서 생긴 선택의 상황을 나타낸 것입니다.

8 (2) 경제활동에서 선택의 문제가 일어나는 까닭은 자원이 한정되어 있기 때문입니다.

> **문제 속 개념**
>
> **선택의 문제가 일어나는 까닭**
> - 사람이 쓸 수 있는 돈이나 자원은 한정되어 있으므로 원하는 것을 모두 가질 수는 없습니다.
> - 경제활동에서 선택의 문제가 일어나는 까닭은 자원의 희소성 때문입니다.

9 경제활동에서 선택의 문제는 모든 사람에게 일어날 수 있으며, 무엇을 선택하는 지는 사람마다 다를 수 있습니다.

10 제시된 자료는 희소성에 대한 설명입니다.

> **문제 속 개념**
>
> **자원의 희소성**
> - 사람들의 필요나 욕구에 비하여 자원의 양이 상대적으로 부족한 상태를 말합니다.
> - 사람들은 돈과 시간이 한정되어 있고, 내가 하고 싶은 것과 다른 사람들이 하고 싶은 것의 경쟁 등으로 하고 싶은 것을 다 하거나 가지고 싶은 것을 다 가질 수는 없습니다.

11 쓸 수 있는 돈이나 자원이 한정되어 있기 때문에 경제활동에서 선택의 문제가 일어납니다.

12 자원의 양이 매우 적어도 그것을 원하는 사람이 없으면 그 자원은 희소하지 않습니다. 반면에 자원의 양이 많아도 그것을 원하는 사람이 그보다 더 많으면 그 자원은 희소하다고 할 수 있습니다.

> **문제 속 개념**
>
> **시대에 따라 희소성이 달라진 자원**

- 옛날에는 깨끗한 물을 쉽게 구할 수 있어서 사람들이 마실 물을 살 필요가 없었습니다.
- 환경 오염으로 깨끗한 물이 점점 귀 해지자 안심하고 마실 수 있는 물을 원하는 사람이 많아져서 오늘날에는 물을 사고 팔게 되었습니다.

13 내가 가지고 싶은 것은 많지만 가지고 있는 돈이 한정적이기 때문에 모두 가질 수는 없습니다.

> 채점 ⑩ 가지고 있는 자원(돈)이 한정적이라고 썼으면 정답으로 합니다.

1 합리적　　**2** 꼭 필요한　　**3** 후회　　**4** 자원

5 후회　　**6** 승찬　　**7** (1) ○　　**8 예** 자신에게 알맞은 물건을 골라 큰 만족감을 얻을 수 있을 뿐만 아니라 자원의 낭비를 막을 수 있습니다.
9 예 합리적 선택이 아닙니다. 왜냐하면 옷에 대해 자세히 알아보지 않고 맞지 않는 옷을 샀기 때문입니다.　　**10** ①, ②　　**11** (1) ○　　**12** 아영
13 ㉠, ㉡, ㉣

5 우리는 경제활동을 하면서 자원을 낭비하거나 나의 선택에 후회하는 경우도 있습니다.

문제 속 개념
선택에 후회하는 까닭
선택을 할 때에는 여러 가지 상황을 고려하여 신중하게 생각해야 하는데 그렇지 않았기 때문입니다. 가격, 품질, 디자인 등 여러 가지를 고려하여 선택해야 합니다.

6 승찬이는 용돈을 계획적으로 써서 쓸 수 있는 돈이 남아 여유롭습니다. 다영이는 옷 크기를 확인하지 않고 사서 옷이 맞지 않습니다.

7 합리적 선택은 여러 가지를 고려해 자원을 낭비하지 않고 큰 만족감을 얻는 것입니다.

문제 속 개념
합리적 선택의 의미
여러 가지 기준을 고려하여 돈이나 시간 등 자원의 낭비를 막고 큰 만족감을 얻을 수 있는 선택을 말합니다.

8 선택을 할 때에는 여러 가지 상황을 고려하여 신중하게 생각해야 합리적 선택을 할 수 있습니다.
채점 tip 만족감을 얻을 수 있고, 자원의 낭비를 막을 수 있다고 썼으면 정답으로 합니다.

문제 속 개념
합리적 선택이 필요한 까닭
• 돈과 시간 등의 자원을 아낄 수 있기 때문입니다.
• 만족감과 즐거움을 얻을 수 있기 때문입니다.
• 자신의 선택을 후회하지 않을 수 있기 때문입니다.

9 제시된 그림의 친구는 옷을 살 때 여러 가지를 알아보지 않고 구매하여 합리적 선택을 하지 못했습니다.
채점 tip 합리적 선택이 아니라고 쓰고, 옷에 대해 자세히 알아보지 않고 샀기 때문이라고 썼으면 정답으로 합니다.

10 합리적 선택을 하려면 가격, 필요성, 품질, 디자인 등을 따져 봐야 합니다.

11 물건을 살 때 필요성, 가격, 품질 등을 고려해서 합리적 선택을 해야 합니다.

왜 답이 아닐까?
물건을 살 때는 친구들에게 자랑할 수 있는 것보다는 가격, 품질, 디자인 등 여러 가지를 고려하여 합리적으로 선택해야 큰 만족을 얻을 수 있습니다.

12 물건을 살 때에는 가격, 필요성, 품질 등을 꼼꼼하게 따져 보고 나서 자신에게 가장 알맞은 것을 선택해야 합니다.

13 숙소를 정할 때에는 가격, 거리, 시설, 청결 상태 등을 알아봐야 합니다. ㉢은 식당을 고를때 고려해야 할 점입니다.

문제 속 개념
합리적 선택의 필요성 파악하기

• 가족이 여행을 가면서 숙소를 선택하는 상황입니다. 거리와 가격만 고려하여 숙소를 선택했기 때문에 선택에 만족하지 못하게 되었습니다.
• 돈이나 시간을 낭비하지 않기 위해서는 가격, 품질, 디자인 등 여러 가지를 고려하여 합리적으로 선택해야 큰 만족을 얻을 수 있습니다.

C 3회 문제 학습　　90~91쪽

1 기준　　**2** 검색　　**3** 비교　　**4** 만족

5 ②　　**6** 상욱　　**7** 광고　　**8** 例 상점에 찾아가 물건을 직접 살펴보고, 궁금한 점은 직원에게 물어볼 수 있습니다.　　**9** 평가　　**10** ㉠, ㉡

11 줄였는지　　**12** ①, ⑤　　**13** ㈏

---

5 합리적 선택을 하려고 할 때 사려고 하는 물건의 가격, 디자인, 특징 등의 내용을 수집하고 분석하는 것은 '정보 모으기'의 단계입니다.

문제 속 개념
합리적 선택의 방법
필요한 물건과 가진 돈 확인하기 → 정보 수집하기 → 선택 기준 세우기 → 물건 평가하고 선택하기 → 선택 되돌아보기

---

6 합리적 선택을 하기 위해서는 가격이 적절한지, 디자인이 예쁜지, 가방 무게가 어떠한지 등을 모두 살펴봅니다.

문제 속 개념
가방을 고를 때 고려해야 할 점은 무엇인가요?
- 가격이 적절한지 살펴봅니다.
- 디자인이 예쁜지 살펴봅니다.
- 가방 무게가 어떠한지 살펴봅니다.
- 물건이 들어갈 공간이 충분한지 살펴봅니다.
- 주머니가 있는지, 방수가 되는 소재 인지 등을 살펴봅니다.

---

7 신문이나 텔레비전 광고를 보면 물건의 정보를 얻을 수 있습니다.

8 상점에 방문하면 물건을 직접 볼 수 있습니다. 또한 상품에 대해 직원에게 물어볼 수 있습니다.

채점 기준	상	물건을 직접 볼 수 있고, 직원에게 물어볼 수 있다고 정확히 쓴 경우
	중	물건을 직접 볼 수 있다고만 쓴 경우

이런 답도 가능해!
물건을 직접 살펴보며 다른 물건과 비교할 수 있습니다.

문제 속 개념
물건의 정보 수집하는 방법

상점 방문하기	인터넷 검색하기

상점에 찾아가 물건을 직접 살펴보고, 궁금한 점은 직원에게 물어봄.	인터넷 검색으로 여러 물건의 정보를 비교하고, 물건을 산 다른 사람들의 의견도 살펴봄.
광고 보기	주변 사람의 경험 듣기

텔레비전 광고, 신문, 라디오 등에서 물건의 정보를 확인함.	물건을 직접 사용 한 사람에게 물건의 특징이나 장단점 등을 물어봄.

9 합리적 선택을 한 후에 자신의 선택을 되돌아보며 평가하면 다음 선택에 도움이 됩니다.

10 합리적 선택을 하면 자신에게 알맞은 물건을 골라 큰 만족감을 얻을 수 있을 뿐만 아니라 돈과 자원의 낭비를 막을 수 있습니다.

11 오염 물질 배출을 줄이고, 에너지 효율이 좋은 물건을 선택합니다.

12 알맞은 운동화를 고르기 위해서는 관련된 정보를 수집하고 분석한 후에 선택해야 합니다.

문제 속 개념
물건 평가하고 선택하기
합리적 선택을 하기 위해서는 사려고 하는 물건의 가격, 디자인, 특징 등 다양한 정보를 수집하고 분석합니다. 그리고 선택 기준을 정하고, 선택 기준별로 점수를 매겨 구매할 물건을 선택합니다.

13 가격이 60,000원 미만이면서 무게가 가벼운 운동화는 ㈏ 운동화입니다.

1 소비　**2** 자연　**3** 시장　**4** 생산

5 (1) ○　**6** 생산　**7** ㉠, ㉢, ㉣　**8** (1) ○
9 ②　**10** ㉣　**11** 시장　**12** ④　**13** 예
빵집 주인이 빵을 만듭니다. 미용사가 머리를 손질합니다.

5 (2) 물건을 구매하여 사용하는 활동을 소비 활동이라고 합니다.

문제 속 개념
생산과 소비의 의미

생산	생활에 필요한 물건을 만들거나 서비스를 제공하는 활동
소비	생활에 필요한 물건이나 서비스를 이용하는 활동

6 생산이란 생활에 필요한 물건이나 서비스를 만들어 내는 활동을 말합니다.

7 생산 활동은 생활에 필요한 것을 만드는 활동, 생활을 편리하고 즐겁게 해 주는 활동, 생활에 필요한 것을 자연에서 얻는 활동으로 나눌 수 있습니다.

문제 속 개념
생산 활동의 종류

생활에 필요한 것을 자연에서 얻는 활동	생활에 필요한 것을 산, 들, 강, 바다와 같은 자연에서 얻음.
생활에 필요한 것을 만드는 활동	자연에서 얻은 생산물이나 자원을 이용하여 생활에 필요한 것을 만듦.
생활을 편리하고 즐겁게 해 주는 활동	물건을 팔거나 사람들을 만족시킬 수 있는 서비스를 제공함.

8 생활에 필요한 것을 자연에서 얻는 활동에는 과일 따기, 물고기 잡기, 소 기르기 등이 있습니다.

왜 답이 아닐까?
아이스크림 만들기는 생활에 필요한 것을 만드는 활동입니다.

9 ② 소 기르기는 생활에 필요한 것을 자연에서 얻는 활동입니다.

문제 속 개념
생산 활동과 소비 활동의 관계
- 생산하지 않으면 소비를 할 수 없고, 소비하지 않으면 생산을 할 필요가 없습니다.
- 생산 활동 덕분에 다양한 소비 활동을 할 수 있고, 편리한 생활을 할 수 있습니다.

10 우유가 우리 손에 오기까지 여러 가지 생산과 소비 활동이 이루어 집니다. ㉣ 매장에서 우유를 사는 것은 소비 활동입니다.

11 사람들이 생활하면서 필요한 여러 가지 상품을 사고파는 곳을 시장이라고 합니다.

12 스마트폰이나 컴퓨터 등을 이용하면 시간과 장소에 관계없이 정보를 얻고 쉽고 편리하게 물건을 사고팔 수 있습니다.

문제 속 개념
여러 종류의 시장

전통 시장은 예전부터 사람들이 모여 물건을 사고팔면서 만들어졌습니다.

대형 할인점은 다양한 물건을 대량으로 팔거나 값을 깎아서 팝니다.

온라인 쇼핑은 스마트폰이나 컴퓨터를 이용해 인터넷으로 다양한 물건을 비교여 살 수 있습니다.

13 우리는 생활하면서 시장에서 여러 경제활동을 보고 경험합니다.

채점 기준	상	경제활동의 모습 두 가지를 정확히 쓴 경우
	중	경제활동의 모습을 한 가지만 정확히 쓴 경우

이런 답도 가능해!
분식집에서 떡볶이를 만들어 팝니다. 분식집에서 떡볶이를 사 먹습니다.

☾ 5회 **문제** 학습 98~99쪽

1 생산지 **2** 누리집 **3** 인증 **4** 여러 지역에서

5 생산지 **6** 승민 **7** ⑩ 광고지 확인하기, 상품에 표시된 정보 확인하기 등이 있습니다.

8 베트남 **9** (1) ○ **10** 큐아르(QR) 코드

11 정리 **12** ④ **13** 다양한

---

5 생산지(원산지)는 물건이 만들어진 곳 또는 그 물건이 저절로 생겨나는 곳을 말합니다.

6 우리 주변의 물건은 여러 지역과 여러 나라에서 생산되었습니다.

문제 속 개념
여러 지역에서 온 물건들

참외	경상북도 성주군
쌀	경기도 이천시
김	충청남도 서천군
굴비	전라남도 영광군
소고기	강원특별자치도 횡성군

7 이 외에도 누리집에서 상품 소개 검색하기, 큐아르(QR) 코드 찍어서 확인하기 등이 있습니다.

채점 기준	상	물건이 어디에서 왔는지 조사하는 방법 두 가지를 모두 정확히 쓴 경우
	중	물건이 어디에서 왔는지 조사하는 방법을 한 가지만 정확히 쓴 경우

이런 답도 가능해!

상품 판매대에 안내된 원산지 표시판을 보거나, 상품에 붙어 있는 인증 마크를 확인할 수 있습니다.

---

8 제시된 자료에서 상품의 생산지는 베트남임을 알 수 있습니다.

문제 속 개념
물건의 정보를 확인하는 방법

제품명 : 원두커피
식품유형 : 커피
원재료명 및 함량 : 볶은원두
원산지 : 베트남
내용량 : 전면별도표기
유통기한 : 제조일로부터 1년

▲ 상품에 표시된 정보를 확인하기

▲ 광고지를 확인하기

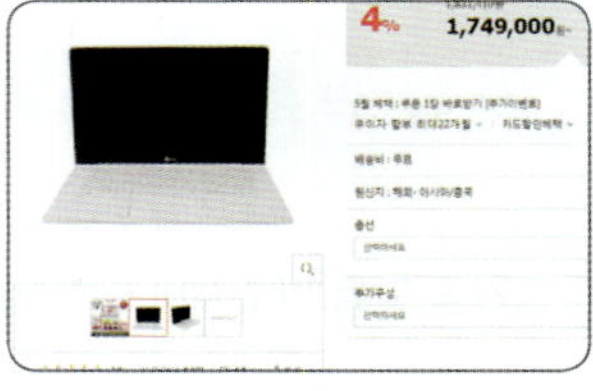
▲ 상품을 판매하는 누리집에서 검색하기

▲ 스마트폰으로 큐아르(QR) 코드를 찍어 확인하기

9 약도를 통해서는 물건의 생산지(원산지)를 알 수 없습니다. 약도는 어떤 곳의 위치를 알고자 할 때 이용합니다.

10 상품에 표시되어 있는 큐아르(QR) 코드를 찍어서 상품에 대한 여러 가지 정보를 알 수 있습니다.

11 물건의 생산지 조사 과정은 '조사 주제 정하기 → 조사 방법 정하기 → 조사한 내용 정리하기' 순서로 이루어집니다.

12 제시된 표에서 운동화의 생산지가 베트남이므로, 운동화는 다른 나라에서 온 물건임을 알 수 있습니다.

13 상품의 정보를 보면 다양한 지역에서 상품이 생산되었다는 것을 알 수 있습니다.

문제 속 개념
물건의 생산 정보를 통해 알 수 있는 사실
- 우리나라는 세계 여러 나라와 물건을 주고받으며 활발하게 교류하고 있습니다.
- 사람들은 필요에 따라 다른 지역에서 온 물건을 소비합니다.
- 우리 지역에서 볼 수 있는 다양한 물건은 여러 지역에서 생산되어 우리 지역으로 옵니다.

1 교류　　**2** 다르기　　**3** 경제적　　**4** 교류

5 이익　　**6** 예 자연환경이 다르기 때문에 교류가
일어납니다.　　**7** ㉢, ㉣　　**8** 기술　　**9** ⑵ ○
10 ㉡　　**11** 직거래　　**12** ③　　**13** 서준

5 개인이나 지역이 경제적 이익을 얻기 위해 상품, 자
원, 기술, 정보 등을 서로 주고받는 것을 교류라고 합
니다.

문제 속 개념

교류의 의미

사람들이 오고 가거나 물건이나 자원, 기술, 문화 등을 주고받
는 것을 말합니다.

6 따뜻한 지역, 갯벌이 있는 지역이라는 점을 통해 자
연환경이 달라서 교류가 일어난다는 것을 알 수 있습
니다.

채점 tip 자연환경이 다르다는 점을 썼으면 정답으로 합니다.

이런 답도 가능해!

자연환경이 달라서 서로 생산할 수 있는 물건이 다르기 때문에
교류가 일어납니다.

7 지역마다 자연환경과 기술, 자원 등이 다르기 때문에
교류가 발생합니다.

문제 속 개념

교류가 일어나는 까닭

• 자연환경의 차이

• 시설의 차이

• 기술의 차이

8 지역마다 가지고 있는 기술이 다르기 때문에 생산되
는 상품들이 달라 교류가 일어납니다.

9 지역마다 자연환경과 자원 등이 다르기 때문에 교류
가 일어납니다.

왜 답이 아닐까?

각 지역에 사는 사람들은 서로 필요한 것을 주고받으며 상호
의존하고 있습니다. 지역끼리 힘을 합해 서로 돕고 좋은 관계
를 맺습니다.

10 지역 간에 교류를 하지 않는다면 우리 지역에 필요한
자원이나 상품 등을 구할 수 없게 됩니다.

문제 속 개념

지역 간에 교류를 하지 않았을 때 생기는 어려움

• 지역에서 생산한 여러 가지 상품을 팔 수 없어 소득이 줄어
들게 됩니다.
• 지역 간에 기술을 교류할 수 없게 되어 더 나은 상품을 개발
할 수 없게 됩니다.

11 직거래 장터는 생산자가 직접 상품을 팔기 때문에 더
많은 이익을 낼 수 있습니다.

12 ③ 교류를 하면 좋은 점은 각 지역이 모두 경제적 이
익을 얻을 수 있는 점입니다.

문제 속 개념

교류를 하면 좋은 점

• 지역마다 풍부하게 생산되는 물건을 서로 사고팔아 경제적
이익을 얻습니다.
• 우리 지역을 찾는 사람들이 많아져서 지역이 발전합니다.
• 우리 지역에 없는 시설을 이용할 수 있어서 생활이 편리해집
니다.

13 ○○ 지역은 복숭아를 많이 생산하고, △△ 지역은
과일을 가공할 수 있는 시설이 있습니다. 두 지역은
교류를 하여 경제적 이익을 얻을 수 있습니다.

3 단원 개념북

(7회 **문제** 학습　　106~107쪽

1 활발해지고　　**2** 대표 상품　　**3** 문화
4 의존

- -

5 ⑵ ○　　**6** 지원　　**7** ③　　**8** 농촌
9 교류　　**10** ㉟ 지역 신문이나 책자를 살펴봅니다. 인터넷을 검색합니다.　　**11** ③　　**12** 해준
13 윤성

5 ⑴ 지역 간 교류는 다양한 분야에서 이루어지고 있습니다.

문제 속 개념

지역 간 교류 분야

- 지역 간 교류는 생산물, 기술, 문화 등 다양한 분야에서 이루어지고 있습니다.
- 각 지역은 교류를 통해 다른 지역과 밀접한 관계를 맺고 있습니다.
- 오늘날 교통과 통신의 발달로 지역 간의 교류가 더욱 활발해지고 있습니다.

6 오늘날 사람들은 교통과 통신의 발달로 다양한 장소에서 여러 가지 방법으로 경제적 교류를 하고 있습니다.

7 제시된 표는 촌락과 도시의 생산물에 따른 경제적 교류를 정리한 것입니다.

8 곡식, 채소, 과일 등을 생산하는 것을 통해 농촌임을 알 수 있습니다.

문제 속 개념

지역 간 경제 교류 사례

생산물 교류	각 지역의 풍부한 생산물을 중심으로 경제적 교류를 합니다.
기술 교류	각 지역은 기술 교류를 통해 서로의 지역에 부족한 기술을 보완하여 경제적 이익을 얻습니다.
문화 교류	각 지역은 공연, 전시회, 운동 경기, 관광 등을 통해 교류합니다.

9 지역의 이름과 교류를 검색하여 교류 사례를 조사할 수 있습니다.

10 이 외에도 지역 누리집 방문하기 등이 있습니다.

채점 tip 교류 모습을 조사하는 방법 두 가지를 정확히 쓴 경우 정답으로 합니다.

문제 속 개념

신문 기사에서 교류 사례 조사하기

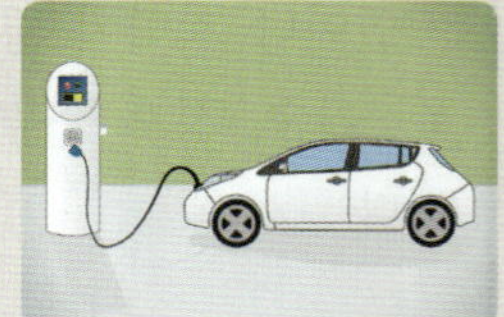

○○신문　　　　　　　20△△년 ○월 ○일

**울산광역시 – 세종특별자치시,
자율 주행 자동차 발전에 힘 모은다**

울산광역시와 세종특별자치시가 자율 주행 자동차를 개발하고 일상적으로 쓰이게 하고자 관련 기술과 인적 자원을 교류하는 업무 협약을 하였다.

자동차 개발 기술이 발달한 울산광역시에서는 자율 주행 자동차를 개발하고, 자율 주행 자동차 시험 기술을 갖춘 세종특별자치시에서는 울산광역시에서 개발한 자율 주행 자동차의 안전을 시험할 예정이다. 두 지역의 기술 교류로 자율 주행 자동차 시대가 앞당겨질 것으로 기대된다.

11 제시된 글은 지역의 문화를 이용해 여러 지역이 교류를 하는 모습입니다.

12 축제와 문화 공연에 참여하는 사람들의 소비 활동으로 각 지역은 경제적 이익을 얻을 수 있습니다.

13 지역의 대표 상품은 그 지역에서만 소비되지 않고, 경제적 교류를 통해 여러 지역에서 소비됩니다.

문제 속 개념

각 지역의 대표 상품

8회 마무리 평가 108~111쪽

1 ① **2** ㉠, ㉢, ㉣ **3** 예 사람들의 필요나 욕구에 비하여 자원의 양이 상대적으로 부족한 상태를 말합니다. **4** 정민 **5** ④, ⑤ **6** ②
7 ㉠, ㉣ **8** 예 내게 필요한 물건이 무엇인지 생각해 보고, 가진 돈이 얼마인지 확인합니다. **9** ㉢
10 ② **11** ④ **12** (1) ㉠, ㉣ (2) ㉡, ㉢
13 예 생활에 필요한 것을 자연에서 얻는 활동입니다. **14** ① **15** 광고지 **16** ③, ④
17 시설 **18** ② **19** (1) ○ (2) ×
20 예 교통과 통신이 발달했기 때문입니다.

1 ① 각자의 필요와 상황에 따라 사람들의 선택이 달라질 수 있습니다.

2 사람들은 경제활동을 하면서 여러 가지 크고 작은 선택을 합니다. ㉡은 선택의 문제라고 보기 어렵습니다.

3 사람이 쓸 수 있는 돈이나 자원은 한정되어 있기 때문에 원하는 것을 모두 가질 수는 없습니다.

채점 tip 사람들이 원하는 것은 많으나 자원의 양이 상대적으로 부족한 상태라고 썼으면 정답으로 합니다.

4 제품을 사기 전 정보를 확인한 후 구매해야 합니다.

5 합리적인 선택을 하면 돈과 자원을 낭비하지 않고 큰 만족감을 얻을 수 있습니다.

6 상점을 방문하면 물건의 상태를 직접 확인할 수 있습니다.

7 선택을 할 때에는 여러 상황을 고려하여 신중하게 생각하고, 물건이 나에게 꼭 필요한 것인지, 내가 얻을 수 있는 편리함이나 즐거움이 무엇인지 따져 봅니다.

8 합리적인 선택을 하려면 가장 먼저 필요한 물건과 가진 돈을 확인해야 합니다.

채점 기준	상	필요한 물건과 가진 돈을 확인한다고 쓴 경우
	중	필요한 물건을 확인한다고만 쓴 경우

9 선택 기준표에서 가격과 무게를 고려했을 때 알맞은 제품은 ㉢ 제품입니다.

10 소비는 생활에 필요한 물건이나 서비스를 이용하는 활동을 말합니다.

11 제시된 사진의 학생 가르치기는 생활을 편리하고 즐겁게 해 주는 활동입니다.

12 생활에 필요한 물건을 만들거나 우리 생활을 편리하고 즐겁게 해 주는 활동을 생산이라고 하고, 생산한 것을 구매하여 사용하는 활동을 소비라고 합니다.

13 벼농사 짓기, 물고기 잡기, 닭 키우기 등은 생활에 필요한 것을 자연에서 얻는 생산 활동입니다.

채점 tip 생활에 필요한 것을 자연에서 얻는 활동이라고 썼으면 정답으로 합니다.

14 ① 생산하지 않으면 소비를 할 수 없고, 소비하지 않으면 생산할 필요가 없습니다.

15 광고지를 확인하면 물건이 어디에서 왔는지 알 수 있습니다.

16 아몬드의 생산지는 미국, 청바지의 생산지는 베트남입니다.

17 병원, 공항, 공연장 등과 같은 시설의 차이로 교류가 일어나기도 합니다.

18 ② 교류를 하면 지역끼리 힘을 합해 서로 돕고 좋은 관계를 맺을 수 있습니다.

19 (2) 제시된 사례는 생산물 교류가 아닌 문화 교류의 모습입니다.

20 교통과 통신의 발달로 다양한 장소와 여러 방법으로 교류를 하게 되었습니다.

채점 tip 교통과 통신이 발달했기 때문이라고 썼으면 정답으로 합니다.

용어 퍼즐 1학기 용어 되돌아 보기 112쪽

유							기	호	
적			지				념		
지	도		리				관		
		행	정	구	역			희	
			보					소	비
								성	
			생				면		
국	가	유	산		합	리	적	선	택

평가북 | 정답과 풀이

1. 지도로 만나는 우리 지역

단원 핵심 개념　　　　　　2~3쪽

❶ 기호　❷ 약속　❸ 지도　❹ 실제 거리　❺ 높이
❻ 노선도　❼ 나라　❽ 생김새　❾ 사람　❿ 온도

단원 평가 Ⓐ단계　　　　　　4~6쪽

1 ㉡, ㉢　　**2** 지도　　**3** (2) ○　　**4** ③　　**5**
④　　**6** (1) ㉡ (2) ㉠ (3) ㉢　　**7** ⑤　　**8** 범례
9 ㉠ 넓은　㉡ 간단히　　**10** ㉮　　**11** ㉡, ㉣
12 연지　　**13** 길 도우미(내비게이션)　　**14** ③
15 (1) ㉠　(2) ㉡

1 항공 사진과 지도는 모두 위에서 내려다본 땅의 모습을 나타낸 자료입니다.

2 지도는 항공 사진과 달리 정해진 약속에 따라 땅의 실제 모습을 나타낸 것으로 필요한 정보가 보기 쉽게 나타나 있습니다.

3 방위에는 동서남북이 있고, 지도에서 방위는 방위표로 나타냅니다.

4 ③ 도서관의 서쪽에 놀이터가 있습니다.

5 ④ 지도에 방위표가 없으면 오른쪽이 동쪽, 왼쪽이 서쪽, 아래쪽이 남쪽, 위쪽이 북쪽이라고 약속합니다.

6 기호는 땅의 모습을 지도에 간단히 나타낸 표시입니다.

문제 속 개념

지도에서 사용하는 다양한 기호

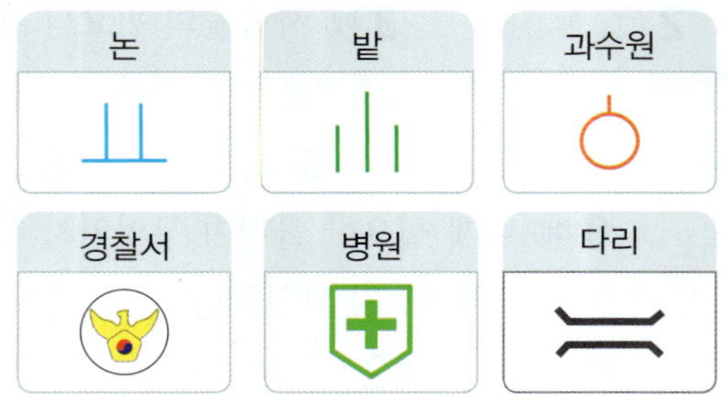

7 모든 정보를 글자로만 표시하면 지도를 알아보기 어렵기 때문에 약속된 기호를 사용하여 땅이나 건물의 모습을 지도에 간단히 나타냅니다.

8 범례를 활용하면 지도에서 나타내는 정보를 쉽고 정확하게 알 수 있습니다.

9 실제 거리를 많이 줄인 지도는 넓은 지역을 간략하게 보여 줍니다. 실제 거리를 조금 줄인 지도는 좁은 지역을 자세하게 보여 줍니다.

10 ㉮ 지도는 ㉯ 지도에 비해 실제 거리를 많이 줄여서 나타내므로 넓은 지역을 간략하게 볼 수 있습니다.

11 지도에서 땅의 높낮이는 등고선과 색깔로 나타냅니다.

12 땅의 높이가 높아질수록 진한 갈색으로 표현합니다.

13 길 도우미는 자동차를 운전할 때 지도를 보여 주거나, 지름길을 찾아 주는 장치입니다.

14 지하철이나 버스가 다니는 길을 나타낸 지도를 노선도라고 합니다.

15 우리는 생활하면서 약도, 안내도, 노선도 등 다양한 지도를 활용하고 있습니다.

단원 평가 Ⓐ단계　　　　　　7~9쪽

1 (1) ○　　**2** 특별자치시　　**3** (1) × (2)
○　　**4** 지형　　**5** (1) ㉠ (2) ㉡　　**6** (1) ㉡ (2)
㉠　　**7** 간척　　**8** (1) ○　　**9** 강수량　　**10** ⑤
11 ㉡　　**12** 로운　　**13** 발표　　**14** 적습니다,
낮습니다　　**15** (2) ○

1 행정구역은 나라를 효율적으로 관리하려고 나눈 지역을 말합니다. ⑵ 특별시·특별자치시·광역시·도·특별자치도 등의 행정구역에는 시·군·구 등이 속해 있기도 합니다.

2 우리나라는 세종특별자치시 1곳이 있습니다.

3 ⑴ 충청도는 충주와 청주의 이름을 따서 정했습니다.

4 땅의 다양한 생김새를 지형이라고 합니다. 지형에는 산, 평야, 바다, 섬, 하천 등이 있습니다.

문제 속 개념

다양한 지형
• 산, 평야, 하천, 바다와 같은 땅의 생김새를 말합니다.
• 지형은 지역마다 다양하게 나타납니다.

5 바다로 둘러싸인 땅을 섬이라고 합니다. 크고 작은 물줄기가 모여 이룬 것을 하천이라고 합니다.

6 일정한 지역에 사는 사람의 수를 인구, 어떤 장소가 차지하는 넓이의 크기를 면적이라고 합니다.

7 간척은 바다나 호수의 일부를 둑으로 막고, 그 안의 물을 빼내어 육지로 만드는 일입니다.

8 편의시설이 많거나 교통이 편리한 지역은 인구가 많습니다.

9 강수량은 비, 눈, 우박, 안개 등이 일정 기간 동안 일정한 곳에 내린 물의 총량을 말합니다.

10 ⑤ 우리 지역은 대체로 여름이 기온이 높고 강수량이 많습니다.

11 ⓒ 지리 정보는 그 지역 사람들의 생활 모습에도 영향을 주어 지역마다 특색 있는 생활 모습이 나타납니다.

12 디지털 영상 지도를 확인하면 우리 지역의 위치, 산, 바다 하천의 모습 등을 알 수 있습니다. 지역에 사는 사람들의 직업을 알기는 어렵습니다.

13 우리 지역과 다른 지역의 정보를 조사할 때는 비교할 지역을 선택하고, 지역의 정보를 조사한 후 조사한 내용을 정리하고 발표합니다.

14 태백시는 해운대구보다 인구가 적습니다. 태백시는 해운대구보다 여름 기온이 낮습니다.

15 지역마다 위치나 크기, 살고 있는 사람의 수 등 지리 정보가 다릅니다. 이로 인해 사람들의 생활 모습도 지역마다 다양하게 나타납니다.

1 약속　**2** ⑴ ㉠ ⑵ ㉢ ⑶ ㉡　**3** ②　**4** ④
5 범례, ⑩ 범례를 활용하면 지도에서 나타내는 정보를 쉽고 정확하게 알 수 있습니다.　**6** 1　**7** ④
8 ⑩ 지도에서 1cm는 실제 거리가 2km라는 것을 뜻합니다.　**9** ㉠ → ㉡ → ㉢　**10** ①　**11** ⑤
12 ⑩ 주요 관광지의 위치나 관광 경로 등을 확인할 때 활용할 수 있습니다.　**13** ⑤　**14** 행정구역　**15** 북　**16** ⑴ ㉠ ⑵ ㉡　**17** 진경
18 ⑩ 우리나라는 대체로 여름에 기온이 높고 강수량이 많으며, 겨울에는 기온이 낮고 강수량이 적습니다.　**19** 지리 정보　**20** ㉣

1
단원

평가북

1 지도는 그림과 달리 정해진 약속에 따라 땅의 실제 모습을 나타낸 것으로 필요한 정보가 보기 쉽게 나타나 있습니다.

2 지도는 땅의 실제 모습을 정해진 약속에 따라 일정하게 줄여서 나타낸 그림입니다.

3 방위표가 없다면 지도의 위쪽이 북쪽, 아래쪽이 남쪽, 오른쪽이 동쪽, 왼쪽이 서쪽이라고 약속합니다.

문제 속 개념

8방위표
8방위는 동, 서, 남, 북 외에도 북동, 남동, 남서, 북서 방향으로 위치를 나타내는 방법입니다. 바람이 불어오는 방향, 별자리의 위치 등을 나타낼 때 쓰입니다.

4 전북특별자치도 남쪽에는 광주광역시, 전라남도, 제주특별자치도 등이 있습니다.

5 범례를 보면 지도에 쓰인 기호와 그 뜻을 알 수 있습니다.

채점 기준	상	범례라고 쓰고, 범례를 활용하면 지도에서 나타내는 정보를 쉽고 정확하게 알 수 있다고 쓴 경우
	중	범례라고 썼으나, 범례를 활용하면 좋은 점을 미흡하게 쓴 경우

6 범례를 활용해 지도를 보면 지도에 쓰인 기호와 그

뜻을 알 수 있습니다. 제시된 지도에서 우체국은 1곳이 있습니다.

7 축척은 지도에서 실제 거리를 줄인 정도를 말합니다.

8 축척을 보면 실제 거리를 얼마나 줄였는지와 두 지점 사이의 실제 거리를 알 수 있습니다.

> 채점 tip 지도에서 1cm는 실제 거리가 2km라는 내용을 썼으면 정답으로 합니다.

9 ㉠에서 ㉢으로 갈수록 높아집니다.

10 지도에서는 땅의 높낮이를 등고선과 함께 초록색, 노란색, 갈색 등의 색깔로 나타냅니다.

11 약도는 중요한 것만을 간단하게 나타낸 지도입니다.

12 관광 안내도는 주요 관광지의 위치나 관광 경로 등을 나타낸 지도입니다.

> 채점 tip 관광지의 위치나 관광 경로 등을 확인할 때 활용한다고 썼으면 정답으로 합니다.

13 학교 안내도를 보면 학교의 시설물이 어디에 있는지 알 수 있습니다.

14 행정구역은 나라를 효율적으로 관리하려고 나눈 지역을 말합니다.

15 지도를 이용하여 우리 지역의 위치를 찾을 수 있습니다. 강원특별자치도는 경상북도의 북쪽에 있습니다.

16 산, 바다, 평야와 같은 땅의 생김새를 지형이라고 합니다.

17 청주시는 괴산군보다 인구가 많습니다.

18 우리나라는 대체로 여름에 기온이 높고 강수량이 많으며, 겨울에는 기온이 낮고 강수량이 적습니다. 같은 계절이라도 지역에 따라 기온과 강수량의 차이가 나기도 합니다.

채점 기준	상	여름과 겨울의 기온과 강수량의 특징을 모두 정확히 쓴 경우
	중	여름과 겨울의 기온과 강수량 특징 중 한 가지만 정확히 쓴 경우

19 위치, 지형, 면적, 인구, 기온, 강수량 등 우리가 살아가는 지역에 대한 여러 가지 정보를 지리 정보라고 합니다.

20 ㉣ 우리 지역의 기념관을 답사하는 것을 우리 지역의 역사를 알아보기 위한 방법입니다.

2. 우리 지역의 국가유산

단원 핵심 개념	14~15쪽

❶ 가치　**❷** 형태　**❸** 면담　**❹** 답사　**❺** 전시
❻ 기억　**❼** 유적　**❽** 조상　**❾** 축제　**❿** 규칙

단원 평가 Ⓐ 단계	16~17쪽

1 의연　**2** 무형유산　**3** ⑴ ㉡, ㉢ ⑵ ㉠, ㉢
4 남한산성　**5** ⑴ ○ ⑵ ×　**6** 조상　**7** ①
8 ㉠　**9** 김장　**10** ㉢, ㉣　**11** 면담
12 ②

1 국가유산은 조상 대대로 전해 내려온 문화 중에서 다음 세대에게 물려줄 만한 가치가 있는 것입니다.

2 국가유산에는 석탑, 책, 건축물처럼 형태가 있는 문화유산과, 예술 활동이나 기술처럼 일정한 형태가 없는 무형유산이 있습니다.

3 형태가 있는 것은 문화유산이고, 형태가 없는 것은 무형유산입니다.

4 남한산성은 조선 시대에 적의 침입을 방어하는 산성입니다.

문제 속 개념

창덕궁

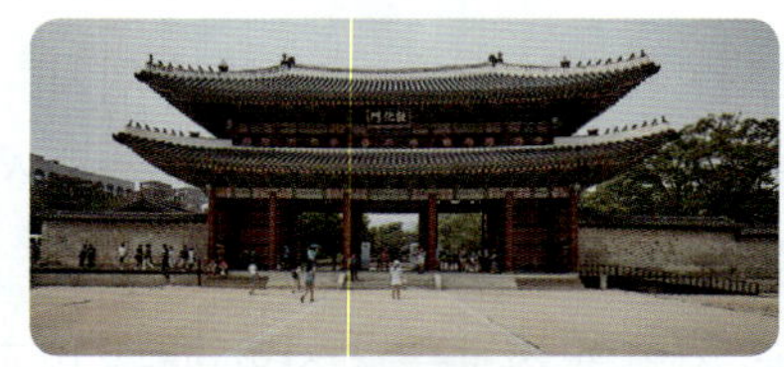

조선 시대의 궁궐로 왕이 살면서 신하들과 나랏일을 처리했습니다.

---

5 ⑵ 문화유산에 대한 설명입니다. 자연유산은 동물, 식물, 지형 등 보존할 만한 가치가 있는 자연물이나 자연환경과 관련 있는 것입니다.

6 국가유산을 통해 우리 조상들의 지혜와 생활 모습을 알 수 있습니다.

7 석빙고는 얼음을 보관하던 창고로, 석빙고의 구조에는 우리 조상들의 지혜가 담겨 있습니다.

석빙고의 원리

석빙고 위의 잔디가 바깥의 열을 막아 주고, 지붕의 환기구로 안쪽의 더운 공기가 빠져나갔습니다.
석빙고의 입구는 양쪽에 날개벽이 있어서 더 많은 바람이 석빙고 안으로 들어갈 수 있었습니다.

8 경주 첨성대는 동양에 남아 있는 천문대 가운데 가장 오래된 것으로 조상들의 높은 과학 수준을 알 수 있습니다.

9 김장 문화를 통해 자연환경에 적응하며 살아온 우리 조상들의 모습을 알 수 있습니다.

10 우리 지역의 국가유산을 알아보기 위해서는 국가유산 관련 기관의 누리집에 서 국가유산을 검색해야 합니다.

11 면담은 궁금한 점을 알려고 적절한 사람을 직접 만나 이야기를 나누는 조사 방법입니다.

12 ② 책이나 문서 등을 읽으며 국가유산을 조사하는 방법입니다.

단원 평가 Ⓐ 단계　　　　　18~19쪽

1 박물관	**2** 유적지	**3** 기념관	**4** 화성
5 ㉢	**6** 인규	**7** ㉤	**8** ⑤　**9** ④
10 (1) ○	**11** (1) ×　(2) ○	**12** ⑤	

1 박물관은 다양한 국가유산을 보관하고 전시하는 곳입니다. 박물관에 가면 유물을 볼 수 있고 옛날 사람들의 생활을 직접 체험할 수 있습니다.

2 유적지에서는 역사적 사건이 일어난 곳이나 옛날 건축물 등을 직접 볼 수 있습니다.

3 기념관은 과거의 뜻깊은 일이나 훌륭한 인물 등을 오래도록 기억하려고 세운 곳입니다.

4 수원 화성은 조선 정조 때에 경기도 수원시에 쌓은 성입니다. 수원 화성 박물관에 가면 화성을 건설할 때 이용한 기구나 건설 모습을 볼 수 있습니다.

5 제시된 장소는 여러 지역의 유적지입니다. 유적지에 가면 옛날 사람들이 어떤 일을 겪었는지 알 수 있습니다.

6 우리 지역의 역사를 알아보기 위해 지역에 있는 박물관, 기념관, 유적지를 체험할 수 있습니다.

7 우리 지역의 역사 체험 과정은 '체험할 장소 정하기' → '조사할 내용 정하기' → '체험하기' → '조사한 내용 정리하기'의 순서입니다.

8 제시된 내용은 조사 계획서의 역할 나누기에 들어갈 내용입니다.

9 ④ 주의할 점은 조사 계획서에 들어갈 내용입니다.

10 지역의 국가유산에는 그 지역의 역사가 담겨 있고 역사를 통해 조상들의 지혜와 생활 모습을 알 수 있기 때문에 중요합니다.

11 우리는 조상들에게 물려받은 소중한 역사를 다음 세대에 물려주어야 합니다.

12 제시된 그림은 축제를 열어 지역의 역사를 널리 알리고 그 가치를 전하려고 노력하는 모습입니다.

지역의 역사를 보존하려는 다양한 노력

지역의 국가유산을 발굴하고 관리하여 보존함.

국가유산을 청소하거나 점검하는 활동을 함.

축제를 열어 지역의 역사를 널리 알리고 그 가치를 전하려고 노력함.

지역의 역사와 관련된 여러 가지 주제로 교육 프로그램을 만들어 운영함.

단원 평가 **B** 단계 20~23쪽

1 (1) ㉡ (2) ㉠ **2** ㉰ **3** 바위 **4** 예 문화유산입니다. 건축물, 공예품 등과 같이 형태가 있는 국가유산이기 때문입니다. **5** 합천 해인사 대장경판 **6** ㉠, ㉢ **7** 재환 **8** 예 여름철 더위를 이겨낸 우리 조상들의 지혜와 생활 모습이 담겨 있습니다. **9** ② **10** (1) ○ **11** 박물관 **12** 예 옛날 사람들의 생활 모습을 알 수 있는 유물을 볼 수 있습니다. 전문가의 설명을 들을 수 있습니다. **13** ② **14** 기념관 **15** ㉠ **16** ⑤ **17** 준비물 **18** 예 보호자와 함께 답사합니다. **19** 수진 **20** ⑤

1 국가유산은 옛날부터 전해 내려온 것 중에서 다음 세대에게 물려줄 만한 가치가 있는 것을 말합니다. 형태가 있는 문화유산, 형태가 없는 무형유산이 있습니다.

2 판소리는 무형유산이고, 안동 하회 마을과 고인돌은 문화유산입니다.

3 고인돌은 옛날 사람들의 무덤으로 형태가 있는 문화유산입니다.

4 창덕궁은 조선 시대의 궁궐로 왕이 살면서 신하들과 나랏일을 처리하던 곳입니다.

채점 기준	상	문화유산이라고 쓰고, 형태가 있기 때문이라고 쓴 경우
	중	문화유산이라고만 쓴 경우

5 합천 해인사 대장경판은 그 경판 수가 약 8만여 장이라고 하여 팔만 대장경판이라고도 부릅니다.

6 석빙고는 얼음을 보관하던 창고로, 석빙고의 구조에는 우리 조상들의 지혜가 담겨 있습니다.

왜 답이 아닐까?
㉡ 청자 투각 칠보무늬 뚜껑 향로에 대한 설명입니다. ㉢ 첨성대에 대한 설명입니다.

7 김장 문화는 겨울 동안 먹을 김치를 한꺼번에 담가 저장하는 우리 고유의 음식 문화입니다. 김장을 통해 자연환경에 적응하며 살아온 우리 조상들의 모습을 알 수 있습니다.

8 우리 조상들은 더운 여름에 모시로 만든 옷을 입었습니다. 모시는 바람이 잘 통하는 옷감으로, 오랫동안 우리나라 여름 옷감을 대표했습니다.

채점 tip 여름철 더위를 이겨낸 조상들의 지혜를 알 수 있다고 썼으면 정답으로 합니다.

9 답사는 조사할 것이 있는 장소에 직접 가서 살펴보는 조사 방법입니다.

10 (2) 국가유산을 답사하면 직접 국가유산을 살펴볼 수 있습니다.

11 제시된 사람들은 박물관에서 일하는 사람들입니다. 박물관에서는 전문가의 설명을 제공하고 다양한 체험 프로그램을 운영합니다.

12 박물관은 옛날 사람들이 만들거나 사용했던 다양한 국가유산을 보관하고 전시하는 곳입니다.

채점 기준	상	박물관에 가면 할 수 있는 일을 두 가지 모두 쓴 경우
	중	박물관에 가면 할 수 있는 일을 한 가지만 쓴 경우

13 유적지는 옛날 사람들의 흔적이 남아 있는 곳이나 역사적인 사건이 벌어졌던 유적이 있는 곳입니다.

14 기념관은 과거의 뜻깊은 일이나 훌륭한 인물을 기억하려고 세운 곳입니다.

15 제시된 설명은 우리 지역의 역사를 인터넷으로 조사하기와 답사하기 방법으로 체험하는 모습입니다.

16 ㉠에 들어갈 내용은 조사할 내용입니다.

17 수첩, 필기구, 사진기 등 조사할 때 필요한 준비물을 챙깁니다.

18 이 외에도 안전에 유의하고 박물관의 관람 시간을 미리 알아봅니다.

채점 tip 조사하며 주의할 점을 알맞게 쓴 경우 정답으로 합니다.

19 국가유산에는 우리의 역사와 조상들의 정신이 담겨 있습니다. 조상들에게 물려받은 소중한 역사를 다음 세대에 물려주어야 합니다.

왜 답이 아닐까?
국가유산은 값으로 매길 수 없는 가치가 있습니다.

20 ⑤ 문화유산을 유네스코 지정 문화유산으로 만드는 것은 내가 할 수 있는 노력이 아닙니다.

3. 경제활동과 지역 간 교류

단원 핵심 개념   24~25쪽

❶ 생활   ❷ 한정   ❸ 자원   ❹ 기준   ❺ 만족감
❻ 물건   ❼ 자연   ❽ 만드는   ❾ 즐겁게   ❿ 교류

단원 평가 Ⓐ 단계   26~27쪽

1 경제활동   **2** 선택의 문제   **3** 예린   **4** ⑤
5 ③   **6** ㉠, ㉡   **7** ㉠ 낭비   ㉡ 만족감
8 ⑤   **9** 인터넷   **10** ③   **11** 환경
12 ㈎

1 경제활동은 사람들이 생활에 필요한 여러 가지를 만들고 사용하는 것과 관련된 모든 활동을 말합니다.

2 선택의 문제는 경제활동을 하는 모든 사람에게 일어납니다.

문제 속 개념

분식집에서 볼 수 있는 경제활동
• 분식집 주인은 떡볶이를 만들어 판매합니다.
• 분식집에 온 손님은 떡볶이를 구매합니다.

3 선택은 여럿 가운데서 필요한 것을 골라 뽑는 것을 말합니다. 우리는 경제활동을 하면서 여러 가지 선택을 해야 하는 상황을 만나게 됩니다.

4 사람이 쓸 수 있는 돈이나 자원은 한정되어 있으므로 원하는 모든 것을 가질 수는 없습니다.

5 경제활동을 하면서 자원을 낭비하거나 나의 선택에 후회하는 경우도 있고, 선택에 만족하는 경우도 있습니다.

6 합리적 선택이 필요한 까닭은 돈과 시간 등의 자원을 아낄 수 있고, 만족감과 즐거움을 얻을 수 있기 때문입니다.

7 합리적 선택은 여러 가지 기준을 고려하여 돈이나 시간 등 자원의 낭비를 막고 큰 만족감을 얻을 수 있는 선택을 말합니다.

8 정보 수집하기 단계에서는 사려는 물건의 가격, 디자인, 특징 등의 정보를 다양한 방법으로 수집합니다.

9 인터넷에서 물건의 정보를 검색하여 여러 물건의 정보를 비교하고, 물건을 산 다른 사람들의 의견도 살펴볼 수 있습니다.

문제 속 개념

정보수집하기
• 상점 방문하기
• 인터넷 검색하기
• 광고 보기
• 주변 사람의 경험 듣기

10 현명한 선택을 하기 위해서는 필요성, 가격, 품질 등을 미리 꼼꼼하게 따져 보고 자신에게 가장 알맞은 것을 골라야 합니다.

11 물건을 선택할 때는 가격, 디자인 등 외에도 환경을 고려하여 선택할 수 있습니다.

12 기준표를 보면 무게가 가볍고 디자인이 예쁜 운동화는 ㈎ 운동화입니다.

단원 평가 Ⓐ 단계   28~29쪽

1 ②   **2** ②   **3** ①, ④   **4** ③   **5** ㈏
6 ②   **7** ①, ③   **8** 시설   **9** ②   **10** ⑤
11 ㉡, ㉢   **12** ③

1 생산은 생활에 필요한 물건을 만들거나 서비스를 제공하는 활동입니다.

2 ② 과일 따기는 생활에 필요한 것을 자연에서 얻는 활동입니다. 나머지는 생활을 편리하고 즐겁게 해 주는 활동입니다.

3 ①, ④는 생활에 필요한 것을 만드는 활동입니다. ②는 생활에 필요한 것을 자연에서 얻는 활동입니다. ③은 생활을 편리하고 즐겁게 해 주는 활동입니다.

4 ㉡ 상점이나 시장에서 물건을 사고팔 때처럼 생산과 소비가 동시에 일어나기도 합니다. ㉢ 물건을 만들기만 하고 소비하는 사람이 없다면 물건을 만드는 생산 활동을 할 필요가 없게 됩니다.

5 인터넷을 이용해 여러 상품과 관련된 누리집에서 상품 소개를 검색할 수 있습니다.

6 큐아르 코드는 상품 포장지에 표시된 정사각형 모양의 무늬로, 그 상품의 정보를 표시한 것입니다.

7 경제적 교류는 사는 곳의 자연환경과 생산 기술, 자원 등이 다르기 때문에 발생합니다.

8 병원이나 공항 등의 시설을 이용하려고 사람들이 지역을 찾으면서 교류가 일어나기도 합니다.

9 ② 경제적 교류를 통해 지역 간의 화합을 가져올 수 있고, 경제적 이익을 얻을 수 있습니다.

10 국내 여러 지역뿐 아니라 중국이나 일본, 미국 등 세계 여러 나라와 교류를 하고 있습니다.

11 자연환경, 기술, 자원, 시설 등에 따라 지역의 대표 상품이 달라집니다. 지역 간 경제 교류는 지역의 대표 상품을 중심으로 이루어집니다.

12 오늘날에는 교통과 통신의 발달로 다양한 장소에서 여러 가지 방법으로 경제적 교류를 하고 있습니다.

단원 평가 Ⓑ 단계 　　30~32쪽

1 선택　　**2** ⑩ 자원이나 돈이 한정되어 있으므로 원하는 것을 모두 가질 수 없기 때문입니다.　　**3** ④
4 ③　　**5** ②　　**6** ③　　**7** ② ○　　**8** ⑤
9 ②　　**10** ④　　**11** ②　　**12** 운동화
13 ⑩ 우리 지역과 다른 지역의 자연환경, 생산 기술, 자원 등이 달라 우리 지역에서 만들 수 없는 상품을 다른 지역에서는 만들 수 있기 때문입니다.
14 교류　　**15** ①

1 우리는 경제활동을 하며 생활 속에서 여러 가지 크고 작은 선택을 합니다.

2 희소성 때문에 우리는 선택의 문제를 겪게 됩니다.

채점 tip 자원이나 돈이 한정되어 있기 때문이라고 썼으면 정답으로 합니다.

3 합리적 선택을 하기 위해서는 가격, 디자인, 필요성 등을 고려해야 합니다.

4 용돈을 계획적으로 써야 선택에 만족할 수 있습니다.

5 상점에 방문하면 직접 물건을 보고 비교할 수 있습니다. 또한 판매원에게 궁금한 것을 물어볼 수 있습니다.

6 합리적 선택을 하기 위해서는 상품의 가격, 디자인과 나에게 필요한 물건인지 등을 고려해야 합니다.

7 분식집에서 떡볶이를 만들어 파는 것은 생산, 떡볶이를 사 먹는 것은 소비 활동입니다.

문제 속 개념

다양한 소비 활동

소비 활동에는 전시 관람하기, 물건 사기, 버스 이용하기, 진료받기 등이 있습니다.

---

8 ㉠은 생산, ㉡은 소비입니다. 버섯 재배하기, 아이스크림 만들기는 생산 활동입니다. 버스 타고 이동하기, 병원에서 진찰받기, 극장에서 연극 보기는 소비 활동입니다.

9 ①, ⑤는 생활에 필요한 것을 만드는 활동입니다. ③, ④는 생활에 필요한 것을 자연에서 얻는 활동입니다.

10 ④ 매장에서 우유를 사 마시는 것은 소비 활동입니다.

11 시장은 많은 사람이 생활에 필요한 물건과 서비스를 사고파는 곳을 말합니다. ② 시장에서는 생산 활동과 소비 활동 모두 볼 수 있습니다.

12 운동화는 베트남에서 온 상품입니다.

13 다른 지역에서 생산된 다양한 상품이 우리 지역으로 들어옵니다.

채점 tip 자연환경, 생산 기술, 자원 등이 다르다고 썼으면 정답으로 합니다.

14 교류는 사람들이 오고 가거나 물건이나 자원, 기술, 문화 등을 주고받는 것을 말합니다.

15 ① 각 지역에 사는 사람들은 서로 필요한 것을 주고받으며 상호 의존하고 있습니다.

문학, 비문학에 맞는 바른 독해법부터, 독해력을 키우는 **어휘** 학습까지!

#초등문해력 #완벽라인업

#빠작

비문학 독해에 **사회, 과학 교과 개념** 더하고!

초등 눈높이에 맞는 **문법**까지!

믿고 보는 동아출판
초등 교재

기초학습서부터 교과서 개념 다지기, 과목별 전문서까지!
초등학교 입학 전부터, 예비 중등까지!
초등학생에게 꼭 필요한 영역을 빠짐없이! 동아출판 초등 교재 라인업

2022 개정
교육과정

BEST

초등 1~2학년
갈래 단락
초능력

맞춤법 +
받아쓰기

초등 국어
1·2

쉽고 빠른
맞춤법 학습

받아쓰기
단계별 연습

국어 교과서
어휘 학습

초능력
비주얼씽킹 과학

초능력
비주얼씽킹
초등 한국사

초능력
수학 연산

초능력
국어 독해

초능력
급수 한자

초등 영역별 기초학습서
초능력 국어 / 수학 / 과학 / 한국사 / 한자

초고필
비문학 독해 1

5-6학년
예비 중등

초고필
지금 유리수의
사칙연산
을 해야 할 때

5-6
학년

초고필
지금
국어 문법을 때
해야 할

초고필
지금
국어 어휘
를 해야 할 때

반편성
배치고사 +
진단평가

6학년

초고필
지금
한국사
를 해야 할 때

2

예비 중등
초고필 국어 / 수학 / 한국사
적중 반편성 배치고사 + 진단평가